教育的品质与担当

北京市八一学校的教育探索与实践

沈 军 ◎著 //////////////////////////////////////

北京师范大学出版集团
BEIJING NORMAL UNIVERSITY PUBLISHING GROUP
北京师范大学出版社

图书在版编目（CIP）数据

教育的品质与担当： 北京市八一学校的教育探索与实践 / 沈军著 . — 北京：北京师范大学出版社，2023.5

（海淀教育名校名家丛书）

ISBN 978-7-303-28779-6

Ⅰ . ①教…　　Ⅱ . ①沈…　　Ⅲ . ①高中—教学研究　　Ⅳ . ① G632.0

中国国家版本馆 CIP 数据核字（2023）第 005535 号

图书意见反馈：gaozhifk@bnupg.com 010-58805079

营销中心电话：010-58802755　58800035

北师大出版社教师教育分社微信公众号　京师教师教育

出版发行：北京师范大学出版社　www.bnupg.com
　　　　　北京市西城区新街口外大街 12-3 号
　　　　　邮政编码：100088
印　　刷：鸿博睿特（天津）印刷科技有限公司
经　　销：全国新华书店
开　　本：787mm×1092mm　1/16
印　　张：17
字　　数：310 千字
版　　次：2023 年 5 月第 1 版
印　　次：2023 年 5 月第 1 次印刷
定　　价：88.00 元

策划编辑：郭　翔　　　　　　　　责任编辑：孟　浩
美术编辑：焦　丽　　　　　　　　装帧设计：北京轻舟教育咨询有限公司
责任校对：陈　荟　　　　　　　　责任印制：马　洁

海淀教育名校名家丛书

主　　编：赵　欣

编　　委：（按姓氏笔画排序）

于　文　　于会祥　　马万成　　马志太　　王　钢

毛向军　　尹　超　　冯　华　　刘　畅　　刘　燕

刘可钦　　刘彭芝　　许培军　　李继英　　杨　刚

肖延红　　肖建国　　沈　军　　沈　杰　　宋继东

陈　进　　陈　姗　　陈恒华　　陈淑兰　　范胜武

郑佳珍　　郑瑞芳　　单晓梅　　赵璐玫　　夏红梅

郭　涵　　曹雪梅　　窦桂梅　　戴文胜

本册作者：沈　军

成长中的教育家

顾明远题

总 序

《国家中长期教育改革和发展规划纲要 (2010—2020年)》明确提出："鼓励教师和校长在实践中大胆探索，创新教育思想、教育模式和教育方法，形成教学特色和办学风格，造就一批教育家，倡导教育家办学。大力表彰和宣传模范教师的先进事迹。"

为贯彻落实党的教育方针，"办让人民满意的教育"，更好地总结、积淀、提升海淀区名校名家办学的先进理念，北京市海淀区教育工作委员会、北京师范大学出版社以海淀区名校、名校长教育教学改革成果及教育管理理念为基础，精心建设海淀区"名校名家"精品文库，就是现在呈现于读者眼前的这套"海淀教育名校名家丛书"。

这些学校，有的是著名大学的附属学校，有的是从延安过来的有着光荣革命传统的学校。但学校不是有一个什么名分就能成为名校的。这些学校有着悠久的历史传统，在历任校长、师生的共同耕耘下，办出特色、办出成绩，创造了新鲜的经验，在全国乃至国际上享有良好声誉，这才成为现在的名校。在创造名校的过程中，校长无疑起着不可替代的作用。作为优秀校长，他们用先进理念、以卓越的管理才能带领全校教师，为一个共同愿景而努力。本套丛书正是聚焦这样一批名校长，近距离观察他们是如何在教育海洋中破浪前进的。

这些校长个性迥异、各有经历，办学思路也不尽相同，但相同的是在各自的学校创造了一段教育的传奇。他们是所在名校的灵魂，他们的言传身教时时刻刻引领着教师和学生的发展。这些校长共有的特质是专业知识扎实，具有深厚的人文底蕴。他们具有炽热的教育情怀和教育激情；他们富有童心并热爱儿童；他们淡泊明志、宁静致远，以教书育人来体现他们的人生价值。

　　本套丛书并没有展现波澜壮阔的历史、恢宏博大的叙事，也没有解读深奥莫测的理论、长篇累牍的范例，而是讲述这些名校长在日常管理和教学方面的一件件小事，通过短篇故事的形式娓娓道来，让读者去品味和欣赏。

　　在本套丛书里，我还看到了海淀教育趋于成形的大器，海淀教育秉承红色传统、金色品牌、绿色发展，坚持党的教育方针，以优秀传统为基础，以现代教育观念为先导，引领时代风气之先，坚持鲜明的价值追求，增强改革创新的意识，提升可持续发展的能力，从而涌现出一批各具特色的教育品牌。

　　解读海淀教育，形成海淀教育大印象，让海淀基础教育名校名家载入中国教育发展的史册。

　　是为序。

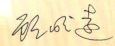

/ 自 序 /

品质，教育的担当

1989 年大学毕业后，我来到八一学校任教，至今已 30 多年。我从一名普通的物理教师做起，担任过班主任、年级组组长、德育主任、教学副校长等岗位工作。2010 年，我开始担任八一学校校长。作为一名教育工作者，我一直有一种自豪的使命感和责任感。这 30 多年正是中国基础教育改革发展最为剧烈的时期，我的教育理念和教育境界也随着这个时代的发展而不断更新与提升。

我的教育理念的形成经历过三个阶段。第一次变化是在 2006 年新加坡南洋理工大学教育学院一年的教育管理硕士学习。通过对自己过去 10 多年教育教学经历的反思和大量先进教育思想和全新教育视角的观察学习，我形成了以学生发展为教育目标的"教育观"和以文化建设为内生动力的"思想观"。2010 年担任校长后，我带领全体教师开展了为期一年的学校文化建设工作，确立了以"品质文化"为统领的办学思想体系，并通过文化重构、文化塑造、文化深化、文化提升系统工程将"品质文化"植入学校的发展规划、课程建设、教学改进、组织管理、环境建设等工作中，初步形成了以"品质文化"为导向的思想雏形。

第二次突破是 2015 年在教育部校长培训中心 3 年的校长优研班学习。在此期间，我接受了大量系统的理论学习，接触了多位全国各地的名校长。在导师的引领、校长间的思想交流和碰撞中，我对教育理念的呈现结构与内容日渐清晰。同时我也对自己 5 年来办学实践工作全面梳理和总结，对原有办学思想进行了再思考和再凝练，以突破文化的视角，寻教育的本质，抓教育的根本，明确了以品质文化为标准，以办学特色为主线，以顶层设计加系统配套为思路，系统化推进办学模式、育人方式、管理体制、保障机制的综合改革，形成了发展规划项目推动、学生德育红色传承、课程体系分段设计、常规课堂深度学习、治理结构纵横交织、特色发展集团辐射等特点，建立了以"品质教育"为主张的思想框架。

第三次升华是发生在 2016 年习近平同志到学校慰问师生，对全国广大教师提出"四个引路人"之后的这几年间。与习近平同志的交谈使我的心灵备受震撼，也使我的思想发生了巨变。对为党育人、为国育才的使命，习近平同志一再重申；对实现教育均衡，习近平同志时时强调；对教师要做好"四个引路人"，担当起时代新人的培养大任，习近平同志不断论述；对学校坚持的寻根助教活动和支教活动，习近平同志大大赞扬；对学校要办成一流名校，发挥启明星作用，习近平同志嘱托再三。我深深感受到，作为习近平同志的母校，理应学习习近平同志那样大气的格局和为民的情怀。作为一所熔铸着军魂荣魄的红色学校，理应拥有为党育人的政治觉悟和教育高度。作为占有优质教育地域和资源的学校，理应有辐射教育成果和经验的责任担当。我终于找到了教育理念的灵魂，那就是"担当"的品质。敢于担当既是中华民族自古以来的优秀品质，又是共产党人守初心、担使命的崇高品格；既是学校 70 多年发展历史和精神的生动写照，又是自己 30 多年教育生涯始终追求的教育境界。也因此，"品质担当"的教育理念终于形成。为了将"担当"进行到底，我提出到 2035 年将学校建成世界一流科技高中，把航天科技和国防科技作为学校特色发展的方向并做出规划。我领导学校学生成功发射中学生第一颗科普卫星，并牵头成立了中国航天科技教育联盟，使"八一学校 01 星"真正发挥了启明星的作用。为响应海淀区不断扩大的对优质教育资源的需求，学校先后接受北京市万泉河中学、北京市第六十七中学、北京市海淀区彩和坊小学几个薄弱校，承办北京市延庆区康庄中学；牵手近 20 所具有红色背景的老区学校成立"八一学校"教育协作体联盟，形成教育资源共享机制。

作为习近平同志母校的校长和海淀区优质教育集聚地的校长，我应该有开创基础教育新局面的担当和责任。在过去的几年中，我先后接待了来自全国各地参观访问的教育界团队 200 多批，在全国各地各种教育会议上发言和做讲座 40 余场，在各级刊物和媒体上发表多篇教育管理文章。我所做的这些都是希望把具有推广价值的教育改革成果惠及更多教育同人，能给教育事业添砖加瓦。在 2017 年教育部校长培训中心主办的品质教育思想研讨会上，点评专家这样评价："一个校长的品质，决定了一个学校的品质。一个学校的品质决定了育人的品质，育人的品质决定了学生的品质，学生的品质决定了国家和民族发展的品质。"我认为，一个优秀的校长应该时刻关注"国家急需"这一核心要义和"人民满意"这一关键指标，用高质量发展报效祖国和回馈人民。而要实现高质量发展就需要校长具有强烈的责任意识和担当精神。这种责任担当体现在对党忠诚、为党分忧、为党尽职、为民造福的政治担当，体现在时不我待、只争朝夕、勇立潮头的历史担当，体现在守土有责、守土负责、守土尽责的责任担当。只有担当，才能做出无愧于时代、无愧于人民、无愧于历史的业绩。

本书是我的教育理念、实践和感悟的完整呈示，一共包含四条主线。第一条主线是"品质教育的担当"。它阐述的是我30多年一路求索中所建立起来的教育思想。这里面有学校老校长、老教师对我的培养；有国内外学习深造带给我的收获，有和习近平同志的三次见面对我思想的洗礼；有我对教育使命、责任、本色、理想、理论、主张的系统思考；有我对学生观、教师观、校长观、人才观、教育观、学校观的阐发。第二条主线是"品质八一的担当"。它阐述的是我在学校发展方面的思考与行动，通过系统思维下的顶层设计，展示出文化的大境界、规划的大格局和管理的大智慧。第三条主线是"品质人生的担当"。它阐述的是我在学生培养方面的探索与实践，通过搭建"一个生涯规划、两种课程结构、三大特色教育、四根发展支柱、五种学习方式、六个组织空间、七类学习资源"的学生发展实践系统，为学生的品质人生奠基。第四条主线是"品质事业的担当"。它阐述的是我投身于教育事业的发展和民族大业的复兴之中的认识和经验。这其中有教育先辈和时代楷模带给我的榜样力量，有我从教育帮扶走向教育振兴这种担当境界的不断提升，有八一学校通过举办各种会议推广经验和辐射资源，有自己对"为党育人、为国育才"使命的深刻认识。

我的根扎在八一学校，扎在教育，扎在人民，扎在中国，初心不改、敬终如始，在扎根中始终高扬担当的精神，用自己的双手托起品质学生、品质教师、品质学校的发展，用自己的肩膀扛起品质社会、品质国家、品质人类的重任。

沈军

2021 年 6 月写于八一学校乙楼

目录 教育的品质与担当
北京市八一学校的教育探索与实践

追求品质、勇于担当的教育生涯

  我的大学生活是在首都师范大学度过的。1989年毕业后，我就到了八一学校任教。从成为一名教师的冲动到身为一校之长的从容，在我骨子里不断积淀的是对品质的追求和对责任的担当。对于教师这个职业，我认为教师不仅是太阳底下光辉的事业，还是在做一件积善成德的事，是在引人向上向善；对于校长这个身份，我认为既是引领者，又是建设者，因为学校这座冰山底下有太多的矛盾和困难是需要校长去应对的。校长不要把平台当能力，而是要用能力做平台，执于信念，勇于担当，甘于奉献，沉在冰山下，隐于平台后，让师生成为风景。

第一节 "激情燃烧"的教育岁月

一、教师的光荣与梦想

1989—2010 年，我从一名物理教师成长为教学副校长，专业稳步提升，也形成了自己的教学风格。八一学校的老校长、老教师给予我无私的帮助和无微不至的关怀。这种关怀并没有什么豪言壮语，就是润物无声、细致入微地体现在每一个细节、每一个环节上。当我需要帮助的时候，他们总能出现在我身边。从八一学校的老校长、老教师身上我看到了深入骨髓的八一学校精神。这 21 年也是八一学校从严治校，加强德育，全员育人，推进课程改革，优化课堂教学，励精图治，成为北京市示范高中的时期。

（一）三尺讲台系着学生的命运

也许是命运的安排，1985 年我踏入师范的大门，冥冥之中走上了一条通往教育的道路。真正有当教师的冲动是我在毕业实习时进入课堂的那个时刻。我实习的学校是八大处中学。我印象特别深刻，在那里我第一次走上讲台，第一次当班主任，第一次跟学生近距离接触。我倾注了大量的心血，跟学生交流谈心，带他们去颐和园划船……我记得全班有一节公开课是我上的，所有实习教师和学生都过去旁听。落落大方的表现让我在毕业实习中受到学校高度的评价。正是在那个时候我对教师这个职业有了自己的认知和感悟：能在课堂上引导全班 40 多个学生围绕着自己的教学设计转动脑筋，说的每一句话都对他们产生或多或少的影响，是引导他们长知识、长本领，更是引导他们树立起正确的价值观。当教师的感觉真好，到现在我还依然没有改变这一初衷。那时候的我也深感教师责任的重大，自觉地把三尺讲台与学生的命运紧紧联系在了一起，默默地把担责、尽责、守责的品质埋在心中。

（二）一个都不能少

1989 年，我大学毕业，正值全国推行双向选择的第一年。我见到前来首都师范大学招聘的八一学校魏德纯老书记，这是我第二次与八一学校相遇。第一次是1985 年参加高考那年，八一学校给我的印象是校园很大，都是平房，主色调为绿色，是一所部队学校。偶遇变成了机遇。我选择了八一学校，也选择了今后的人生，并且把这种选择一直坚守到现在。我来到八一学校就做了高中班主任。那时候我家住在知春里，虽然离学校很近，但我天天住在学校宿舍。班里学业表现不佳的两个学生引起了我的关注。我每天晚上督促着他们学习，平时跟他们一起玩。我始终认为好的教育一定是潜移默化的，不是靠一两件事就能产生质变的，这需要时间和精力的付出。我觉得自己特别适合当教师：一是因为我发自内心地喜欢这个工作，并有臻于至善的强烈意识；二是因为通过自己的努力，能让掉队的人越来越少，领跑的人越来越多。我愿意担当起他们学业指导、心理疏导、品行教导和人生引导的责任。一只木桶能盛多少水并不取决于最长的那块木板，而是取决于最短的那块木板。因此，建设一个好班级，就要在学业表现不佳的学生身上下功夫，弥补其短处，让他们和其他学生共同发展。

（三）教师的风格与担当

学生评价我讲课既有风度，又有深度，这首先归功于我高中时期的洪安生老师。洪老师讲课特别风趣，经常举一些生动的案例。当时没有新课程，也没有新课改，这种教学方式更多凭借的是他个人对于学科的理解。我至今都记得他在讲长度单位时举的那个例子：今天早上吃了两，这两是两碗米还是两个馒头，如果没有单位称谓，那么任何数据都是没有意义的。洪老师讲课总是深入浅出，以独有的风采和魅力吸引着学生。我觉得一位教师真正把一个课堂留在学生的记忆里，无论是知识还是风格，那么这个记忆将会给他们的未来带来深远的影响。习近平同志指出，一个人遇到好老师是人生的幸运，一个学校拥有好老师是学校的光荣，一个民族源源不断涌现出一批又一批好老师则是民族的希望。我很幸运遇到这样的老师。因为他，我对物理产生了感情，进而影响自己职业的选择。从高中物理课代表，到首都师范大学物理系，再到八一学校当物理教师，我与物理学科的情结始终未断。洪安生老师后来去了海淀进修学校，我当教师以后，他依然是我的老师，经常指导我的工作。洪老师说，一位教师首先要有自己的风格和特色，要有吸引学生的地方；其次才是学识。当我拥有了自己风格的时候，我才深刻体会到这一切都离不开知识的大量涉猎、教案的反复研磨以及对学生、对学科负责的态度。

我的学科师父是靳惠怡老师，她的每一堂课我都认真听，连听了三年。靳老师具有深厚的学科思想，课讲得特别有深度。她对我的要求特别严格，每次听完我的课后总是能挑出一大堆问题。靳老师对我的影响特别大，尤其是在学术知识的精准性、课堂教学的深刻性、教学过程的严谨性和课堂管理的有效性上。最让我感动的是学校想让我当年级组组长，又怕我没经验，就让靳老师来做年级组组长，我做年级组副组长。在八一学校，年级组组长是特别锻炼人的，要进行年级的学生管理、教师团队管理、德育管理、教学管理、家校管理、行政管理等。在共事的三年里，靳老师一边亲力亲为，一边以身示范。这让我受益匪浅，使我内心存满感激。我相信这个年级组组长并不是她自愿要做的，但她服从学校安排，以高度的责任感全心扶持我，让我有锻炼的平台，把握住这个机会。这就是无私奉献的精神在老教师身上的体现。这些品质深深影响着我，融化在我的血液里。稻盛和夫说过，无私本就是一种强大的领导力。能够把身心和精力放在学生、教师和学校的发展上，而不是把自己的发展凌驾于一切之上，这是我这么多年来始终奉行的。这种淡泊名利的无私之心是八一学校老教师教给我的。

（四）有一种精神叫八一学校精神

提起武峰老师，无论是学生还是教师都十分敬重他。武峰老师以前是原华北军区文化学校地理教员。在我当年来的时候，武峰老师是后勤总务的一个主管领导。哪个地方卫生有问题，哪个地方公物有损坏，他都会马上处理。武峰老师被学生称为"正义的化身"，责任意识特别强。学生起床、睡觉、吃饭、做操、列队，凡是出现种种不良行为都要被武峰老师指出。习近平同志2016年教师节回母校，走到乙楼时还提及武峰老师，对当年武峰老师的严格管理记忆犹新。武峰老师身上体现了"高度负责、严格要求"的八一学校精神。正是带着"爱学生爱到骨子里"的深厚情感，老八一学校人给一批批学子留下了抹不去的回忆和感动。这种由一代代老八一学校人共同营造的"正、严、实、爱"的校风一直影响着我，到现在我都时刻以此来警醒自己。

徐顺意老校长就是八一学校精神的初创者。徐校长从中国人民解放军外国语学院一毕业就来到了八一学校，退休也在八一学校，是一个地地道道的八一学校人。徐校长上任期间正处于拨乱反正时期和改革开放初期，教育也刚逐步恢复。为了提振全体教师的士气，徐校长和干部教师共同研究，确定了学校新的办学指导思想："思想领先、全面发展、团结一致、艰苦奋斗、高度负责、严格要求"，成为学校引以为豪的"八一学校精神"。八一学校精神反映的是全校师生在新的历史时期牢固树立共产主义信念，把对党和人民的深厚感情转化为对事业的无限忠诚，始终保持军队学校自力更生、艰苦卓绝、奋斗不止的优良传统，体现教师对学生真挚无私的关爱，对工作尽心尽责的态度，形成"校兴我荣"的凝聚力。八一学校精神是徐顺意校长给学校留下的弥足珍贵的文化遗产和精神财富，它影响着一代代八一学校人，已经成为每个人精神的支柱。在我看来，八一学校精神永远不过时，它既有基于历史的注脚，有立足当下的诠释，更有面向未来的深意，是八一学校人继往开来、开拓无前的思想动力。

我与八一学校：八一学校办学历史（1947—2010 年）

一、自力更生办学校（1947—1949 年）

1947 年 3 月 1 日，学校的前身晋察冀军区荣臻子弟学校，在晋察冀边区河北省阜平县沟槽村诞生。因晋察冀军区聂荣臻司令员对办学十分关心，取名荣臻子弟学校。当时，学校的条件十分艰苦。面对种种困难，全校师生发扬艰苦奋斗、自力更生的"抗大"精神，历经三次辗转搬迁，从山村到山沟，又从山沟到平原，再从平原到城市。在两年多的时间里，这所部队子弟小学在既无教育人才、也无办学经验的艰苦条件下，以坚定的意志克服各种艰难困苦，把学校从最初的 50 个学生发展成拥有 370 多个学生和 140 多名教职员的战地学校。

二、正规化建校（1950—1957 年）

学校迁至北京后，更名为华北军区政治部八一学校。为了适应新形势，军区和学校采取了多项措施：第一，从军政和革命大学以及地方学校选调或招聘 90 名青年知识分子，充实教师队伍；第二，从冀中招考 100 名青年学生，成立保育员培训班，同时开办护士培训班；第三，接收了北京市私立婴儿寄托所的工作人员和设备，开办托儿所；第四，在海淀乐家花园旧址筹备扩建新校舍；第五，采取多项新举措，逐步提高了学校的教学质量和水平，接近或赶上了北京市名校的教学水平。

三、开创学校新篇章（1958—1966 年）

1958 年 8 月 25 日，北京军区党委决定，学校设初中部，校名改为北京军区八一学校。学校根据国务院及北京军区的有关文件和指示精神，从端正教育思想入手，开展了"寓学于嬉"、劳动教育等活动，积极贯彻军区提出的"严格治校"要求，加强教职工的思想政治工作，发扬光荣传统，统一教育思想，全面贯彻党的教育方针，提出把学校办成北京市第一流学校的办学目标。经过几年的努力，学校的教学质量逐步提升，学生德、智、体全面发展。1962 年，学校撤销幼儿部。1964 年 6 月，学校正式移交北京市教育局领导，同时改名为北京市八一学校，成为九年一贯制学校。

四、继往开来换新颜（1976—1985 年）

"四人帮"被粉碎后，学校师生在全面整顿的同时，继承和发扬了光荣传统和优良校风。学校的工作重点由学校的一切工作都是为了转变学生的思想转移到"学校的一切工作要以教学为中心"上。学校全面贯彻党的教育方针，努力完成为社会主义四个现代化培养合格劳动后备军和为高等院校输送合格毕业生的双重任务。在此期间，学校以加强思想政治工作、落实党的知识分子政策和端正办学指导思想为抓手，进一步提高教学质量。

五、开拓前进创辉煌（1986—1996 年）

学校提出了 1986—1996 年十年规划的奋斗目标：以改革的精神和整体优化的思想、创造性的工作，为使学校教育教学和各项工作早日进入北京市先进行列而努力。在这 10 年期间，在学校党总支和行政班子的领导下，学校着重发挥党的核心作用，探索德育的新途径；从严治校，完善各种规章制度；以德治校，建立团结进取的人际关系；从严治教，积极探索提高教学质量的新规律，继承和发扬办学的光荣传统，发挥开拓创造精神，取得了一系列的辉煌成绩。

六、阔步迈入新世纪（1997—2003 年）

经过几代师生的共同努力，学校逐渐形成了自己的办学方向：坚持传统，全面创新，走向开放；发扬革命传统，坚持理想道德教育，以群体科研为基础，推动全面素质教育。2001 年，学校被北京市教育委员会批准进入示范性高中的建设行列。2003 年 6 月，学校被北京市教育委员会正式批准为北京市示范性普通高中，成为第二批被北京市教育委员会挂牌的示范性普通高中，开创了学校历史新纪元。

七、再接再厉绽新姿（2004—2010 年）

2004—2010 年，学校在加强管理团队和教师队伍建设的同时，提倡全员德育的教育理念，推行由学校、家庭和社会三方面组成的"三位一体"德育模式，坚持全员育人、活动育人，形成了学校独具特色的育人特色。在高中课程改革中，学校设立了课程中心，下设教研组组长、年级组组长和特色专业 3 个团队，同时出台课程开发管理方案和奖励措施，开设初、高中校本课及选修课 150 多门。2009 年，学校初、高中毕业生的及格率和重点率明显升高。学校被评为北京市基础教育课程建设先进单位。

二、校长要追求加速度

2010年2月，我接过张小梅校长手中的接力棒，成为校长。我从最开始只知道做什么，到现在会去问为什么，会去思考如何更有系统、更有策略地推动工作，从简单的实践层面上升到系统思维下的思想和理论层面。学校文化作为立校的第一步，更多的是形成共识、愿景和理念，建立一套统一的话语体系。之后是每三年一个发展规划，站在改革与发展的角度，处理好存量与增量的关系。这10多年是学校规模壮大的时期，从一个单体学校发展到如今一校七址、有10000多名学生的集团校。这其中有太多的压力和挑战，有不为人知的艰难和付出。因为进入集团的成员校都是海淀区薄弱的学校，但我还是以实现海淀区教育均衡这一目标为大局，义无反顾地接受了这一艰巨任务，撑起这片属于八一学校的天空。唯其艰难，方显勇毅，作为有着艰苦奋斗文化传统的红色学校的校长，就应该有"功成不必在我"的精神境界和"功成必定有我"的历史担当。

（一）让学校这颗金子发光

学校得到了老一辈无产阶级革命家的高度关注。创办人聂荣臻同志作为名誉校长经常到校视察，给学校提出不少原则指示和具体帮助。毛泽东同志还在中南海接见学校的学生。刘少奇、周恩来、朱德、邓小平、彭德怀、刘伯承、徐向前、贺龙、薄一波、罗瑞卿、杨得志、杨成武等同志都来校视察过，十分关心学校的发展。江泽民同志也为学校题写校名。这么好的一个品牌，出了海淀区很多人都不知道，国内很难听到学校的声音。作为一校之长，我有责任和义务让学校的品牌亮起来。2011年，我启动了学校文化重构工作。所谓重构就是在厚重文化的基础上做好继承与发展。我一直强调做文化不能把厚重给丢了，所以保留了校训、八一学校精神等核心的理念。那个时候一些学校的品牌意识还很淡漠。我借鉴企业品牌建设的经验，增加了品牌沟通口号这一文化元素，试图通过品牌价值诉求，向外界宣传学校的文化理念。如今"品质八一，品质人生"的口号不仅喊了出来，也通过一些实体做了出来，如"品质八一"校刊、"品质人生"课程体系和"品质人生"学生培养实践系统等。在整整10年的时间里，学校从一所名不见经传的区域学校成为在国内外具有极高知名度和美誉度的名校。这些年来学校做传承红色基因教育，做教育帮扶，做中华优秀传统文化的传播使者，做科技教育启明星，做 STEM（科学、技术、工程和数学）教育和深度学习先行者，做引领发展模式的校园足球，做具有中国风格和世界水准的美育等，都极大程度地提高了品牌影响力。

我始终把自己定位为学校品牌的建设者。所以这颗金子可以是学校，可以是学校的学生和教师。但我是不会去做这颗金子的，我更愿意做一个铺路的石子。很多人都在谈名校长和名校的关系，我表达两个观点。第一，教育的初衷就是为了学生、教师和学校的发展。第二，我是学物理的，物理不追求速度的多少，追求的是加速度的多少，因为加速度是真正的改变量。那么作为一个校长，在加速度这个层面他能做什么？是守着过去的荣誉过稳定的日子，还是应该有所作为？我认为校长要有意识在某些领域去做一些引领的事。我现在不能说没有引领的意识，但还没有具备引领的能力。我认为如果要引领，既要有实践层面的引领，也要有模式层面的引领，更要有上升到与理论结合层面的引领。

（二）一位校长的担当

2012 年 2 月，历时近 1 年的学校文化在一路辗转中终于尘埃落定。仅隔了 1 个月，3 月我因查出胶质瘤做了开颅手术，术后走不了路，半个身子从手到脚都没有感觉。现在 10 多年过去了，我右边身体的神经触感还是没有，整个右手的精细动作做不了，除了写字其他所有的事都是用左手。这对我的写作产生了巨大影响。我现在打字是单手操作，即便这样，每年各种大会小会发言用的课件全是我自己做的。3 月 8 日做的手术，4 月 28 日我就上台了，做了"五四"表彰会的全校发言。那天是庆祝建团 90 周年暨第 24 届"五四"表彰会。"五四"奖章是学生获得的最高荣誉，每年都由校长亲自颁发。所以躺在病床上的我心急如焚，术后不到 2 个月就赶回学校。之后我又连续多日参加了暑期工作会，讨论和部署新学期的各项工作。我 8 月组织多场专题会研讨品质文化中"十二人才基因"月度推广方案，9 月 1 日正式启动推广活动。我这么马不停蹄地工作，是因为学校的文化刚刚成形。它像一颗稚嫩的种子，需要人的精心呵护和全面塑造，才能落地生根、开花结果。我常对自己说现在的时间都是我赚回来的，所以更应让这宝贵的时间创造更大的价值。

在这 10 多年里，我带领干部和教师进行了大大小小近 90 个项目的建设。2013

年的发展规划涉及 8 个领域 19 个项目，包括义务阶段课程建设、高中阶段课程建设、绩效考核研制、组织架构调整、流程优化和制度完善、深度学习教学模式研究、STEAM（科学、技术、工程、艺术和数学）课程研究与实施、资优生培养模式探究、校园环境和学习空间建设等项目。2016 年的发展规划涉及 10 大工程 35 个项目，包括学制改革、优势学科组合、选课走班、导师制推进、一贯制及衔接课程建设、特色精品课程建设、深度学习课堂模式、教师结构调整与优化、教师培养与流动机制、优质资源带建设等项目。2019 年的发展规划涉及 1 室 1 组 6 中心 30 个项目，包括学生发展指导模式研究、德育体系一体化建设、国际部课程体系优化建设、名师优质课程资源建设、干部领导力建设、名师工作室建设、教师荣誉体系优化建设、教师研训体系建设、教学方式改革、内控制度完善及内控平台优化建设、学校立体化宣传体系建设等。除了计划内项目外，还有结合国家政策和学校发展变化增加的计划外项目，如集团化办学章程及管理办法制定、小学部发展规划、科技高中发展规划、延庆康庄学校办学规划、校园足球发展规划等。我只是希望用我自己的微薄之力，守护好学校这个沉甸甸的"金字招牌"。

（三）教好属于我们自己的学生

2011 年 6 月，万泉河中学并入学校；2014 年 7 月，学校合并彩和坊小学；2015 年 4 月，为服从海淀区教育委员会（简称海淀区教委）布局调整，解决部分学区优质教育资源不足的问题，扩大优质资源覆盖面，学校承办第六十七中学，随即更名为八一学校附属玉泉中学。2015 年 7 月，学校应保定市高新区管理委员会之邀，以合作的形式在保定建设一所九年一贯制学校，命名为八一学校保定分校，使八一学校先进文化走出北京。同时，学校以优质的教育资源提高当地教育水平，造福学生。2018 年 12 月，为贯彻落实市政府关于在重点新城和生态涵养区启动新建一批示范型学校的要求，助力延庆创业园区人才引进，在北京市教育委员会的统筹下，学校承办康庄中学。通过合并万泉河中学、彩和坊小学，承办第六十七中学和康庄中学，合作建设保定分校，学校最终形成了包括海淀本校区在内的一校七址的集团化办学格局，履行了作为海淀区市级示范高中应尽的社会责任。

这几所合并或承办的学校都是基础较为薄弱的学校。由于万泉河中学、彩和坊小学都是直接并入学校本部，所有教师要消化，干部团队要分解，思想意识要同化等。管理团队的压力非常大，彩和坊小学合并时仅有 500 多名学生，2021 年学校小学部已达 2400 人。2020 年海淀区教委测评群众满意度，学校小学部在海淀区的满意度增幅第一。

第六十七中学也是海淀区比较薄弱的完全中学之一。2015 年学校承办时，我派了 8 人的管理团队过去，做文化、做课程、做规划、做特色。不到 6 年时间，其现在是海淀区的新优质校，社会形象好，百姓口碑好，整个运行态势稳定良好。

海淀区由于山前山后的原因，区域内的教育还是有不均衡的地方，也有很多基础薄弱校。在这种情况下，海淀区教委重新对区域内的优质校和薄弱校做了一个综合布局：一种是新建，另一种是改造。学校承担更多的是老校的改造和兼并，这个困难要比办一所新校艰难得多。如果新建一所学校，其实也有它的困难，如师资的组成、人员的规则建立等。我经常说占着好的教育资源和好的地理位置，我们有责任和义务去做这件事情。我在工作会议上对全体教师提出要调整心态，教好属于我们自己的每一个学生，对每一个学生高度负责，这是学校的传统。

第二节 "厚积薄发"的学习之旅

一、开启一扇看世界教育的窗

2006 年，当时还是教学副校长的我有幸被派往新加坡南洋理工大学教育学院进行为期一年的教育管理硕士学习。这一年的学习对我的教育生涯产生极其深刻和久远的影响，让我跳出学科教师和部门领导的视角，去思考教育本质的问题。通过对过去教育教学经历的反思、大量先进教育思想的学习和全新教育趋势的观察，我逐步建立起自己的学生观、课程观和教育观。尤其基于真实问题的学习使我在走上校长岗位后立即开展项目式学习的先行先试。2015 年，作为刚刚有着 5 年履历的校长，我又参加了教育部校长培训中心在华东师范大学举办的中国优秀校长研修班学习。在此期间，我接受了系统的理论学习，接触了上百位全国各地知名校长，考察了上海、江苏、浙江等地 40 多所教改先进校。借助导师的引领和学员间的经验交流与思想碰撞，我系统梳理了自己的办学思想和办学实践，构建起教育理念的基本框架。此时我的教师观、校长观和学校观也逐步形成。

（一）"少教多学"与"每一个人都是领导"

新加坡的教育鼓励学生勇于开拓和尝试，不怕失败。其教育体系的核心思想就是倡导"少教多学"，改变课程实施过于强调接受学习、死记硬背、机械训练的现状，倡导学生主动参与、乐于探究、勤于动手，在体验和实践中学习。在我看来，"少教多学"将教育重点由量转为质。质的提升意味着促进课堂交流、提供表现自我的机会、培养终身受用的技能，并透过创新和有效的教学手法与策略来培养学生的品德。量的降低在于减少死记硬背的机械式学习、减少测验次数，以及不再一味遵循标准答案和固定公式。"少教多学"所触及的是教育的核心，即我们为什么教育学生、教些什么、如何而教。新加坡学校实践活动中学生领袖培养计划、经济教育与经济实践活动对提高学生的社会实践能力这方面尤其值得借鉴，在实践活动课程化和学生实践活动如何影响学生的学习方式等方面也对我有深刻启发。新加坡学校中十分流行的一句话就是"每一个人都是领导"。新加坡教育认为，学生是明日国家的领袖，发展学生的领袖能力是教育义不容辞的责任。新加坡几乎所有学校的办学方针中都有培养学生领袖才能的内容。比如，莱佛士初级学院的办学理念就是培养思想者、领导者和先驱者，希望学生在领导中服务，在服务中领导。新加坡非常重视经济人才的培养，在基础教育阶段的重点就是培养青年人的经济素养。学校教育在多方面融入经济教育的因素。许多中学都倡导培养创业和企业家精神，通过组织各种经济活动，如组织校园义卖、策划经济活动、组织社会筹款等，让学生提前对经济知识有一个感性认识，直接接触社会经济层面的诸多问题。在新加坡的学习让我确定了三个可以在国内工作中得以借鉴的方面，即综合实践活动、学生领袖培养计划和经济教育的引入。这也就是我后来提出的"活动育人理念""学生领袖营"和"梦创家课程"。

（二）真实的学习最有价值

给我印象最深的是去新加坡共和理工学院听的一节课。这节课讲的是物理学科的平抛运动，他们的授课方式就是我在后续的 10 年里一直推动的项目式学习模式。

戴维·帕金斯在《为未知而教，为未来而学》中指出，广义教育下的知识，应在学习者未来的生活中更具有生活价值。真实学习是一种值得提倡的教育理念，它聚焦真实世界的问题，让学生成为学习的主体，亲自参与问题的解决过程，发展高级有序的思维能力。在我看来，最好的教学就是要关注到真实世界和学校教育的关联，在真实中教、真实中学。教学改革的基点和追求的目标就是要帮助学生为现实世界做好准备，创造真实性成就。

（三）给出前行的目标，剩下的路靠自己去走

我在南洋理工大学的这一年学习可谓紧张至极。在课堂教学中，教师给我们提出一个问题，让我们通过自身的学习去解决。课堂上所有时间都是在讨论，因为课堂是公共学习的时间，而课后永远是我们在图书馆查资料、在思考中形成观点，并且思考如何以强有力的证据去阐明我们的观点。真正的课堂教学就应该是这样，去体现学生的主体性和教师的引领作用。这也是我后来对于课堂教学管理的一种追求。我想我的学生观就是这样形成的，那就是在教育过程中通过我们的设计，给学生确定方向，然后在这个过程中让学生自己去摸索。如果我们让学生看到远处的目标，而中间这条轨道不给他铺，让他自己去寻找一个铺就的方法，那么这个学习的过程就是一个建构自己知识体系的过程。如果把这条轨道铺好了，那么他掌握的只是达

成那个目标的唯一的路径。所以说这个理念确实非常重要。我在后续的学校管理中经常去践行这样的理念。我认为学生没有体验的权利是我们教师给剥夺的。我们教师更多去替代学生思考，其实就是伤害了学生的一种选择权，剥夺了他们体验的经历。如果这种体验的经历真正在我们的课堂教学中能够体现出来的话，我觉得对学生来说一定是弥足珍贵的。所以我们教育的核心不能因为我们管理的方便，而剥夺学生体验失败与成功的经历。罐装技术尽管在野蛮的战争背景中生成，但这种技术的出现却为人类的物质生活带来了便利。于是人们在享受罐装技术泛化所带来便利的同时，却逐渐发现原来这些被封装起来的食物都已经失去了原来的味道和色彩，那些鲜活的或朴素的东西已经离我们远去。现在，我们的教育已经听到了学生"还我原初的色彩，还我鲜活的世界"的呼声，已经意识到了要将世界的本来面目以它发展初期的原态呈现给学生，要让学生自己去对这个世界进行观察、实践、分析、领悟。重视体验、重视实践。就是重视创新，重视发展。我们永远也不能够穷尽世界的知识，也就永远不能剥夺学生对新领域的发现和开拓。

二、思想之集大成

2015—2017 年，我在华东师范大学参加中国优秀校长高级研修班的学习。办这个高级研修班的目的是把全国优秀的基础教育的校长集中在一起，开展对于教育政策和未来教育的研讨，进行对于教育现实问题和困难的思维碰撞，进行每一个校长个人教育思想的提炼。在这个过程中，大家得到涵盖理论、思想和实践的全面提升。正是通过系统学习，我逐步形成了实践中找政策对接点、政策中找理论佐证点、理论中找实践沟通点的思维模式。在这几年中，我阅读了大量的管理学著作，从彼得·圣吉的《第五项修炼》中学会系统思考，从彼得·德鲁克的《卓有成效的管理者》中学会有效决策，从西奥多·舒尔茨的《人力资本投资——教育和研究的作用》中学会提高人们处理不均衡状态的能力，学习了巴纳德有关协作和沟通的系统组织理论、梅奥有关非正式组织作用的人际关系理论、赫兹伯格有关激励因素和保健因素的双因素理论、萨提亚有关七层次的冰山理论等。这几年是我管理思想形成、思维模式建构和教育思想萌芽的重要时期。

（一）登临思想高地

华东师范大学的培训课程设置具有未来感、可操作性以及对于教育真实问题解决的集体研讨性这几个特点。上海是基础教育比较发达和超前的地区，研究社会发展趋势和现代教育理念的机构和专家比较多，资源非常丰富。华东师范大学也是我国较好的师范类大学之一，整体学术水平非常高。所以无论从国家政治方面还是从社会经济方面来看，一系列通识性、方法性的学习可以让人跳出教育看教育，得到一种开阔的视野和深刻的理解。回到教育层面，利用教育理论的系统性学习，包括学校文化、课程建设、课堂教学、学生发展、教师发展以及学校品牌等，能获得教育专业方面的系统性学习和提升。这种系统性的学习和提升，一个显著的特点就是理论联系实际。跟以往的培训不同的地方就是我们很多的导师，一方面跟我们一起参与课程的设计和学习，另一方面根据研究领域和方向的不同亲自授课。这些导师在教育的某一方面都是公认的大家。比如，原来的校长培训中心陈玉琨主任，他主编了初中版《人工智能入门》，填补了国内中学生教材的空白。现在的代蕊华主任编写了《课堂设计与教学策略》《课程改革与课程评价》等著作。像我的导师刘莉莉，她是做校外教育研究的，对于教育理论有非常独到的见解。在课堂上，她总是能以渊博的知识、生动的案例、丰富的研究底蕴和强大的语言魅力让我们受益匪浅。她有着极其强烈的教育情怀，对我们这些学生在情感的投入、团队的凝聚和资源的支持等方面做得特别好。

培训课程基本上都是以解决本校的实际问题为主，采取案例式教学方法。首先提出困难，然后大家坐在一起共同研究并提出改进方案，最后自己进行反思总结提出方案。讨论就是我们课堂上的常态。所以，在这几年的时间里，我形成了对于学校发展和管理的一套思维方式和行为模式，知道该怎么当一个有思想、有系统思维的校长。

（二）三人行，必有我师焉

在华东师范大学学习的这几年，对我影响深远的还有学员。其意义就在于教育学习体的延伸，让真正的价值远远不止于这几年的时间。我是第7期学员，第6期、第5期，包括后续的第8期、第9期，我们都有联系。这200多位校长都是全国各地优秀的校长。校长之间情感纽带的连接以及共同问题的探讨，是我们这个教育学习体学习素材生成的平台和载体。有了这样一个平台，我的学习就从三年一直延续到整个教育生涯。同时，在培训期间我又去了很多的学校，对于每一所学校的历史、文化、办学特色、地域特色等有了直接的认识。比如，现在学校的徽派建筑风格，是我深受江苏省南菁高级中学的影响。这所学校做大美育，沈鹏是校友，整个学校就是江南的风格。学校不可能像南菁中学那样从一张白纸做起，我们可以借鉴思路进行校园环境的改建。再如，上海育才中学围绕高中新课程改革在学生发展指导、课程建设、教学方式变革、人员分配、工资方案等方面做得比较超前。我就到这所学校去参观学习，看了育才中学，心里就有了底子。后续我又派了好几批教师过去学习。陈青云校长对我的帮助非常大。所以，学校在整个课程改革中的每一个创意、每一点变化，很多都来自这些学员和友好校之间的借鉴。这个平台是我在华东师范大学学习中所获得的宝贵资源。正是在见贤思齐、博采众长中，我学习了他人的长处，补上了自己的短处，关注了管理的小处，着眼了发展的大处，而好处一定是给了每一个学生的。

（三）淬炼成"品"

在到华东师范大学学习之前，我认为自己只是一个实践型校长，对于为什么做、做这个事情要达到一个什么目标、做到什么程度、有什么样的标准，思考还是比较模糊的。在到华东师范大学学习之后，我才知道什么是教育理念，应该有怎样的教育理念，教育理念怎样与学校有机结合，与自己的教育生涯有所交融，与现在所有的教育实践有效关联。我的教育理念的萌芽正是在这个时期生发的，让我对教育有了一种系统化的思考和规划。教育理念不是简单地提出一个观点或主张，而是要从多个维度来论证，并且有深刻的立意思考；还要通过内涵的挖掘来阐明理念所体现的教育性、理论性、时代性；还要围绕这个理念来系统构建支撑这一理念的文化体系、课程体系、教学体系、管理体系、育人体系、教师发展体系等；还要有对校长领导力、育人方式、办学模式、未来教育等的深刻感悟，以一种更高的教育境界去展现理念的前瞻性和生命力。那段时间我是痛并快乐着，我们每个校长都是如此。一次次提出顶层设计的观点和思考，一次次提出解决问题的策略和思路，然后是一次次地推倒重来，一次次地涅槃重生。最终我的品质教育理念尘埃落定，并于2017年3月如期召开了我的教育理念研讨会。"品质"既是我做教育的主张，也是我做事情的理念。我常用工匠精神来鞭策自己，努力把品质从99%提高到99.99%，享受着"产品"在双手中升华的过程。在我看来，"工匠精神"是对品质的一种担当。这里面有着十全十美的追求和百折不挠的斗志，更有着千锤百炼的历程和万死不辞的信念。

新加坡学习日志：新民中学参观学习收获

今天参观新民中学。一所学校要成功需要一整套完善的管理系统。而管理系统又与它的理念有着密切的关系。新民中学就有"X=Q"的理念。其中X就是新民中学，Q就是高素质，就是优秀。这种理念不仅扎根于学生心中，而且得到全校各个层面包括教师、校友、家长、咨询委员会的认同。

做任何事情一定要达到最好，一定要达到最高的素质和标准。在学生在校的三到四年中，教师一直坚持让学生做得最好。学校的环境布置中也时时处处体现这种"新民中学＝高素质"的理念。学生不仅在学习上，而且在学校生活的各个方面都竭尽所能做到最好。学校相信每一个学生都有自己的潜质，所以在各个场合都有可能成为很优秀的领袖或领导者。

新民中学有这样的口号——"接管你的学校"，使学生相信学校是属于他们的，对学校有很强的归属感。学生有什么样的改善的建议和意见可以主动向校方提出来。学生要提出建议和想法，他本身就要观察思考，就要做出一些事情。这样可以让学生发挥领导潜能。让学生明白学习不是掌握在教师手里，学习、个人成长、接受教育的过程掌握在自己手里，自己就是自己人生的一个领导者。所以学校相信每一个学生都是领袖，学校为学生在各个方面提供平台，使之发挥领导的潜能。在四年或五年的学业完成后，学生才能被培养成具有改革和创新能力的领导者。这样一来新民中学的学生在各方面的配合下就能够走在时代的前列。

新民中学学生的信条，是由学校和学生共同制定的。每天升旗唱完国歌后，全校学生共同诵读信条。从第一天进入新民中学开始就诵读这样的信条，日复一日潜移默化地坚定这样的信念，让学生相信自己可以做到。学生能够相信自己是有能力做到信条中的要求的。

我是特别亦珍贵的。在我内心深处，有一股推动我成为优秀学生的力量。我必处事正直，行为端正，坚韧不拔。我必自强不息、不断思考、力求创新、精益求精。

我必尊师重道、关心与爱护我的家人朋友。尤为重要的是，我必心怀怜悯、富有爱心并对学校与国家永葆忠诚。

学生是学校的灵魂人物。新民中学为学生提供很多成为学生领袖的平台和机会。学生领袖培训计划包括如下。①每个班级有班长、副班长、财政、秘书、科目组长。②每个学生被要求参加一项辅助活动，在每项辅助活动中都有自己的学生领袖。③还有其他特别活动（每个月都有），每一项特别活动也有学生组织和学生领袖。④班级中还有许多组长，如绿化环保组、国民教育组、创业与企业组、思维习性组。⑤还有一些学生自己提出的活动计划。既然学生提出，校方就要求学生写出活动计划书，包括活动意义、组织、实施、评价等。整个筹备过程中就能够发挥学生的领导和组织才能。在体育运动方面，全校有四大体育家族，分为红、蓝、绿、黄。每个家族都有吉祥物。每年大型体育活动，包括运动会，不分年级、不分班级、不分源流，只分家族。每个学生的努力都是为了体育家族在年终取得最佳体育家族积累分数。这很好地培养了学生对学校的归属感和团队精神。

亲子班级计划：中三班学生与中一班学生配对，中四班与中二班配对，大班学生负责照顾小班学生。中三班的学长要想办法开展一些活动，让低年级的学生很快适应学校的环境和学习，帮助他们很快调整，更顺利地进入中学生活，融入新民中学大家庭。由于中四班、中五班要参加年底的会考，关系到他们能否顺利地上高中，因此这时中二班的学生往往通过给中四班学生写一些祝福的卡片，鼓励他们考试取得好成绩。所以这种计划让学生自发地发展兄弟姐妹之间的友情。年龄大的照顾年龄小的，年龄小的反过来也可以在精神上给年龄大的支持。每年都有许多迎新会和欢送会。

新的纪元、新的挑战，我们要培养的下一代必须有一套思考模式，帮助他们应对突发事件。所以现在我们不仅要使学生掌握知识，还要教会他们如何进行思考。培养思维习性能为21世纪推行问题解决模式做好准备。在这个方面，学校也准备了丰富的课程，如思维习性网页、特制海报，与每月价值观结合等。一个学生的习惯跟他的人生态度、价值观有直接关系。两者结合起来，让学生明白价值观是否正确是与思考问题的习性有关的。因为如果有错误的价值观，那么思考的方向可能会有错误。同时将培养思维习性融入教学，许多专题作业是与思维习性有关的。学生也经常根据每次参加比赛获奖的过程，或者参加一些特别活动，或者设计一些作业，在全体同学面前共同分享他参加活动中运用了哪个思维习性。所以这让他们真正做到学以致用，能够融入生活。

新民中学还有个很好的经验，就是让高年级学生在毕业后承诺回到母校，培养学弟学妹。这是义务，这样代代相传。我有幸参加了新民中学一年一度的校友聚餐活动。出席聚会的每个人无一例外地都要交40新元的入场券，其中一部分充当聚餐经费，其余的作为学校捐资费用。校友们表演了大量的歌曲与舞蹈，自娱自乐，其乐融融。这种场景深深地打动和吸引了我。时间虽然很长，但没有校友提前退场，表现出校友对母校的归属感和良好的素质。这里还值得一提的是，新民中学校友会之所以能够经久不衰，与其存在形式有很大的关系。校友通过组织各种各样如舞蹈、合唱、太极、书画等小组，定时定期开展活动。这大大增进了团队的凝聚力。新民中学的这一传统能够体现出学生信条中很重要的一条就是要"饮水思源"。这样的教育使学生在走出校园之后依然对母校心怀感激，想要回馈母校。学校的许多建设项目和活动经费都得到了校友的大力赞助，为学弟学妹的学习创造了更好的环境，助力了学校的发展。

（沈军）

第三节 "注重创新"的海淀力量

一、为有思想的校长敞开大门

海淀区是中国基础教育的领头羊，体现出"百花齐放，百家争鸣"的文化风格。这与海淀区教委解放思想、兼容并包的理念有着密不可分的关系。海淀区教委能够在坚定社会主义办学方向的基础上，充分发挥校长的主观能动性，对校长给予充分的信任和开放性的支持，给他们松绑行政权，为他们特色化办学和创新性发展赋能。海淀教育能成为金名片，海淀区教委是功不可没的。如果单靠我们校长自己摸索，自己创新，是没有这么大的发展空间和这么好的办学成就的。所以海淀区教委在教育改革层面这种思想上的高瞻远瞩、谋划中的创新精神和践行下的踏实作风，给海淀教育带来强劲东风，并积极带领全区学校进行教学研究、课程改革和管理创新，呈现出一种朝气蓬勃、你追我赶、锐意进取的群体效应，涌现出一批批矢志教育改革的先进校和勇于担当作为的优秀校长。

我很幸运，一毕业就来到海淀区这样一个教育高地。这里既有工作的机遇，又有工作的压力。海淀区在基础教育改革举措和实践操作方面一直走在前列，所以校长能在教育改革的关键时期开展基于政策和方向性方面的先行先试，和海淀教育的总体布局是息息相关的。海淀区对于学校校长的管理是相对宽松的。海淀大校名校多，大校名校的特点就是它们的师资和智库都有各自的特点。由校长提出各自的办学方案，海淀区教委不在具体层面有更多的限制。海淀区教委对财务的科学管理，就是我们校长有一定的财务自由。学校除了人员经费外，还有公用经费，更有发展性经费。校长对于教育改革的前沿分析和政策解读、对于学校发展的理论研究和实践操作等项目，都可以根据自己的设想去申请资金，只不过要求校长本人要有发展的方向和想法。另外，海淀区在用人上也很灵活宽松。海淀区教委不是把教师挑好了，然后分配到各所学校，而是让学校自己提出人才使用的名额需求。人也是学校来选，海淀区教委按照学校的选择给予分配。海淀区的校长在购置设施设备上也有充分的自主权。海淀区教委是用教育的思维去管理，而不是用行政的命令去管理，这是我深感欣慰的。

海淀教育在推进区域教育均衡上有科学的布局，对不同学校采取不同的策略。比如，第一方阵的学校主要起到引领作用。它们不断在实验，很多新校主要由它们来建设。而八一学校属于第二方阵的学校，则是以吸纳区域薄弱校为主，不断在消化、在落地、在推广。所以海淀区教育的优质和教育的均衡在这两类学校中都有体现。我是很想去建一所新学校，但从海淀区教委的角度，就需要全面评估，包括校长的水平、教师团队教研的整体水平等。所以我经常告诉自己，只有把学校的定位弄清楚，才能心安理得地在这个层面做事。我只要在这所学校的基础上，以一种高度负责的态度和任事担当的精神去达成自己的教育理想就足够了。我所追求的是做心平气和的教育，只为内心的安宁。我还是要感谢海淀区教委这些年把很多涉及教育改革发展的现场放在八一学校，希望借助这个平台去彰显八一学校的办学实力。这其中包括"读圣贤之书 做厚德之人"全国中小学中华优秀传统文化教育系列活动启动暨首场研讨会、全国学生发展指导论坛、"致思·问行"高中课程改革研讨系列论坛、"深度学习"教学改进项目推进会、全国批判性思维教育研讨会、"翱翔计划"开课仪式暨结业典礼、国际化融合课程建设学术论坛等。

二、推动学校发展的隐形翅膀

海淀教育有两个重要的翅膀：一个翅膀叫海淀区教师进修学校，另一个翅膀叫海淀区教育科学研究院。海淀区教师进修学校侧重的是教研工作，也就是课程指导、教学研究、质量评价、资源建设和教师发展以及中高考等教研任务。海淀区教育科学研究院承担的是教科研的任务，主要承担区域教育教学前沿性、探索性的科学研究任务及区域教育领域综合改革的政策研究、现代教育技术在教学工作中的运用研究以及配合有关部门开展的教育质量综合评价研究工作。这两个翅膀对海淀区所有学校起到了从政策层面到实践层面的引领作用，为学校教育改革与发展提供政策保障，为学校教学实践与创新提供强大助力，也为海淀教育发展"先行先试"贡献力量。

海淀区教师进修学校是全国知名的教研单位，是国家新高考新教材改革的全国示范单位。借助这一独特站位，我们能够直接受到国家政策前期制定的影响，参与到政策初期的实践，以及政策成形落地后的推广。比如，对于"普通高中基于核心素养的深度学习教学改进"项目，海淀区教师进修学校作为首批中小学学科教研基地之一，受教育部基础教育课程教材发展中心委托，承担该项目的推进任务。该项目是通过教学现状调研及分析、单元整体教学课例研究、教学关键问题分析和解决研究，探索课程标准的落实途径，推进教学实践，提升教师的学科育人能力。海淀区教师进修学校在深度学习项目实践中做出的重要贡献包括两个方面：一是组织各个学科的专业力量，率先研究、思考和行动；二是带领全国其他实验区的教师一同开展实践。该项目的实施标志着海淀教育进入一个新阶段，迈上一个新台阶。

海淀区教育科学研究院作为引领全国的区域教育智库，依托对深化基础教育领域综合改革的政策研究，能够极大提高教育行政决策的科学性和适切性，形成强大的教育改革推动力。比如，对于学生发展指导工作，根据《国务院办公厅关于新时代推进普通高中育人方式改革的指导意见》，高中阶段须加强学生发展指导工作，学生生涯发展指导要作为高中的必选课。海淀区教育科学研究院就组织了八一学校、北京理工大学附属中学、101中学、北京交通大学附属中学、中关村中学、二十中学6所学校，先行先试了学生发展指导专项研究，涵盖品行指导、心理指导、学业指导、生活指导和生涯指导这5个方面。每所学校结合自己的情况可自行规划设计一套生涯规划的运行体制和运行模式，包括组织机构、课程体系、基于大数据的学生发展指导模式等。但殊途同归，都是达成学生发展指导在高中教学中的引领目标。事实证明，这6所学校在新的时期学生发展指导这项工作上确确实实走在了前面。海淀区教育科学研究院有一个群体课题，一共包括30多个课题。八一学校至少参加了10个课题的研究。这10个课题都触及教育深化改革的核心命题，如德育体系一体化建设、劳动教育、学习品质评价、未来教师培养、家校共育等。八一学校能够比较超前地介入其中，主要在于：一是我们非常关注教育政策和教育前沿的新变化；二是由于与进修学校和教科院保持良好的关系，因此每年都会参与部分的教研和教科研工作，也借助海淀教育的两大翅膀丰满学校腾飞的羽翼。

第四节 "刻骨铭心"的思想洗礼

一、"科技环保"的责任驱使

2011 年,作为北京市中小学科技教育示范学校的代表,八一学校参加了 9 月 15 日—23 日在北京奥林匹克公园举行的首届北京科技嘉年华活动。该活动是于全国科普日在北京举行的一项大型科普活动,以"感受科学、享受科学"为主题。9 月 18 日上午,习近平同志来到学校展台前,与我和在场师生交流。他认真倾听学生介绍的参展作品——绿色新能源方程式赛车,并勉励学生热爱科学,发展创新思维,积极参加科技活动。这台绿色新能源方程式赛车是由贺征、纪翰文等科技特长学生制作的,以磷酸铁锂电池为能源,旨在宣传节能减排理念。学生在整个制作过程中不仅学会了电子控制技术、机械传动技术和材料力学等相关领域知识,还让环保理念深入内心。习近平同志饶有兴致地讲述了儿时在八一学校的时光。我能感受到他对教师的尊敬之心和对母校的眷恋之情,也深感他对科技教育、生态环保教育、创新教育、社会实践教育以及校园足球发展的期望之高。那次与他的接触,既坚定了我开展生态文明教育和生态建校的决心,也为我探索科技人才培养模式和发展特色科技教育打开了一扇窗。

二、"文化传播"的教育担当

2015 年 10 月 22 日上午,我在英国伦敦参加了八一学校和奥特利尔中学共同承办的全球第 1000 个孔子课堂——奥特利尔中学孔子课堂揭牌仪式。习近平同志亲自为孔子课堂揭牌。那天,习近平同志出席全英孔子学院和孔子课堂年会开幕式并发表重要讲话。这次见面使我对海外游学有了新的认识。我在每次游学的行程会上都会对学生提出要求:要在与同龄的国外学生交流中学会用英语来表达本国的优秀传统文化,让世界全面了解中国。同时我也对如何开展国际化办学有了新的思路:国际化办学不是单向的而是双向的,既有输入,又有输出,自觉推动优秀传统文化走向全球、影响世界;既有走出去,又有请进来,主动邀请全世界青少年来到中国,感受中华民族灿烂的文化和文明。

早在 2007 年，八一学校和泽西岛的奥特利尔中学就开始了师生间的文化交流和互访。2011 年，两校正式建立联系，两校的青少年交流活动越加频繁，使双方的学生既增长见识，开拓视野，又加深了解，深化友谊。随着汉语在世界范围内的不断推广，为了进一步增进两校之间的友谊，也为了让更多的英国人有机会学习汉语，了解中国文化，学校提出了成立孔子课堂的建议，立刻得到了奥特利尔中学的积极响应。在国家汉办和双方学校的共同努力下，八一学校和奥特利尔中学就共同承办孔子课堂达成意向。2016 年 7 月，孔子课堂完成首期招生，正式启动运行。孔子课堂从最初的 1 个年级 36 名学生，已经发展到现在 4 个年级每年近 100 名学生。英国学生在学习汉语的同时，也体验了内涵深厚的中国文化，了解到中华民族的历史和发展。2017 年在两校校长的带领下，学汉语的英国学生和来访的八一学校师生受邀参加了中国驻英国使馆的新春联欢，并受到刘晓明大使的亲切接见。随着课堂影响力的不断扩大，两校更多的学生在假期互访。他们走进课堂，走进寄宿家庭，在小伙伴的陪伴中感受着彼此不同的生活方式，在教师的带领下领略两国文化的独特魅力。如今孔子课堂已成为八一学校讲好中国故事的优质平台。对中华文化传播的担当，也必将是我在任期间的追求。这是红色名校应履行的文化责任和使命。

我与八一学校：英国泽西岛的奥特利尔中学孔子课堂

本学年是奥特利尔中学孔子课堂运行的第二年。教授内容是汉语语言和中国传统文化，使用的教材是《汉语水平考试标准教程》。学生每年参加国际汉语水平测试，从一级开始。到目前为止，所有学生通过考试，获得证书。教学以汉语语言为主，同时学习和体验中国传统文化，如学习书法、编织中国结、诵读古诗、学唱歌曲、了解京剧、学画脸谱、过中秋节和春节、品尝中国菜等。

学习汉语的主体是 10、11 和 12 年级的学生。课程分成两个部分：一是汉语语言与文化，以汉语语言教学为主线，穿插中国传统文化知识的传授，要求学生参加汉语水平考试一级和二级；二是中国传统文化欣赏，以 12 年级学生为主，了解和学习中国传统文化，不参加汉语水平考试。

考试结束之后，10 年级开展各种形式的中国传统文化活动。为了加深学生对汉字的理解和记忆，学校开展了"我爱写汉字"活动，让学生把《汉语水平标准教程》中的所有汉字书写一遍，并进行评比。评比中设置多个奖项，如"最大气奖""最秀气奖""最优雅奖"等，以提高学生对学习汉语的兴趣和信心。之后学校进行了"汉字组合大赛"。结果也正如预期，很成功。为了让学生更好地了解中国文化，学校还开展了读书、写书法、画脸谱、编织中国结、放风筝等文化娱乐活动。

庆祝中国最重要的节日——春节，是传播中国传统文化必不可少的活动。为了迎接春节的到来，汉语教师将孔子课堂走廊的三块展板重新布置，介绍春节的起源、风俗习惯、神话传说等，挂上灯笼，贴上春联和福字，营造节日的氛围。汉语教师还和学生一起包饺子，品尝中国的美食。

2018 年的 3 月，奥特利尔中学部分师生和往年一样前往中国进行参观交流活动。我在行前的两个月，利用午休时间教去中国的学生汉语日常用语。

除了在奥特利尔中学的教学工作，我还向泽西的居民展示中国文化，如利用假期宣传中国的茶文化和进行茶艺表演等。

为了和更多的汉语教师交流工作经验，汲取更多的教学精华，我在 2018 年 6 月 15 日—16 日参加了伦敦大学教育学院举办的一年一度的汉语教学大会。我还和根西岛的汉语教师交流教学经验，并在根西岛设立孔子课堂的过程中给予尽可能多的帮助。

除了教学工作外，我还承担各种行政事务。2 月，八一学校 100 名师生来访，在学校参加互动活动 2 天。在他们来之前，我给 12 年级 10 个学艺术的学生进行两个月的汉语日常用语的培训。在交流期间，我积极参与安排八一学校学生在校的活动，并和一名英国学生一起主持了一场学校的音乐会。同时我也接受了泽西教育局布置的一些工作，如接待来自上海代表团的校长，为即将去北京和上海访问的泽西几个中小学校长培训汉语日常用语等。

转眼一年又过去了，回想这一年的教学和行政工作，我的收获颇多。我也期待在新的一年孔子课堂的工作中能取得更大的进步。

（董硕）

三、"为党育人"的使命感召

2016 年 9 月 9 日，在教师节来临之际，习近平同志来到学校看望慰问师生。无论是一路同行中如数家珍地回忆在八一学校时的往事，还是座谈会上对办好中国基础教育和当好"四个引路人"的思想阐发，还是临别之时对八一学校未来发展的殷切嘱托，都能看到他大气恢宏的格局和任事担当的精神，都能感受到他尊师重教的美德和知恩图报的情怀。这次的见面让我对教育使命进行重新体认和对教育思想进行重新审视。习近平同志对八一学校小卫星项目的认可，从更高层面看是强调科技报国的战略意义。他对八一学校未来发展的期望，从更深角度看是确立校长思想的时代价值。正是这次见面让我有了思想的升华。借助小卫星这一件事情，我把育人目标与立德树人、特色发展、国家战略、为党育人等联系在一起，强化了为谁育人的使命。借助名校的愿景，我从品质的"内圣"走向品质的"外王"，将品质教育、品质人生、品质事业、品质社会、品质国家等联系在一起，明确了品质担当的思想。

（一）做好新时代中国基础教育

基础教育一定要兼顾优质和均衡。习近平同志关于基础教育的人才观念、基本任务、三方协同的论述都直指中国教育的品质。人才观念的确立从根本上决定了基础教育是立德树人伟大事业的鲜明定位，是要全面加强思想教育、品德教育、社会主义核心价值观教育，引导学生自尊、自信、自立、自强，是为国家培养合格可靠的能够满足国家、人民、时代要求的建设者和接班人。可见，人才观念决定了教育品质的高度。基本任务的描述从方向上决定了基础教育是培养塑造健全人格的奠基工程，是要让学生拥有健康心态、健全心理和健壮体格，学会自主学习、健康生活和拥抱自然，做到勤奋刻苦、文化自信和责任担当，成为拥有良好国民素质的现代人。可见，基本任务决定了教育品质的深度。三方协同的描述从形式上决定了基础教育是学以致用适应社会的教育生态，是要让学生在丰富多彩的课外活动、社会实践和职业体验中了解社会，树立劳动观念，增强动手能力，培养工匠精神，养成自立品格。三方协同决定了教育品质的广度。

八一学校的阜平县"寻根"活动从 1992 年 1 月开始，到现在已经坚持了 30 多年。2001 年起，八一学校每年拿出近 2 万元作为奖学金，奖励城南庄八一学校希望小学和向阳庄八一小学的学生，为他们的学习之路"筑梦"。2013 年，八一学校与阜平县教育局签订协议，对阜平县开展为期 3 年的支教帮扶工作。在那一年，阜平县的 20 余名师生一行走进八一学校进行学习教研。实现教育的公平和均衡，凸显教育的公益性，这是学校发挥办学优势、尽到办学责任的一项重要工作。八一学校近几年通过合并或承办几所学校，生源结构发生了巨大的变化。我在学校工作会议上对全体教职员工指出："要调整心态，教好属于我们自己的每一个学生。"对每一个学生高度负责，这是学校的传统。每个学生对一个家庭来说就是全部。学校有责任教好他们，让家庭认可，让社会满意。对于一所示范学校来说，办学成绩固然重要，但对教育均衡的担当、对每个生命的尊重、让每个人都能接受优质教育的责任、让每个人都能成为社会有用之才的使命则显得更为重要。教育应该像阳光，普惠众生。教育均衡是考量教育品质的一个重要指标。如果把教育品质用纵横做比喻，教育均衡就是横向标准，教育优质就是纵向标准。

（二）当好学生的"四个引路人"

习近平同志指出，教师是传播知识、传播思想、传播真理的工作，是塑造灵魂、塑造生命、塑造人的工作。

对于教师的发展，习近平同志指出，教师是人类灵魂的工程师。广大教师要做学生锤炼品格的引路人，做学生学习知识的引路人，做学生创新思维的引路人，做学生奉献祖国的引路人。

在我看来，从"四有"好老师到"四个引路人"，是出发点和着力点发生了变化："四有"好老师是站在教师发展的角度，强调的是师德师风的建设；"四个引路人"是站在学生成长的角度，强调的是师道师术的建设。"四有"好老师是强调教师个体的自主发展；"四个引路人"是强调新型师生关系的重构，实现教师和学生的共同成长。如果说"四有"好老师是理念定位，那么"四个引路人"就是行动纲领。"四有"好老师是前提和根基，"四个引路人"就是标准和路径。"四有"好老师加"四个引领"就是打造新时代教师队伍的制胜法宝。

培根铸魂，着正底色。做学生锤炼品德的引路人，一方面要求教师有道德情操，成为学生的道德榜样；另一方面则是给学生提供体验与抉择的机会，让学生客观理性地分析，在不断锤炼中学会自我选择，从而有更多真实的获得感。这也是我的学生观。为什么把体验和抉择看得如此重要，是希望学生在走向社会之前能有更多选择和判断的机会，通过体验形成自己的生活态度和处事方式，做好走向社会的各种准备。我们的教育需要给学生创设更多培养价值判断与抉择的机会。给了选择的机会也就给了成长的机会，也就给了通往品质人生的机会。

教师爱生如子，用自己的人格、学识、阅历、经验，点燃学生对真善美的向往，以德养德，润物无声地浸润学生的心田，传承中华传统美德，践行社会主义核心价值观，增强学生价值判断、选择、塑造的能力，引领他们身心健康地成长。从珍爱生命、健全人格、自我管理等基本要点到认识自我、发展身心、规划人生等综合表现，再到社会适应的调节自我、适应环境、认识社会等自主发展意识的可持续发展，教师爱生活、懂生活，也带动自己的学生健康生活。教师言传身教，教会学生强健体魄、健康身心。面对工作、学习和生活，师生敞开胸怀，拥抱自然，点点滴滴播洒阳光，经年累月铸就美好。拥有 30 年操场情结的体育特级教师黄虹曾写过这样一首小诗："在蔚蓝的大空下，阳光照在草坪上，与学生一起上课，你会觉得那是一种愉悦的享受。远远听到雪地上学生的欢笑声，你会不由得有一种喜悦挂上心头，就像清晨在林中听到悦耳的鸟鸣，闭上眼，翕动鼻翼，感觉那种甜丝丝的阳光味道。"也正因爱这方校园，爱这里的教师和同窗，怀念在学校这片沃土的成长，我们每年初中培养的许多毕业生毅然选择继续留在学校就读高中。还有从 1992 年开启，坚持了 26 年的"老区寻根"活动，更是让不忘初心、不怕艰难、不畏险阻、意志坚忍的红色基因，随着 70 多年的建校历史融入了师生的骨子里。

启智增慧，丰厚学养。要做学生学习知识的引路人，教师应一边努力积累学识，成为专业精深、知识渊博且有良好信息素养的智慧型教师；一边也在给学生创设良好的学习氛围和更大的发展空间、调动其热情、锻炼其能力、拓宽其视野、丰富其阅历、磨练其个性上下足功夫。

面对深化基础教育领域综合改革，学校精心打造基于核心素养的品质课程。学校以"造就品德好、品行优、品位高的国际创新人才"为育人目标，突出"军魂铸人、科技育人、生态立人"办学特色，构建了以生涯发展为引导，涵盖基础、发展、挑战三大课程形态的课程体系，根据学生的需求增加个性化和选择性，力争为每名学生提供适合的教育。我们重视学生发展指导，坚持从品行、学业、生涯、心理和生活指导五个方面下功夫，为学生的品质人生奠基。我们科学规划义务教育阶段，依据学生的年龄特点和认知规律，探索九年一贯制学业指导、德育、心理辅导和生活帮助，提高教育实效。在高中阶段教育，我们依据学生自身发展的愿望和未来社会对人才的需求，计划设置通识、语言与文化、数理、科学与工程、社会与经济、航天科技、艺术与媒体、体育与健康八大特色发展学院。每个学院配置丰富的课程、教师、平台等资源，全力支持学生在相关领域深入探索。从礼仪修养讲座、练习到传统文化研讨、实践，从 office365 信息技术学习到"梦创家"职业招聘演练，从干部的"领导力"浸润式培训到教师全员的项目式学习，再到学生每周半天丰富的项目式课程，学校干部、师生多层面、多角度参与体验、互动学习、提升。可以说从管理方式、教学模式到课程内容、学习方式上，学校都已经走在探索实践的路上了。正如语文特级教师王建稳所说："充分挖掘文本的多重价值，从文字学习走向文化感悟。我们通过在文言文教学中的文化渗透，让学生去触摸古人的灵魂，在重履他们漫漫精神历程的同时，经受一次次深刻而美好的心灵洗礼。《寡人之于国也》中的'仁政''王道'思想，《论语》中的'浴乎沂，风乎舞雩，咏而归'中的'和谐'政治观，烛之武的智勇、荆轲的大义、蔺相如的肝胆相照、苏武的威武不屈……文本中优秀传统文化的精魂血脉，传递给我们强大的精神能量，感召着学生的精神世界。"美术特级教师张尊高也说："国画、书法、篆刻、美术鉴赏、工艺等无不渗透着中华几千年文化的精髓。我们充分挖掘美术课程中的人文精神和教育资源，在课堂教学过程中将民族传统文化精华与美术教育有机结合。美术课程设置上重视中国传统艺术的学习和训练，把优秀传统文化教育内容渗透和贯穿到美育的全过程，在潜移默化中感染学生。让学生在与优秀传统文化的亲密接触中，感受美、欣赏美、创造美，并产生由衷的热爱之情。"季萌同 2021 年刚被海淀学区评为"最美中学生"。榜样的力量在于她品学兼优、兴趣广泛、善于合作、投身公益和社会实践。她是国学小达人、中国舞的专业爱好者、机器人全球赛的冠军成员。她还热爱写作，发表文章，做过诗集主编和学校官微特约撰稿。她修身与齐学并进，学养与情怀共存，是学校学子成长与收获的缩影。

发展思维，勇于创新。做学生创新思维的引路人，一方面要求教师有探索精神，成为一名拥抱变革、主动创新、不断突破的学术型教师；另一方面则要做到启之以道、教之以法、授之以渔，通过形式丰富的个性化学习、项目式学习、任务型学习、研究性学习等，不断培养学生知识远迁移的高阶能力，最终达到如教育家朱熹所言的"举一而反三，闻一而知十，乃学者用功之深，穷理之熟，然后能融会贯通，以至于此"。学校的科技教育从普及性科学实践活动到利用项目式课程开展 STEAM 实践教育再到高水平科技社团引领发展这样三个层面展开。学校在落实全员基础素养与认知能力培养的同时，为学生的不同需求提供多样选择，贯通培养帮助其学有所长。近几年，我们借助清华大学专业资源开设 STEAM 课程，借助科研院所的力量开设卫星测控与应用、月球探测车设计与制作、无人机原理与制作、北斗卫星导航原理与应用等项目式课程，培养学生的逻辑思维、批判思维、创新精神与实践能力，提升学生的探究和动手技能。我们与中国航天科技集团航天人才开发交流中心共同开办科普小卫星课堂，以培养学生的科学素养，发展学生的创新思维。学校师生从全程参与"八一•少年行"科普小卫星的设计、制作与发射到带动石家庄市鹿泉区第一中学合作参与"科普02星"的研制。一批青年教师迅速获得专业成长，引领着小卫星团队的学生也收获着课堂以外的丰富阅历和成长感受。学校还引进设计思维实验室、创新实验室、社交情绪实验室等实验室，为学生的创新思维发展启动引擎。学校在新的三年发展规划中，确立了"造就创新素养突出的现代学生、成就创新品质卓越的现代教师、铸就创新动力强劲的现代学校"的战略目标，目的就是全面贯彻"创新驱动"战略，培养国家需要的高素质创新人才。我们与微软、科大讯飞、北京电信公司进行战略合作，并将继续借助航天科技联盟的专业优势，到2035年，努力把学校建成世界一流科技高中。这个特色发展目标是全体八一学校人的共同愿景。我们将有效整合学区、社会和科研院所的更多优质资源为此助力！

责任担当，奉献祖国。做学生奉献祖国的引路人，一方面要求教师有理想信念，怀揣"人生为一大事来"的教育理想，建树"捧着一颗心来，不带半根草去"的教育情怀，兢兢业业扎根教育；另一方面要将学生的成长与未来，同国家的发展与命运、社会的进步与文明有机关联，让学生认识到并发挥出自身的价值，树立报效祖国的强烈愿望。学校开展的老区寻根帮扶助学活动、红十字爱心活动、义务支教活动、敬老助残公益活动等，就是让学生从小学会去奉献爱心、奉献智慧、奉献力量，在将来步入社会后，能够去奉献事业，奉献人民，奉献国家。

八一学校人的价值观是正直、自信、包容、担当。作为一所由中国共产党在战火硝烟中创办的红色学校，学校师生的血脉里流淌着理想信念、家国情怀和责任担当。学校的办学使命是"培养具有中国精神的品质公民"。"中国精神"就是八一学校人源源不断的精神动力和道德滋养。学校的教师爱岗敬业、求真务实，70多年来为国家培养了数以万计的行业人才和富有建树的国家栋梁；学校的学生爱校爱国，有使命担当，人人力争成为凝聚中国灵魂、传播中国文化、弘扬中国精神、推广中国价值、展示中国力量的文明使者。学校是全国红十字示范校，"人道、博爱"的红十字精神在学校校园已经传承了30多年。学校不断涌现出主动去援藏、援疆的青年骨干教师；学校不断涌现出接力为打工子弟学校义务支教的学生榜样；学校发挥启明星作用，辐射200多所航天科技联盟校的近3000名学生，投身科学探索；学校不忘校史带动20多所红色教育协作体学校，肩负使命，全面育人……学校通过日常的老区帮扶助学、红十字爱心捐赠、公益敬老助残，让学生从小学会去奉献爱心、奉献智慧、奉献力量，将来步入社会后便能够自觉去奉献事业、奉献人民、奉献国家。

一名教育工作者应有这样的教育情怀——为个性而教，为未来而教，为民族而教。如果我国所有教师都能秉承这样的理念，我国教育必会品质卓著，那么走向世界前列又何愁不能实现呢？现在，学校的教师给出了庄严的承诺：深耕杏坛，为人师表，肩负使命，全面育人！

（三）办好八一学校品牌，发挥启明星作用

习近平同志在为基础教育的未来发展指明方向后，又将目光转向对八一学校的评价和期望上。

学校的办学特色独具一格，主要体现在军魂、国防、传统文化、科技、艺术、体育、生态、校园环境等方面。习近平同志对学校金帆团、金鹏团和翱翔足球俱乐部的发展非常熟悉，赞扬科技艺术教育和体育育人取得的可喜成绩。学校要成为一流名校，既是历史之必然，也是发展之必要。

习近平同志在学校考察期间一边了解学校发展的现状，一边为学校未来的发展指出了方向。为此，学校需要做到如下几方面。

第一，要发扬红色传统。未来，学校要继续深化"军魂铸人"办学特色，一方面优化完善"军魂铸人"特色课程，以国防教育为重点，丰富"铸精神""铸视野"和"铸技能"三大课程板块，补充红色八一学校、红色传统、红色记忆和红色之旅、军事思想、军事历史、军事名人和军事形势、军务知识、军用技术、军队法令和军人作风的栏目内容。

第二，要强调责任担当。未来，学校要继续延续"责任之旅"活动，帮扶革命老区、偏远地区、民族地区的教育发展。一是走出去，送思想、送教材、送资源、送经费；二是请进来，让更多的山区师生走进学校，进入课堂、进入活动、进入教学、进入科研。

第三，要办好金帆团。未来，学校要继续保持艺术教育的领先优势，系统制定艺术中心发展规划，建立艺术特长小学到中学的长效培养机制，充分挖掘中华民族灿烂的艺术瑰宝，做好传承和创新，通过艺术教育培养具有人文情怀、审美追求、艺术修养和责任担当的人才。

第四，要贯通科技教育的培养。未来，学校要继续深化科技教育的力度，系统制定科信中心发展规划，形成小学、中学和大学、科研院所及高科技企业一体化贯通的科技教育体系，通过重点科技项目培养学生的科学精神，培养具有批判思维、创新精神、实践能力和信息素养的人才。

第五，要培养更多足球人才。未来，学校要秉承"绿茵军魂、金色足迹"的发展理念，致力于"打造最具精神、最具开放、最具智能、最具典范的校园足球"的发展目标，通过"442"校园足球发展模式，对接国际先进的青训体系，培养信念坚定、意志顽强、善于合作、勇于担当的足球少年。

第六，要为学生创造良好的校园环境。未来，学校将继续秉承"环境服务学生，生态影响学生，展示留给学生"的理念，以服务学生为本，打造国际生态校园，让环境成为学生学习和生活的重要部分，把更大空间和平台留给学生，让学生找到自我，找到自信；环境建设努力追求品质，突出优秀传统文化的典雅与厚重，让学生时刻接受优秀传统文化的滋养和浸润，提升教养。

第七，要让教师敢于直面教育改革。未来，学校要把教师队伍建设放在重要地位，培养具有八一学校精神的现代广域教师：格局高、心胸宽、视野广、理念新、见识全、学养深、不断提升创新意识、开展创新实践。学校要让教师了解最新的教育趋势，拥有卓越的教育智慧，做好学生的生涯规划与发展指导，教给学生能够涵养精神、营养灵魂、培养素质的知识，成为"四有"好老师，做学生的"四个引路人"。

第八，要提高学校的管理水平。未来，学校要以法治思维和法治方式推进综合改革与发展，以教育治理的现代化带动集团管理的现代化。学校要在法律框架下形成集团治理模式，充分发挥集团化办学辐射优质资源、服务师生发展的价值。学校要以学生发展为主线推动组织变革，制定集团内部管理制度和标准，建设集团化管理和服务的网络平台，最终实现依法治校、科学治校、品质治校。

继往开来、开拓无前。作为校长，我和我的团队已经制定了新一轮学校三年发展规划。在八一学校精神的激励下，我们将从历史的厚重中找寻力量，在教育综合改革的大潮中谋求发展。勇于担当、追求品质，为把八一学校建成北京市乃至全国的一流学校而不懈努力！

我与八一学校：有爱方能担当

2016年9月9日注定是我教师生涯中不平凡的一天。20多年前，我在八一学校第一次以教师的身份迎来了属于自己的节日；20多年后，我再次深刻地感受到作为教师的那份光荣与幸福。因为就是在我辛勤耕耘了20多年的八一学校的这片沃土上，我收到了来自习近平同志的节日问候。座谈会上，习近平同志对全国教师关切的问候，对中国基础教育的高瞻远瞩的指示，对青少年学生的殷殷嘱托，我都能熟记于心。

除了参加座谈会外，学校还交给了我和其他几位中年教师一个特殊的任务。那就是接待参加座谈会的几位老教师。正是这样一项特殊的任务，让我有机会从能另一个角度去理解为什么习近平同志会对我们的学校有着如此深厚的情感。这几位老教师大都已七八十岁，年龄最大的已经90多岁，大多行动不便。一早把他们从西门接来，两位老教师坐在轮椅上，边走边聊。他们聊得最多的是对过去教师工作的回忆，讲他们当时艰苦的条件，讲他们勤奋的工作。从他们的话语和眼神中可以感受到满满的幸福与快乐。在参加完座谈会后，我送王玉兰老师回去。在路上，我们攀谈起来。她说她的爱人是学校的老教师谷峰。那个时候他全身心投入学生管理工作。学生和他的关系特别好，在他在世期间每年都有很多学生来看他。我说那可真不容易，王老师说了一句话："没什么的，我们喜欢学生，我们也愿意帮助学生。"这句话给我留下了深刻的印象，让我联想起在座谈会刚刚开始时习近平同志深情回忆他在八一学校的生活。一句"近乡情更怯"，一个送给八一学校老教师的深深鞠躬，让我突然明白了这份深情的源头是什么。那就是教师对学生深深的爱。没有爱就没有现在这师生欢聚的温暖，没有爱就没有他对母校深深的眷恋，没有爱就没有成功的教育。

习近平同志希望我们成为有仁爱之心的教师。"仁爱"是做好教育工作的根本所在。教师重要，就在于教师的工作是塑造灵魂、塑造生命、塑造人的工作。教育是多么重大的一份责任，不仅关乎个人的成长、家庭的幸福，还关乎民族的复兴、国家的昌盛。这份沉沉的责任担负在全国所有教师的身上。怎样担好这份重大的责任，是我们每位教师应该思考的问题。有爱方能担当——这是参加了座谈会后我深切的感受，也是我今后做好教师要遵循的准则。

习近平同志在八一学校学习时，不仅获得了丰富的知识，还得到八一学校的教师给予他的关心爱护、学习方法的引领。教师应给予学生的就是无私的关爱。习近平同志一直在强调教育的公平，这不仅是教育主管部门应关注解决的问题，同样也是我们每位教师应该关注解决的问题。我们应该做到平等地关爱每一个学生。其实想要做到这一点并不容易。作为一名初中教师，我也越来越感觉到，伴随着教育改革的深入推进，我们的生源在发生着变化。有时我们会有抱怨，甚至对我们的工作产生了怀疑和动摇。我想这可能就是我们对学生的爱不够，没有做到对他们的全身心的付出。现在我们的学生也会时时遇到各种问题，面临各种困难。我们应该带着一颗仁爱之心给予他们更多的关心帮助，让他们感受到来自教师的关爱。这样他们长大后才会以一颗仁爱之心对待他人，走向社会。

　　了解了习近平同志的经历，我越发感觉到自己职业的神圣，仁爱之心也应是学校老教师传承给我们的新一代八一学校人的一种崇高的职业精神。我们要把这种精神坚守并传承下去，让"仁爱"成为我们职业厚重的底色，用爱去教育感染学生，把爱作为我们事业永恒的主题。有爱方能担当。

（张慧英）

第二章

臻于品质、致力担当的教育理念

　　从 2013 年在华东师范大学高级研修班第一次开始思考教育理念的问题，经过几年的沉淀，我对于教育理念的本质有了自己的论断。我认为，一个好的教育理念，第一应具有历史性。中华民族自古就绽放着无比灿烂的思想精华。无论是孔子、荀子，还是朱熹、王阳明，追根溯源，校长的教育理念必定深受其影响，因而是历史的产物。第二应具有继承性。在学校发展历程中，每一任校长都给学校留下宝贵的思想财富。后任者一定要在继承中去发展，留住厚重，不忘本来。第三应具有民族性。教育是民族振兴的基石。校长在坚守为党育人、为国育才的宗旨中，其教育理念必然饱含深厚的家国情怀。第四应具有实践性。再好的教育理念也来自脚踏实地的实践。准确地廓清教育问题，理智地把握教育现实，全面地统筹教育过程，是建构教育理念的必经之路。第五应具有时代性。了解时下的教育政策和环境，了解当下的学生、教师和人民大众，了解眼下的国家和整个人类社会，才能抓住时代主旋律，发出时代强音。第六应具有前瞻性。能够科学预测未来，冷静预见变局，合理预判发展走向，让教育理念具有无限的生命力。

第一节　"育才造士"的教育情怀

一、履行"为党育人"的教育使命

我一毕业就来到八一学校。我在大三就入了党，对教育事业的忠诚以及为党工作的理念深深埋在骨子里。过去当班主任的时候，每3年40多个毕业的学生，他们收获了知识和能力，收获了成长。我在学生的起步阶段，尽了自己的微薄之力，让他们无论是学业还是品德都有不小的增值。这正是支撑我这么多年来一直坚守教育事业的一个动因。我始终认为，一个校长更多地要为他的学生做打算，为事业做打算，为国家做打算，这才是一种大境界、大胸怀。在为国担当和为己发展方面，我认为既有对立，又有统一。先说统一。我认为个人好了，国家才好，有小家才有大家，不要忽略人基本的生存需求、发展诉求和价值追求。再说对立，为小家还是为大家，有先后问题，有多少问题。这时候我们要做到先公后私、公大于私。甚至做到克己奉公、公而忘私。这就是为党育人的责任体现，也是作为公办学校和红色学校的校长应有的一种境界。因为党的干部本来就姓公，就应成为"极心无二虑，尽公不顾私"的表率。

我原来谈品质文化、品质教育，为学生的品质人生奠基。习近平同志的到来让我在认知上有了提升，促使我认真去思考为谁育人的问题。10多年来，习近平同志提出了中国梦、从严治党、军队改革、一带一路、人类命运共同体等治国理念和方针。所以学校开展了胸怀科技报国理想的航天科技教育、树立总体国家安全观的国防军事教育等，让学生的品质人生与国家命运紧紧联系在一起，塑造为党尽责、为国担当的优秀品质。"军魂铸人"是学校鲜明的本色。那么什么是军魂？党对军队的绝对领导就是不变的军魂。因此，学校提出军魂教育，就是要对党忠诚、听党指挥。我作为一名老党员，更应有忠诚意识、大局观念和担当精神，在教育的道路上始终坚定为党育人的强大信念。

二、秉持"全人教育"的教育理念

我觉得国家提出"五育并举"的教育方针非常及时。智育好比头脑，其他四育好比四肢。要让学生真正"动起来"，德育就是行动，体育就是运动，美育就是舞动，劳动教育就是劳动。我非常崇尚全人教育，是因为全人教育整合了"以社会为本"和"以人为本"两种教育观点，形成了既重视社会价值、又重视人的价值的教育新理念，其强调的是教育范畴的整体性和全面性。全人教育来自人本主义教学理论。罗杰斯作为代表人物，鲜明地提出学校应培养的是躯体、心智、情感、心力融为一体的"完人"或"完善者"。在我看来，"完善者"就是至臻之人、向善之人，就是追求全面品质发展的人。因此，对于全人教育，我的第一个观点是站在每个学生发展的角度，通过提供德智体美劳五育并举的课程和活动，塑造学生的完全人格。蔡元培先生曾提出"五育并举"的思想，倡导"完全人格"教育。蔡先生的五育指的是军国民教育、实利主义教育、公民道德教育、世界观教育、美感教育。其中，军国民教育是培养康健的体魄、尚武的精神；实利主义教育即智育，给人知识技能和一定的职业训练；公民道德教育即德育，以自由、平等、博爱为核心价值观；世界观教育即理想和信仰教育，指向人的终极价值关怀，引导学生去追求真理、追求有价值的人生；美感教育即美育，陶冶情感，使人日趋高尚，去掉生活恶习，美化人生。蔡元培先生的"五育并举"思想充分体现了社会价值与人的发展价值的统一。在"完全人格"教育方面，蔡元培先生认为："群性个性的发展，相反而适以相成，是今日完全人格，亦即新教育之标准也。"在蔡元培先生看来，培养完全人格的教育是德智体美诸育和谐发展的教育，是促进个性和群体协调发展的教育，是促进身心平衡发展的教育。这也是我始终追求的学生发展样态。

对于全人教育，我的第二个观点是面向全体。每次我在教师会上都会提到，我们学校是服务所有学生，要让每个学生从学校走出去的时候都有自己的成长和收获，有理想信念，有中国精神，有创新意识，有审美品位，有综合能力，有责任担当。为了践行这一观点，学校开发的所有课程、建设的所有社团都有普及类和提高类。而一些课程的开发也遵循从精品到普及这样一个过程，通过在实验班的尝试，然后推广到更多班级。比如，清华大学的 STEAM 这个项目，原来只是在高中一个资优班做。做完之后发现学生收获很大，我们就决定扩大受众面，把必备的一些设备引入校园，让清华大学的教师到学校来上课，而且适当降低了难度。这就变成面向全体学生的一个选修课程。对于研学旅行的设计，2012 年第一轮参与研学旅行的是实验班，2015 年就开始覆盖到全年级。又如，对于美术课程，我把面向全体学生的 18 个美术模块做成工作室，让所有学生都能够走进沉浸式的环境中学习。因此，美术教室也不再只是精品社团所有，而是敞开怀抱面向全体学生。这就是我眼中的"全人教育"，每个学生都有获得优质资源的权利。

三、永葆"红色基因"的教育本色

　　学校是一所诞生于炮火硝烟中，从晋察冀军区走出的、由党和人民军队创办的红色学校。这所同军旗同名的学校，是新中国成立前建立的第一所人民解放军的子弟学校。从它诞生之日起，共产党人身份自信、使命担当的红色基因就植入在血脉里，解放军战士一朝赴戎、终生为国的红色精神也镌刻于校魂中。红色是学校永远的本色，是不能丢掉的根与魂。中国人的红色情结与生俱来。中华民族在立族之初就有着强烈的"红色崇拜"。红色代表权威、勇气、喜庆与革命。在西方人的眼中，红色是中国的"国色"。中国共产党在领导中国革命的征程中形成了井冈山精神、长征精神、延安精神和西柏坡精神。这些精神是红色文化的精髓，是激励人们开拓进取、矢志不渝的强大精神支柱。实现中华民族伟大复兴需要弘扬这些红色精神。和平建设时期形成的大庆精神、"两弹一星"精神、抗洪抢险精神、抗震救灾精神、载人航天精神，就是红色文化得以传承的体现。深入发掘红色文化的传承价值功能，是培育新的民族精神的现实需要。学校在一代代校长的领导下，继承红色传统，传承红色基因，用丰厚红色底蕴塑造新时代少年的红色气质，通过开展红色寻根活动让学生在追寻领袖足迹、探访元帅故里、缅怀革命先辈、瞻仰革命圣地中接受精神洗礼，培养爱国情操，熔铸红色精神，当好红色传人。学校在红色教育方面的突出成绩，已成为海淀教育这片红色土壤中高高飘扬的一面旗帜。

　　学校高度重视新生入学军训。为期九天的军营生活，既是继承和发扬学校红色传统的契机，也是对学校学子体能、思想、意志的考验。我特别强调要把军人的优良传统和作风植入军事教育，要建立符合中学生需求和接受能力的军事课程体系，形成具有学校自身特色的军训模式。因此，学校的军事知识和理论的学习涉及军事基本常识，包括军队基本组织结构、武器装备性能特点和国家国防安全分析等。军事素养和技能的学习包括队列条令、单兵战术动作、轻武器操作训练、野外急救技能以及军事定向等能力。我经常告诉学生，在和平的年代，默默奉献、负重前行是军人品行的最好写照；要学习军人闻令而动、向险而行、不负重托、不辱使命的高昂革命热情、革命斗志和革命精神。我也希望红色基因能够通过教育的薪火相传成为学校学子永不褪去的本色。

四、树立"科技报国"的教育理想

学校在科技教育方面比较超前和突出。STEM 教育、创客教育开展较早，科技活动丰富，科技竞赛成绩也不错，还作为科技教育的代表参加北京首届科技展。学校地处中关村，北京理工大学近在咫尺，地域的科技优势十分明显。学校的"创新"基因主题活动以及校园科技节都与理工类大学、科研院所和高科技企业合作，开展科技进校园活动，安排冬令营、暑期课程等，让学生走进大学实验室和高新企业参与实验和实习。这一地利条件为科技特色的发展带来充足保障。

学校引进了一个小卫星项目，是与航天科技集团合作的课程，当时就是想引进一个航天课程作为选修课。之后学校成立了一个项目组。专门有一批感兴趣的学生加入卫星的载荷研究。在假期，这些学生已经把基本的载荷论文和样星都做完了，是和南京理工大学合作完成的。后来，我突然有了做科技特色的意识，而且只聚焦于航天科技领域，主要研究星、箭、船、气这 4 个方向：星是卫星，箭是火箭，船是飞船，气是登月车、火星车等。再深挖根源，学校是有其强大的基因的，因为聂荣臻同志作为学校的首任校长，他就是"两弹一星"的主要领导。这样我发现了支撑科技特色的很多要素：聂荣臻同志，具有军队背景的学校，理科实力，科技活动成绩，"创新"基因，"担当"价值观，红色文化，等等。这些促使我要让学生做出与学校名字高度匹配的职业选择以及在基础教育阶段体现学校一种办学担当的强烈愿望。这就是我们教育方向的选择要坚持需求导向，从国家急迫需要和长远需求出发，瞄准重要领域的关键核心技术，为国家培养航天科技方面的人才，办一所以航天科技教育为特色的科技高中，改善科技创新生态，激发创新创造活力，将创办科技高中意义的理解上升到服务祖国建设和民族复兴的层面，把"科技报国"作为我本人恒久不变的教育理想。

五、遵循"经世致用"的教育理论

沿着科技创新人才培养这个思路，我希望学校培养的是创新型、应用型人才。

科技创新人才培养需要一种理论来支撑，而这个理论就是经世致用理论。为何要重拾致用文化育人传统，习近平同志指出，儒家思想和中国历史上存在的其他学说都坚持经世致用原则，注重发挥文以化人的教化功能，把对个人、社会的教化同对国家的治理结合起来，达到相辅相成、相互促进的目的。2020 年，习近平同志在湖南大学岳麓书院考察调研时，既对经世致用这一重要精神内核予以褒奖，也对书院一直以来坚持以经世致用理念培养人才表示肯定。岳麓书院培养了一批批康济时艰的优秀人才：从湖湘学派的奠定者张栻到集大成者王夫之，从曾国藩、魏源到杨昌济等，历代学子不尚空谈，倡导为国求学的理念，坚持务实践履的精神，将学术研究与社会实践需要相结合，关心国计民生，主张传道济民，在国势衰弱、国难深重之时能够担当大任、力挽狂澜，体现了"空谈误国、实干兴邦"的思想和"以天下为己任"的情怀。

在我国传统文化思想中，经世致用思想占有重要位置，深刻影响了我国文化的发展脉络。传统儒学本身就是一种"入世哲学"，儒家的经世致用观推崇积极入世、勇于担当的精神和注重实用、排斥浮华的作风。到了明末清初，在顾炎武、颜元等人的推动下，经世致用思想得以再次拓展。他们提倡"实学"。所谓"实学"，用颜元的话说就是"实习、实讲、实行、实用之学"，而贯穿"实学"的中心思想便是经世致用的精神。他们主张"君子之为学，以明道也，以救世也"，强调把学术研究和当前的社会现实联系起来，以治事、救世为急务，增进国家治理、民生安定、社会改良。

《辞源》对"经世"的解释为：治理世事；对"致用"的解释为：尽其功用。经世致用就是关注社会现实，直面社会矛盾，用所学解决社会问题，以求达到国治民安的实效。在我看来，科技创新人才培养当以经世致用为理论，把握"经世"所体现的"经国济世"内涵，强调学生要胸怀"科技报国"的理想抱负，学习那些有益于国防和航天事业发展的学问，掌握"形而上"之道；还要把握"致用"所体现的"致知力行"内涵，强调学生要加强与当今国防和航天科技发展现实的联系，发挥所学之功能价值，掌握"形而下"之器。为此，我在总结前人智慧的基础上形成了自己对科技创新人才培养的经世致用理论。

一是要"务当世之务"，是培养学生务实的精神。"识时务者，在乎俊杰。"能够结合社会实际，了解实情实况，关注国事、天下事，学会发现问题，基于问题开展学习，否则学术就会成为无源之水、无根之木。

二是要"任时代之任"，培养学生担当的精神。"天下兴亡，匹夫有责。"能够拥有肩负民族复兴的社会责任感，自觉把个人理想同国家发展和祖国命运紧密联系在一起，把问题当作挑战，致力于使命感学习。

三是要"新学问之新"，培养学生创新的精神。"事关民生国命者，必穷源溯本，讨论其所以然。"学习对社会有用的东西，研究与国计民生有关的问题，勤于思考，善于创新，扩大研究学问的范畴，敢于涉足未知和不确定的领域。

四是要"行致用之行"，培养学生笃行的精神。"躬体力行，加倍地奋勉，然后才能够完成自己的任务。"做到学用结合、知行统一，把理论、学问切实落到实处，在解决社会问题、遇到困难挫折中笃定坚守，不断推行与践行。

有了理论，我便着手实践。比如，对于航天科技课程的建设，如何做好甄选，既体现国家未来的需要，又适合学生当下的学习。国家的需要有很多方面，涉及经济社会发展、民生改善、国防建设等。我们到底选择哪个方向？我们结合综合因素最终选择新工科方向，因为国家有很多产业链都需要科技解决方案。能够提供这种科技方案的就是千千万万的科技人才，所以我们就要把学生培养成航天科技领域的栋梁之材。之后我们就要考虑学生在学习航天科技课程过程中内化的一些能力和素养，如设计思维、工程思维等，是不是将来从事任何行业都能用得到。再之后就是要争取教师、学生和家长对课程设置的认同。因此，我们要给教师讲科技教育对于强基计划的作用，给学生讲学习航天科技课程背后的意义，给家长讲国家科技发展的美好前景和作为科技人才的远大前程。

我当以培养经世济民、治国安邦之才为己任，以家国同心、知行并发为价值取向，以人贵立志、学贵力行为治学精神，挖掘经世致用思想在当代的育人价值，推动中华优秀传统文化的创造性转化与创新性发展，营造新实学风尚，让走出的学子都有"在一邦则忧一邦，在天下则忧天下"的情怀与担当。

六、恪守"品质文化"的教育主张

《中国教育现代化 2035》提出，到 2035 年，总体实现教育现代化，迈入教育强国行列，推动我国成为学习大国、人力资源强国和人才强国，确立了包括"发展中国特色世界先进水平的优质教育"在内的十大战略任务。中国教育被深深打上了"品质"的烙印，"全面质量"成为全体教育工作者的责任使然，新的"品质观"体现出中国教育正在向着更具内涵、更有品质的方向发展。

早在 2012 年 3 月 1 日暨建校 65 周年之际，学校就确立了"承品质文化、做品质教育"的发展战略，为全体师生确立了共同的发展愿景，建构了统一的价值体系，明确了清晰的育人目标，有效贯彻以品质深耕教育、以品质驱动变革、以品质引领发展、以品质实现腾飞的办学方针。

什么是教育的品质？我认为就是做有品性和质量的教育。品性代表学校的教育要具有与众不同的性格，拥有饱满的个性特征；质量代表学校的教育要具有卓尔不凡的质地，拥有优异的办学效益。因此，学校就是以品性和质量组合而成的"品质"为统领，追求品性，超越质量，达成品质。而支撑品质发展的一定是其背后发挥巨大作用的"品质文化"。

从 2011 年启动文化重构工作，到 2012 年品质文化的全面呈现，再到后续的文化深化落地，10 多年来，"品质文化"已深深植入每位师生的心中，形成了"让品质成为一种习惯和生活方式，让品质文化成为工作和学习的话语体系"的良好风尚。"品质文化"是对学校 70 多年发展历程以及我 30 多年教育工作所做出的深度思考、系统梳理与全面总结。"品质文化"一言以蔽之，就是学校的教育思想、教育设计、教育行为都要为塑造学生卓越的品质而服务。

所谓品质指人的行为和作风所显示的思想、品性、认识等实质，亦包括健康、智商、情商、逆商、知识、文化素养等人所具有的素质。那么站在学生发展的角度，我认为品质代表的是完全、完善、完满的人格，人格是表现个人品质的名片。美国学者莫尔说过，检验人的品质有一个简单的标准，那就是看他工作时所具备的精神。

工作是一个人人格的表现。蔡元培先生指出："教育者，养成人格之事业也。"作为全人格教育的倡导者，教育家林砺儒提出："教育家要培养进步的人格，以适应进步的社会。""教育是人格和人格的交感。"他一直主张"中学教育是人格教育"，要重视学生的思想道德和理想情操的人格化，从而让学生独立、健全发展。

工匠喜欢不断雕琢自己的产品，不断改善自己的工艺，享受着产品在双手中升华的过程。工匠对细节有很高的要求，追求完美和极致，对精品有着执着的坚持和追求。这就是执着专注、精益求精、一丝不苟、追求卓越的"工匠精神"。《诗经》中的"如切如磋，如琢如磨"，反映的就是古代工匠在切割、打磨、雕刻玉器时精益求精、反复琢磨的工作态度。时至今日，党的十九大报告提出弘扬劳模精神和工匠精神。党的十九届四中全会提出弘扬科学精神和工匠精神。党的十九届五中全会提出，"十四五"时期经济社会发展要以推动高质量发展为主题。实现高质量发展，对工匠精神发出了强烈的时代召唤。"工匠精神"孕育于古代，也必将光大于新时代。习近平同志在考察不同行业不同企业时多次提到科学技术人员等广大劳动者要发扬工匠精神，尤其是党员干部要弘扬工匠精神。工匠精神蕴含的核心内容就是敬业，敬业的直接表现就是忠于职守。新时代党内工作要求党员干部忠于职守，能够按质按量完成组织交给的任务；党员干部需秉承工匠精神，做到爱岗敬业，用实际行动践行工匠精神。无论是"两弹一星"、载人航天工程取得的辉煌成就，还是高铁、大飞机等的设计与制造，都离不开工匠精神，都是对工匠精神的继承与发扬。《中共中央 国务院关于全面加强新时代大中小学劳动教育的意见》特别提到要在大中小学开展劳动精神、劳模精神和工匠精神专题教育。在我看来，"中国制造"亟待"工匠精神"。同理，"中国教育"也需要"工匠精神"，不断追求严谨，不断追求精致，不断追求完美，不断追求创新，以卓异的"工匠精神"推动中国教育完成一场"品质革命"。我也将不断地把品质的理念贯彻到德智体美劳全面发展的育人体系中。我更希望因为有品质文化陪伴学生的成长，希望他们会在日后受益匪浅，拥有品质的人生。

第二节　"远见明察"的教育观点

一、学生观：给学生价值判断和选择的机会

在学校，学生是一切与核心。学校制定任何政策，开展任何工作，都不能从管理者的角度去思考，而是要站在学生的角度去思考。我的学生观主要是在南洋理工大学学习的那一年得以完善的。一个重要的观念就是，如何通过我们的设计来促进学生的自主发展，给学生确定一个方向，而达到这个方向的路径交给学生自己去摸索。这个观念的出发点是为他们提供自己体验和抉择的机会，让他们学会判断和决策，并对自己的决定负责。在后续的管理中，我经常去践行这个观点，不直接告诉学生的路径，不去替代学生的思考，不去剥夺学生体验的权利，让学生在试错、改错中寻找到正确的方法，形成正确的价值观。我觉得青少年时期多经历一点挫折、考验，在自我体验、发现、调整、改善中实现个体思想意识由自在到自为、自发再到自觉的转变。这样有利于走好一生的路。一旦正确的价值观形成，再来看社会万象、人生历程，一切是非、正误、主次，一切真假、善恶、美丑，学生自然就能洞若观火，清澈明了，自然就能给出正确判断，做出正确选择。

比如，当年学校要装自动售卖机，很多教师都不同意。不同意的理由是学生乱花钱，喝碳酸饮料不利于健康，吃零食会长胖等，是因为怕出现这些状况而建议把这个设备取消。我说这是一个教育的机会，为什么要轻易放弃呢？让学生对吃零食、喝碳酸饮料好与不好有一种自我体验，这种经历的代价是不大的。这比他步入社会后经历更大层面、更大风险、更大代价的失败和错误的体验，我觉得成本要小得多。我的初衷是希望学生在走向社会之前，学校尽可能给他们提供更多选择和判断的机会，让他们通过体验和选择知道哪些该做、哪些不该做，从而形成自己的生活态度和处事方式，提前做好走向社会的各种准备。所以我们教育的核心不是因为我们管理的方便和安全而剥夺学生体验犯错的权利，甚至担心外出游学存在各种隐患而剥夺学生体验社会和接触自然的权利。后来自动售卖机成为学校校园里的一个新生事物。很多学生在体验的过程中学会了价值判断，更从中得到了价值的塑造。

再如，过去研学是一年级一路线。后来为了给学生更多选择的机会，一年级变

成 4 条路线，不是整班走，是按照学生选择打散走。这样学生的选择余地就很大。高中阶段一共安排 4 次研学，那么他们在 4 次研学中会有不同的收获。所以让学生选择就是对学生进行教育的时候，让他们能够判断用什么选择、选择什么、怎么选择、选择之后怎么去做。这都是在不同方向上去锻炼学生的自主能力。

从未来中高考改革趋势可以看出，学生将自主选择课程、选择教师、选择专业、选择赋分、选择学习方式、选择大学。因此，我们的教育需要给他们提供更多培养价值判断能力、价值选择能力和价值塑造能力的机会。给了这样的机会也就给了成长的机会，也就给了塑造正确世界观、人生观、价值观的机会，也就给了通往品质人生的机会。

二、教师观：成为具有引路人素养的"大先生"

学校现在有教师 600 多人，如果加上分校就更多了。教师发展是一个挺难的突破点。我在教师队伍建设方面经历了三个阶段。一开始我觉得教师的教育理念和教育能力是成长的关键，所以侧重点是对教师教育理念、教学能力、学生管理能力、学生心理教育、学生思想引领等方面的提升。这样第一个阶段归结为教师能力的培养。后来我觉得教师对学校要有认同感，对职业要有敬畏感，要有师德。这样第二个阶段就是从教师爱岗敬业的角度来促进教师成长。学校的青年教师来自全国各地，学历都很高，但由于地域的不同，造成文化的多元现象。为此，我通过在教师群体中推行八一学校精神来达成文化共识。实质是让教师对教育忠诚，对学校忠诚，对学生忠诚，以一种良好的精神状态面对职业。现在我又觉得教师的格局境界和育人高度比较欠缺，更多的教师还是停留在学科教师的层面。这样第三个阶段就是提升教师的格局境界和育人高度。我始终认为教师没有高度，教育就没有高度，学生就没有高度。要培养出大气、有高度、有深刻思维、有责任担当的学生，教师必须具有同样的品格。

"四个引路人"提出以后，我的这个想法更加强烈，但是我现在对于第三个阶段还缺乏一种有力的抓手。教师的格局、教师的境界如何达成？这个不是学校一方能做好的，应该是在整个师范体系中体现这样的培养目标。教师必须有一门自己擅长的艺术或体育项目；教师必须有跨学科的视野、国际交流的素养；教师必须对整个人生职业发展规划有一个科学的认识，才能给学生更多职业方向的引领。让我感到欣慰的是，2021 年教育部印发了有关专业师范生教师职业能力标准，进一步明确了培养师范生的师德践行能力、教学实践能力、综合育人能力和自主发展能力。比如，教学实践能力方面强调知识整合能力的培养，自主发展能力方面强调终身学习与自主发展意识的培养，等等。这就是让师范教育更好适应未来的教育。学校现在有少数的人有格局、有境界，作为部门领头羊，我觉得可以了；多数的人是勤勤恳恳工作的教师。所以我现在的策略就是不断扩大塔尖上少数人群的影响力，通过他们的影响力去影响更多的教师，让塔尖的比例越来越大。人不拒绝改变，但拒绝被改变。自己改变自己是最简单的。这就需要教师多向身边榜样和时代楷模学习，在反思体悟中不断提升境界和格局。

学校过去有一个传统，就是历任校长抓整体卓有成效。我上任后的第二年，也就是 2011 年，推出了教育家工程，在教师当中产生了极大的影响。这批教师现在是学校的领军人物，也是学校具有格局和情怀的一批教师。他们现在通过开设工作室、工作坊等，均在各自的岗位上发挥着引领的作用。

习近平同志一直非常重视教师工作，强调要使教师成为让人羡慕的职业和最受社会尊重的职业。他还指出，教师不能只做传授书本知识的教书匠，而要成为塑造学生品格、品行、品味的"大先生"。"先生"，一个称谓、一种修为、一份崇敬、一种精神。从古至今，人们习惯对德高学高之人以"先生"敬之，代表的是心中对先行者、对德行和学识的向往和敬仰。"先生"最早指代教师是《礼记·曲礼》中讲对待师长的礼仪："从于先生，不越礼而与人言""遭先生于道，趋而进，正立拱手，先生与之言则对，不与之言则趋而退。"我以前看过一部纪录片《先生》，记录了民国以来 10 位伟大的教育家。他们是蔡元培、胡适、马相伯、张伯苓、梅贻琦、竺可桢、晏阳初、陶行知、梁漱溟、陈寅恪。这些大先生以大德、大才、大爱立身为灯塔，俯身为园丁，为国家的崛起、民族的复兴呕心沥血、鞠躬尽瘁，使我"虽不能至，然心向往之"。

我希望学校的教师都能成为拥有引路人素养的"大先生"。这个"大先生"应该具有"八大"特征：站在锤炼品格的角度，心有温度，具有大情怀。身有修为，具有大风范。站在学习知识的角度，腹有经纶，具有大学问。眼有八方，具有大视野。

站在创新思维的角度，头有思想，具有大智慧。手有章法，具有大功力。站在奉献祖国的角度，胸有国家，具有大格局。肩有重任，具有大作为。我觉得被以"先生"相称的人，在受人尊重和仰慕的同时也意味着需要承担更多的责任，做出更好的表率。正如范仲淹先生所描写的那样："云山苍苍，江水泱泱，先生之风，山高水长。"

三、校长观：做战略领导者和平衡管理者

在刚开始管理的时候，我推行民主，认为每位教师的能量和能力是很大的，都有自己的思想。只不过他没在这个位置，所以他不表达。他只是在自己的一个班级或者一个部门去发挥主观能动性。同时我也想借助教师代表委员会、学术委员会征集意见以形成决策。但民主的代价是阻力和低效，改革的阻力来自每个人对自我舒适区的依恋。这种改革的阻力必然会造成事情推动的低效，而一批批学生是容不得耽误的。所以我直接做出决策，包括课程建设、资源引进、基础建设等。然后我发现制定的东西推行起来会很艰难。整个落实环节出现各种问题，原因有教师不理解，也有制度层面不到位。所以造成的结果是形的东西有了，但神的东西没有形成，最后的效果自然也达不到。现在我又回归民主，但和之前不同的是，我会找几个人在一起头脑风暴，之后再进行决策。通过缩小民主的覆盖面，我很好地处理了民主和集中这一对关系。这样做既考虑自身对于教育超前性理解和践行的理想，又考虑教师实际操作中存在困难和阻力的现实。我想今后自己既要做好学校智囊团的引领，又要充分预判基层在执行过程中可能遇到的各种问题。校长不是亲力亲为，而是通过自己的努力来达成大家共同的目标。那么校长要在哪些方面努力呢？其实就是做好项目式管理，给出明确的目标、详细的计划、职责的分工、规范的流程、工作的标准、实施的进度、明晰的节点。有了这些"脚手架"，教师才有努力工作的方法，否则结果就只是停留在校长思想这个层面。这就是我的第一个管理理念，叫"战略管理"。校长应成为一名战略型领导者，以战略使命为目标，以战略意图为指南，用战略思维来进行决策。在实施中，校长要将领导的权力与全面调动组织的内外资源相结合，并根据内外环境变化时时进行动态调整，用战略实施艺术来推动工作走向预期结果。

我的第二个管理理念就是"平衡管理"。我在管理上比较推崇中庸思想，也就

是寻找平衡。其实，平衡是宇宙万物的本源和运行法则。在运行过程中，无处不在平衡，无时不有平衡，平衡才能存在，存在就要平衡。再进一步说，平衡是宇宙万物的基本存在方式。万物的运动是为了求得平衡，万物来之于旧的平衡，去之于新的平衡。宇宙万物就是在不断地打破平衡和寻求平衡中实现可持续发展的。"中庸"是一种哲学的思维方式和辩证的处世方法，蕴含着丰富的管理价值。其核心内涵是"过犹不及"，其中心思想是注重自然规律，追求实事求是的精神，在寻求适度与合理中达到"恰如其分"的境界。这个"中"不是指两端的正中间，而是寻求一种平衡，达到适合于事物实际情况的中正。中正不偏就不会走极端，就能保持稳定性。在我看来，真正的管理是控制过程。平衡和协调往往比单纯的速度和规模更重要。所以我在做任何事的时候，都会采取试点的办法，从点到线，从线到面，从面到体，在这个过程中不断排除问题、化解风险，哪怕出现错误也是"船小好调头"。其实校长承担着很大的改革压力和社会压力。那么在这种情况下能不能守住教育底线，这需要足够的管理智慧。而中庸思想其实已经给了我们一种管理思维的启示："审大小而图之，酌缓急而布之；连上下而通之，衡内外而施之。"平衡管理思想是在推进教育深化改革的过程中应始终坚持的方法论，既要有先行先试、敢闯敢干的精神，也要有稳扎稳打、步步为营的状态；既要有只争朝夕、锐意进取的担当，也要有审时度势、静水深流的功夫。该深入研究的不要急促令出，该前期试点的不要仓促推广，把握好事情的大小、主次、急缓、内外，做到立治有体，施治有序，如此才能达到行稳致远。而这需要校长卓越的管理智慧，但更需要强烈的政治担当。

除了管理思想之外，对于管理者素养我也有自己的标准。好校长不是把学校这个平台当能力，而是扎扎实实把交到手中的平台做大做好。因此，我要求自己具有八大素养："教育者之情怀"和"实干者之低调"说的是一个人的境界，既能仰望星空，又能脚踏实地；"学习者之博雅"和"开创者之智慧"说的是一个人的思维，既要广泛知晓，又要科学借鉴；"领导者之引导"和"管理者之信任"说的是一个人的意识，既指观念引导，又指信任下属；"为人者之品位"和"行事者之精细"说的是一个人的状态，既讲品性修养，又讲质量效益。我会始终扎在红色八一学校，扎在公办教育。既然八一学校平台赋能于我，我必将赋能于八一学校平台，仅此而已。

四、人才观：有目标并善于达成目标

我的办学理念是"为学生的品质人生奠基"。我一直问自己，作为教育者，在学生毕业之后，我们在他们身上留下了什么？为他们未来的发展打下了怎样的"基础"？

动机激发理论认为，人的积极性是与需要相联系的，是由人的动机推进的。动机产生于人的需要，又支配着人的行动。远大的志向看似摸不着，若干年之后一定能显现出来。所以从技术层面来讲，目标的威力是巨大的。再看看学生，为什么有些学生的学习会和他们的理想错位？这中间缺了什么？我认为是缺少对学习的意义和价值的认知，即不知道为什么要学，这就是目标感的缺失。因此，教育的核心是目标驱动。无论这个目标是个人目标，还是家庭目标，还是以国家和民族为目标，都应该让所有的学生确立起这个目标。确立目标的觉醒意识越早，对于他们今后的发展就越有利。强大的目标对人生能产生巨大的导向作用。

因此，教育者的第一项使命就是唤起学生确立目标的觉醒意识。现在有些学生存在目标虚无的问题，主要体现在对未来目标的不了解。那么如何解决这一问题？这里有两个抓手。其一，提高自我认知的意识和能力。自我认知又叫元认知，就是让学生对自己的感知、记忆、思维等各种认知活动本身的再感知、再记忆、再思维，进行积极的监控和调节，在这个意识过程中对自己有一个科学和客观的评价，对自己产生的问题有清醒认识和改正的意愿，学会不断调整自我。其二，拥有独特的爱好。无论是艺术、科技、体育，还是人文社科，培养自己终身受用的独特兴趣和爱好，包括阅读习惯、动手习惯等。心理学研究显示，兴趣是生涯选择的重要依据，是保证职业稳定和成功的关键因素，是达成生涯目标和人生理想的根本动力。爱迪生为什么能在发明的世界里显示出杰出的才华；达尔文为什么在大自然的怀抱里异常聪慧而成为进化论的创始人，皆因他们都有着狂热的兴趣和爱好。

教育除了要有驱动目标，还要让学生善于达成目标。这是教育者的第二项使命。现在有些学生在遇到问题时没有解决问题的意志和信心，没有解决问题的思路和技巧，没有借助合力和寻找外力的意识，遇到问题就退缩，如做调查研究、做科学研究，哪怕是做题。那么如何解决这一问题？这里有三个抓手。其一，要脚踏实地，不要好高骛远。要让学生对目标有一个分解，制订合理的计划，在实现目标的过程中及时进行修正，既不要妄自尊大，也不要急于求成。其二，要勇敢坚毅，不要知难而退。我们会发现，但凡成功的人都是一生专注于一件事。比如，屠呦呦在大学毕业后被分配到中医研究院工作后再也没有离开。1969 年，39 岁的屠呦呦承担疟疾防治药物研究重任，开始了无休止的探索。42 年后，因为在全球特别是发展中国家挽救了数百万人的生命，屠呦呦拿到了美国拉斯克医学奖。这一年，她已 81 岁。4 年后的 2015 年，屠呦呦获诺贝尔生理学或医学奖，成为第一位获得诺贝尔科学奖项的中国本土科学家。这体现的就是坚毅的品格。坚毅与坚持的区别就在于，坚毅加入了激情。在通往目标的道路上，我们需要坚毅品格的参与，保有长期目标的持续激情及持久耐力。即便历经失败，我们依然能够不遗余力。另外，凡事不要浅尝辄止。浅尝辄止是成功的大忌。在实现目标的过程中，我们要付出精力，甚至要付出代价，要穿透表面，抓住根本；要超越局部，抵达中枢。我们不要只做表面功夫，也不要囫囵吞枣。其三，要树立团队合作意识，在团队中建立自身的威信，用语言表达自己的想法，善用团队的力量去完成自己的学习任务。同时要学会在更大的场合中去阐述自己的观点，善于寻求外界帮助和资源支持来达成自己的学习目标。

我认为真正的教育是要从学生出发，发现他们身上的不足并积极有效地去弥补，让他们在这些方面有所生长。在我看来，一个人才重要的是有明确的目标以及达成目标的综合素养，包括务实的态度、坚毅的品格、合作的精神等。我希望学校的每个学生既要有人生目标的蓝图，又要有一张蓝图绘到底的勇往直前的精神，如此才能成就品质人生。

五、教育观：一切为了学生的发展

在学校，凡事都以学生的发展为出发点。成立学生发展指导中心的初衷也是希望学校的一切教育教学和管理工作都必须围绕学生的发展来部署和推进。由此形成了我的"十大育人理念"：红色文化感化学生，优势专业发展学生，活动内涵立足学生，综合实践成就学生，优势资源支持学生，师生关系浸染学生，展示舞台留给学生，生态教育影响学生，整体环境服务学生，优质教育普惠学生。

红色文化感化学生。从我毕业进入八一学校以来，就深刻体会到"思想领先、艰苦奋斗、高度负责、严格要求"的八一学校精神在教师心中的分量。刚进校门，学校就派了教学、班主任、图书馆三个教师给我做师父。老教师身上的这种高度负责、严格要求的精神让我很敬佩。这种精神其实是从部队文化而来，从八一学校传统而来的。八一学校的"本"就是红色文化，要保护、传承和发扬。红色文化丢了，学校就没有了根和魂，大家就不知道往哪个方向走。因此，要让每个踏入八一学校校门的学子受到红色的浸染，从一个个鲜活的革命故事和八一学校故事中得到感化和升华，激发爱国爱校的强烈情感，成为一个具有八一学校魂魄的人。学校围绕红色教育开展了一系列活动，如学党史军史、观《复兴之路》、老区寻根、走访红色后代、"做聂荣臻同志传人"五地六校"东风行动"、国防教育进课堂、走进红色经典、"五四"表彰会等。围绕"红色"所做的这些活动，就是为了不让这个根断、不让这个魂散、不让这个品牌倒。这是我最坚持和珍视的东西。

优势专业发展学生。作为一所示范性高中，学校面临的是高中学生对专业乃至职业的选择。因此，要让每个学生带着自己喜好的专业倾向和职业意向走入大学是我的追求。这样，学校不是根据教师的能力、学校的需求、教育理想化的东西去设计课程，而是站在支撑学生的多样化特点、支撑学生的多元化需求、支撑学生的核心素养、支撑今后的发展方向上来开发课程。比如，工程类、医学类、电子类、经济类等课程的开发，通过与大学专业的有效对接，使学生在了解专业的基础上意识到这些专业涉及哪些学科，从而激发对学科学习的热情，提早进入学习状态，奠定好专业基础。打造优势专业从另外一方面也强调对学校优势学科、优势项目和优势资源的统筹思考。实质是以学生的专业发展促进学校的专业建设，又通过专业建设服务学生的专业发展。

活动内涵立足学生。近些年，学校承办的主题论坛、学术会议、品牌活动等较多。负责策划的教师总会精心设计一些能够引起新闻关注的热点和亮点。我就会同教师讲，我们是学校，无论什么活动，最终的目标是要落到育人上，是要体现学校的育人观。我们所有参与的学生是不是真能在这个活动中，在这个有新闻热点的事件中，得到启发，学到东西，获得实实在在的成长，这个才是根本的。我们需要借助宣传来增强学校的影响力，包括品牌效益。但与此同时，我们更应关注活动内涵与学生发展之间的关系。比如，我是带着教师对科技课程以及配套环境做了一个详细的梳理，不是为了一个短期的精彩呈现，而是要把整个科技课程体系做一个结构性的搭建，并按照这个结构去填充和夯实内容，以此让一届一届的学生在这样的课程体系中真正产生对国家航天事业的兴趣，将来能够立下科技报国的远大志向。因此任何活动都要在学生中发挥启明星作用，而不是只做宣传亮点这样的事。学校以及我本人一直是内敛、低调的，更多的是守住教育的道德底线，富有教育的真挚情怀。无论什么活动，其立足点都指向学生的发展。

综合实践成就学生。毛泽东同志指出："闭门求学，其学无用。欲从天下国家万事万物而学之，则汗漫九垓，遍游四宇尚已。"在我看来，综合实践不仅拓展素质，还能成就学生，这是因为综合实践会建立起一个人的文化自信。国外游学是学校传统的实践项目，每年会组织四至六个团出国考察。它的意义有三个方面。第一，改变对语言学习的理念。语言学习需要的是一种语境的体验。第二，了解多元文化，发现思维和行为方式的不同，更好地理解差异。第三，宣传我国传统文化。我在每次游学的行程会上都会对学生提出要求：在与同龄的国外学生交流中学会用英语来表达本国的传统文化，让世界全面了解我国。这是出国之前的必修功课，就是要有一个话题，要对本民族的传统文化用英语做一个表述，包括对历史的了解以及对现状的认识。我认为，文化的意义是让人们了解这个国家的性格和脾气。综合实践站在学生的角度，拓宽了学生的人生视野；站在体验的角度，让学生经历了学习过程；站在成长的角度，提升了学生的文化水准；站在道德的角度，建树了学生的文化责任。

优势资源支持学生。我在对学生投入这点上可谓"大手大脚"。比如，高一基于3D打印机的STEAM课程，就是购买清华大学的资源，借助清华大学的3D打印技术和科研平台，让学生逐步掌握技术类科技创新项目的操作技能，培养系统思维和设计思维能力。另外，我让科技教育资源走进校园，走到学生身边。比如，在科技节，我们是第一个将中国第四纪冰川博物馆的古生物化石请进校园的学校。在三天的展览中，学生聆听讲解，目睹震撼、宝贵又不可再生的地址遗迹和自然遗产，领悟了李四光及老一辈地质学家爱国敬业的精神，也深深感受到科学的魅力。学校地处中关村西区。因此，学校以开放办学的理念，积极开发资源，让学生走进北京理工大学、中国科学院、高科技企业等的各类实验室参与活动，多渠道培养学生的科学素养。同时，学校还注重通过优势资源来带动教师专业发展。除了让学生参与清华大学的 STEAM 课程外，学校专门派青年教师一起去学习，还会把大学项目直接拿过来让教师一起打磨和设计课程。

师生关系浸染学生。"四个引路人"的提出，既鲜明指向现代师生关系的重构，也强调教师对教育本质的重拾。"好老师"应如伯乐那样有一双识千里马的慧眼。当初有个学生作为青少年信息学（计算机）奥林匹克竞赛的特长生被招进来。在训练的过程中，我们发现这个学生的特长不是在逻辑思维和编程上，而是动手能力特别强。我们的辅导教师就跟他商量说，是不是可以换一个项目，看看是不是更喜欢、更合适。这个学生转到了机器人项目，初升高时是机器人特长生，毕业后考上了北京航空航天大学。现在他是学校机器人团队的助教，经常带着我们的学生去训练。他和教师之间已经超越了师徒关系的范畴，无论是生活上还是学业上的问题都会跟教师交流。这个学生还表示研究生毕业后还要回到八一学校，跟自己的教师一起做机器人项目。这就是成功的引路人，不仅给他专业的引领，还给他情感与价值的引领。我常对教师说，与学生建立良好的关系其实不难，只要关注他的情感需求、尊重他的个性需求、了解他的发展需求就可以。比如，学生上台领奖，不要因为时间不够就不念他的名字，这是一个教育观的问题。念他的名字，是对他的鼓励。这种反馈作用在他心里，会让他意识到：我的努力是能够给这个集体增光的，是可以给学校带来荣誉的。看起来是个小事，其背后是对育人的思考。我们需要思考通过什么样的小事件，抓住什么样的小契机，就能够让教育真实发生。

展示舞台留给学生。走进学校校园，我们会发现无论是电子屏、橱窗，还是图书馆里流动的展板，展示的都是学生的作品。即便是学校的宣传片，出现的也都是学生的身影。我的观念是，学校一切的宣传刊物或网站，一切的传播产品或媒介，尽量应该把展示的舞台留给学生。有时候，通过学生教育学生是一个很好的方式。这样的影响力要比教师的说教大得多。我一直认为，学生才是学校真正的主人；把更大空间和更多平台留给学生的时候，学生也找到了自我。所以，展示是一种很好的推动力，能够敦促学生追求品质，追求完美，做最好的自己，展示最好的一面。这也能够鞭策其他学生，向榜样学习，日新其德，日进其业。

生态教育影响学生。用影响这个词，是想表明现在是生态影响学生，将来是学生影响世界。学生一旦对动物、植物、环境有了敬畏，就懂得了社会责任的担当。环保意识一旦深入脑海，那么这些学生以后起到的作用绝不仅仅是个人的作用。倘若这些学生将来成为社会的领军人物或中流砥柱，他们对他人的影响力度是非常大的。因此，学校高度重视生态环境建设和环保意识教育，安装了太阳能发电、风能发电、中水回收、雨水回收等。同时，学校将生态教育与学科相联系，让生态教育进课堂。学校成立根与芽社团，通过生态环保活动让学生懂得绿色生活和学习。这样做是从形式上、活动上、认知上全方位对学生进行生态教育。"教育一个学生，带动一个家庭，影响整个社会"是我们的生态教育理念，更是我们的绿色教育梦想。

整体环境服务学生。环境的改善要以服务学生为本，让环境成为学生学习和生活的重要部分。学校把很多区域做成学生的公共活动空间，力争每个地方都能够让学生坐下来，让他们更好地舒展自己的身心，与同伴交流合作，与教师进行沟通。学校所有的场所、场馆、设备、器械对学生完全开放，让学生尽情使用。此外，在学校的环境建设上，学生都可以参与其中。比如，"阳光月"有一个"市花月季进校园"的活动。试点班的学生就和总务处商量，最后找到荣臻堂的东南侧进行种植。后来，那里的月季花开得又大又美，成为学生拍照的最佳取景地。因此，环境服务学生的同时，学生也在服务环境。学校的每一处如果都有学生的身影，那才是最美的风景。环境建设不仅体现为人本、节能和绿色，还体现为整洁、品位甚至是文化。比如，学校的建筑风格为徽派。青瓦和白墙的搭配传递出本真、理性、务实、简洁、礼数、素雅之寓意，有中华优秀传统文化在里面。在这样的环境下，学生和教师的气质都会受到熏陶。所谓教养一定是真实存在于环境的感染力之中的。

优质教育普惠学生。我常常说，我们不能因为金字塔尖上那一点亮光，而把塔下面所有的因素都忽略掉。在集团化办学的过程中，学校兼并了三所海淀区办学实力不强的中小学。随着优质高中名额分配比例的提高，来到学校的初中毕业生质量也参差不齐。我在工作会议上对全体教师指出："要调整心态，教好属于我们自己的每一个学生。"对每一个学生高度负责，这是学校的传统。教育应该像阳光，普惠众生，来不得半点自私。

六、学校观：让八一学校精神薪火相传

八一学校精神初创于 1987 年，至今已 30 多年。在 30 多年的发展历程中，一代代校长接过八一学校精神的薪火，弦歌不辍；一批批教师留下八一学校精神的脚印，身体力行，构筑起了红色八一学校的精神谱系。八一学校精神是推动学校走过昨天、走到今天、走向明天的思想灵魂与精神支柱。无论在哪个时代，八一学校精神都有其丰富的精神实质和催人奋进的磅礴力量。八一学校精神的提出及内涵演变经历了如下过程。

首先，1987—2010 年徐顺意老校长提出"思想领先、全面发展、团结一致、艰苦奋斗、高度负责、严格要求"，最初是作为学校新的办学指导思想。八一学校精神的提出正处于改革开放初期，集中体现了改革开放时代中国人民革故鼎新的超越精神、披荆斩棘的革命精神、敢为人先的创新精神、只争朝夕的追赶精神、敢闯敢试的攻坚精神、脚踏实地的务实精神、直面难题的担当精神这七个精神品质。无论对干部、教师还是对学生，徐校长提倡以优良的品质和崇高的道德为前提，以共同的价值观和信仰为基础，始终保持精益求精、尽心负责的优良传统。对学校提出要发扬"三种精神"，落实"四项指标"，培养"严"的校风。对党员干部进行提高素养、牢记宗旨的教育，强化公仆意识，统一"领导就是服务"的大局认识，落实领导作风"四条标准"，号召党员干部吃苦在先、享受在后。对教师提出"讲师德、讲团结、讲奉献"的要求，形成互帮互学、以老带新和一人有难、大家支援的良好风尚。对师生关系提出教师对学生真挚的爱，要体现为对学生的高度负责，既要严格要求，又要关怀呵护，拿出满腔热忱的爱去引导和教育学生。对学生提出"对己讲仪表，对人讲礼貌，学习讲勤奋，在家讲孝敬，社会讲公德"，树立崇高的理想和科学的世界观、人生观和价值观。学校始终保留着对人民军队的特殊感情，保持着军队学校的优良传统。全校师生牢固树立共产主义信念，把对党和人民的深厚感情转化为对事业的忠诚和对学生的爱，转化为勤奋学习和立志成才的实际行动，树立了学校融洽、和谐、守纪、奋进、向上的良好形象，形成了"校兴我荣"的凝聚力。

其次，2011 年启动学校文化重构之际，正值《国家中长期教育改革和发展规划纲要（2010—2020 年）》颁布实施的第一年。在传承与发展理念的指导下，我带

领教师经过一年的精心打磨，建立了以"品质文化"为统领的理念体系，将八一学校精神作为理念体系的重要组成部分保留下来，并在解读上形成以下新的共识。"思想领先"体现在品德高尚、追求进步、思想开放、与时俱进。"艰苦奋斗"体现在迎难而上、坚忍不拔、崇尚质朴、开拓进取。"高度负责"体现在勇于担当、尽心尽责、全力以赴、不辱使命。"严格要求"体现在严谨细致、精益求精、至臻至善、追求卓越。一言以蔽之，八一学校精神就是要永远保持前瞻的思维、永远坚守朴素的作风、永远捍卫责任的天职、永远紧握严格的标尺。

习近平同志指出，每个时代都有每个时代的精神，每个时代都有每个时代的价值观念。这不但意味着重大的"历史性跃迁"已然出现，而且也意味着需要有新的时代精神来把握这个"历史性跃迁"的时代。同理，现在的教育改革已经完成"四梁、八柱、外部框架的搭建"，进入"全面施工、内部装修"阶段。现在的学校已经是一所有着较大规模的集团化学校。当八一学校精神与新时代相遇，那么它也必将被赋予新时代的内涵，去延续新时代的价值和使命，焕发出新时代应有的生命力。尤其在习近平同志回母校时对八一学校精神的高度认可，更让我有一种责任感，去给八一学校精神做出体现新时代内涵的新解读。

思想领先，是立足发展，树立一种卓越的理念。新时代催生新事物。在社会发展日新月异、科学技术突飞猛进、教育政策层出不穷、学校办学新益求新之时，我们既面临来自各个方面的挑战，也遇到发展的难逢机遇。如果拥有领先的思想，势必会抢占先机，实现超越。因此，对于学校而言，要始终立于教育的高地，让自己站得更高，看得更远，以一种领先的意识看世界教育风云的走向和变化，勇于冲破思想观念的障碍，勇于突破模式框架的藩篱，提前做出预判并采取积极的应对策略。对于教师而言，要了解新一代学生的个性特点，把握未来社会对人才质量提升的要求，做好教育理念创新和教育模式创新的思想准备。对于学生而言，要关注时事，关注民生，时刻把自己的学习生活同祖国的建设发展和人民群众追求美好生活的愿望联系在一起，在积极了解未来世界所有不确定性中建立自信，有对未知之学的强烈好奇心与探索欲。

艰苦奋斗，是立足改革，发扬一种勇毅的作风。对于学校而言，就是要具备更大的改革勇气和智慧，发扬敢于出击、敢战能胜的斗争精神，在推进改革中采取全面发力、多点突破的方法，聚合起推进教育深化改革的正能量。对于教师而言，就是要练就一口钢牙，准备"啃硬骨头"；打造一条钢船，准备"涉险滩"；永葆面对艰难困苦和复杂问题勇于解决的顽强斗志，誓做改革中坚，发挥硬核力量。对于学生而言，就是要有"筚路维艰""奋斗以成"的坚强信念，勇敢地踏路前行，迎难而上，在意志淬炼、能力历练、实践锻炼中收获一个又一个的成长。

高度负责，是立足基业，树立一种执念的态度。对学生高度负责是学校的优良传统。无论是"为学生的品质人生奠基"的办学理念，还是"正直、自信、包容、担当"的核心价值观，这一系列的观点都体现了学校如何办学和如何育人的态度。对于学校而言，这个基业既是教育事业，也是民族大业，就是以高度的政治责任感为党育人、为国育才，坚定社会主义办学方向，完成立德树人的根本任务，对每名学生负责，对每位教师负责，对每个家庭负责。对于教师而言，这个基业是职业，更是事业，是对事业有执着的追求，对职业有高度的忠诚，对学科有强烈的热爱，对学生有真挚的关怀，对学校的发展有责无旁贷的担当意识，对传播知识、传播思想、传播真理和塑造灵魂、塑造生命、塑造新人的时代重任有强烈的使命感，始终尽心任事，全力以赴。对于学生而言，基业有现在的学业，有未来的专业、职业以及要肩负的民族复兴大业，要对自己、对家庭、对社会、对国家和民族负责，建立对个人生涯从体验、选择、规划到发展的责任意识。

严格要求，是立足质量，建立一种至善的标准。过去我们对学生严格要求，对自我严格要求，现在的严格要求应体现一种新时代标准。对于基础教育来说，均衡发展和高质量发展就是标准。对于学校而言，办好人民满意的教育就是学校一以贯之的标准，围绕这个标准就要有一流的文化、一流的教育、一流的人才、一流的师资、一流的管理、一流的环境、一流的资源，以及一流的口碑、一流的品牌等。对于教师而言，就是自觉按照党和人民的要求锤炼自己，以"四有"好老师和"四个引路人"鞭策自己，以"四个相统一"完善自己，向具有引路人素养的"大先生"看齐，有大情怀、大风范、大学问、大视野、大智慧、大功力、大格局和大作为。对于学生而言，就是用时代新人的标准要求自己，在坚定理想信念上下功夫，在厚植爱国主义情怀上下功夫，在加强品德修养上下功夫，在增长知识见识上下功夫，在培养奋斗精神上下功夫，在增强综合素质上下功夫，做品德好、品行优、品位高的新时代品质公民。

共识品质、顶层担当的办学实践

  是否具有先进的管理思想和长远的战略思维，是衡量校长办学水平非常重要的标准。接任校长一职之始，我确立了"顶层设计，高位推动"的管理思路，把驾驭、使用和应用顶层设计作为我开展工作的重要方式。在我看来，顶层设计需要对教育的前沿和趋势进行研判，需要对学校问题和矛盾进行廓清，把发展需要和现实能力、长远目标和近期工作统筹起来考虑，聚焦文化、战略和管理三个核心要素，把思想建设摆在首位，以文化立心铸魂；把特色发展引向深入，以战略取势明道；把组织变革置于关键，以管理提质增效，通过顶层设计指导、引领和推动学校各项工作的开展，发挥顶层设计重要先手棋的作用。

第一节　赓续"品质文化"的精神血脉

一、品质文化的重构之路

2011 年，我启动了学校文化重构项目，提出重构的出发点就是重新构建，做到传承中谋创新、坚守中求发展，处理好恒久不变、谨慎求变和时时创变的关系。学校在 60 多年的发展历程中已经积淀下厚重的文化传统，红色基因熔铸在每个八一学校人的生命里。尤其是八一学校精神、校训和校风，成为八一学校人身上鲜明的文化象征。这些是学校的根与魂，无论何时都不能丢下。学校文化建设的核心是要清晰地确立一个文化定位，以此为文化主线串起一颗颗文化珍珠。品质文化的提出，在我看来，是历史与现代完美的交融，是品性与质量优雅的结合，是生命与教育美丽的相遇，是人生与理想和谐的交会，也是我与团队智慧的结晶。即使现在回味起来仍不失其丰富的内涵和深远的意义。图 3-1 为学校文化理念结构。

图 3-1　学校文化理念结构

（一）文化，孜孜上下而求索

品质文化是在第三稿时才尘埃落定的。第一稿提的文化定位是"胡杨文化"。这个定位曾让我怦然心动。酒泉发射基地刚建设时，是个荒无人烟的戈壁荒漠。聂荣臻同志去酒泉发射基地指挥"两弹一星"任务期间，组织部队官兵种植大片胡杨，让沙漠变绿洲。此外，党和国家领导人专用车、以创建自主品牌和弘扬民族精神为代表的红旗汽车也是以胡杨精神为其文化内核。因此，胡杨属于党、属于聂荣臻同志、属于军队，也应该成为八一学校的文化符号。但后来没有被采纳。第二稿提的文化定位是"根文化"。这源于学校一直在做寻根活动，也一再重申不能忘了红色军魂的根本，提出以根的"正、直"传承红色精神，以根的"粗、密"培育金色品行，以根的"深、广"建树绿色理念。但我还是觉得不太好，因为没有直指文化主张。好的文化定位不需要任何解释，一看就明白。因此，整个项目团队就按照这个思路再去挖掘。第三稿提出品质文化，其有两个维度：一是过去的传统，二是当下的诉求。学校的传统还是源自八一学校精神。比如，思想领先，体现一种卓越的理念，本质是追求品质；艰苦奋斗，实质是砥砺意志品质；高度负责，那是达成品质的保障，只有尽心尽责方有精品优质；严格要求，本身就指标准，是对品质不折不扣地践行与坚守。同时，我们也从学校的发展历程中找到了很多追求品质的人和事。对于发展的诉求，我特别提到四个关键词：一是品德。学校要成为德育的一面旗帜，每个学生就是美德的化身。二是品行。作为有着部队背景的学校，要有良好的行为作风，每个学生必须是行得正、站得直。三是品位。我希望学生开放包容，有国际视野，有可持续发展的意识和能力。四是品质。凡事都要讲求品质，不凑合，不将就。而品德、品行、品位集中起来是可以用品质来表达的。这样，"品质"得到教师的认同。这是一个很朴素、很务实的词汇，没有华丽的修辞，也不晦涩难懂，很符合八一学校的身份。品质的提出，既有对教育质量更高位和优质的追求，也有对生命质量更完整和卓越的追求。

（二）以品立本的"三品松"

聂荣臻同志非常喜欢常青树，主要是松柏。他说古人有爱莲的、喜菊的、咏梅的、颂柳的，虽喜爱不同，无非都是借物以明志，抒发自己的爱憎之情。他独喜松柏。在他80岁生日时，他亲笔书写了"喜松柏之气概、念四化之早成"的联句，表达自己的心愿。他说，松柏挺拔，不畏严冬，经年青翠，威武不屈。为人就应像松柏一样，忠诚、正直、坚定、坚强，这是做人的基本要求。他的教诲深深影响着每一位八一学校人。毛泽东同志有诗来描写松柏："奇儿女，如松柏。上参天，傲霜雪。"陈毅同志也有诗描写松树："大雪压青松，青松挺且直。要知松高洁，待到雪化时。"诗人李白更是爱松有加："为草当作兰，为本当作松。兰秋香风远，松寒不改容。"学校荣臻堂的旁边种植着一棵有年头的三品松。三品松曾是高品阶松树，三品为尊，代表了卓尔不凡的品质。八一学校人对于三品松有着自己的解读：松有三品，一曰品德，有忠贞不屈、坚守信仰的松之心，有雪压不弯、纯正无私的松之骨。二曰品行，有矢志不渝、四季常青的松之魂，有历寒不衰、傲骨峥嵘的松之魄。三曰品位，有超然不俗、质朴大方的松之气，有娇艳不慕、庇荫大地的松之貌。如果把三品松作为学校的形象和符号，那么它所传递出来的不正是一种对品德、品行、品位的不懈追求吗？唐代诗人李商隐在他的诗作中专门提及三品松："七贤宁占竹，三品且饶松"。他认为，比起七贤竹，三品松还要高洁、尊贵。在开展学校文化建设时，学校已被国际环境教育基金会授予国际生态学校绿旗。所以当时考虑胡杨也好，松树也罢，其实都是想凸显生态的特色。最终学校将三品松作为品牌形象，并赋予它美好的意涵："迎寒冒暑立山冈，四季葱茏傲碧苍。漫道无华争俏丽，长青更胜一时芳。"

（三）学校校徽的前世今生

学校原来的校徽具有非常浓厚的军队味道。一个五角星，一把火炬，还有一杆步枪。我特别想借助学校文化重构的契机把校徽做一次修改。但我又有很多顾虑，是继承性改良还是颠覆式创新？设计公司拿出了两个方向的多个方案。

改良的好处是能够有八一学校过往的痕迹，但体现不了品质文化。创新的好处是让文化在方寸之间看得见，但八一学校过去的影子找不到。我们后来去请教吴冠英老师。他是清华大学美术学院信息艺术设计系的教授、博士生导师，是 2008 年奥运会吉祥物"福娃"设计者之一、2008 年北京残疾人奥运会吉祥物"福牛乐乐"的设计者。对于校徽，吴老师提出三点意见：第一，原有校徽设计手法已过时；第二，对"品"字方案给予肯定；第三，建议在"品"字方案上传承原校徽的元素，就是火炬。吴老师在纸上反反复复地画，主要是实现火炬的摆放同下面两本书的和谐性，寻求视觉上的美感。最终学校校徽确定。

学校校徽呈"品"字造型，体现学校"品质文化"的定位，表达了学校对品质的追求；校徽中的红色图形似一个火炬，表达学校要传承红色传统和八一学校精神，传达薪火相传的期望。校徽由书构成，代表学校教书育人，学以立德、学以增智、学以强体、学以尚美、学以爱劳；红色与金色组成的阿拉伯数字"8"、金色与绿色组成的中国数字"一"，形象表达了学校的名称，也体现了中西结合的办学广度；校徽又似扬起的风帆，代表八一学校人"继往开来、开拓无前"的决心和气魄；校徽整体稳重，又似不断上升的台阶，体现了"为学生的品质人生奠基"的办学理念；校徽又似相互支撑的墙砖，体现了八一学校人团结协作、共勉共进的品格。这样，学校校徽实现了从前世到今生的转变，也在日后绽放着越来越夺目的光彩。

二、品质文化的教育真谛

在文化理念的梳理与提炼中，我抱有一颗谦恭之心。对文化传统做好继承，这就是八一学校精神、校训和校风，这是60多年来留存在一代代八一学校人心中的文化印记，无法抹去也不能更改。我怀有一颗卓越之心，洞悉办学之本，立足办学责任的新认识、育人理念的新思考和教育理想的新追求，提炼学校使命、办学理念和发展愿景。我拥有一颗品质之心，探寻治学之道，确立核心价值观、办学特色和沟通口号。因为时代发展需要价值观建设与管理，学校发展需要特色引领和优势积淀，教育责任需要广泛诉求与传播。

（一）源头活水，洄溯品质的基因

学校坚持十二人才基因理念（图3-2）。为什么会提出基因？有两个原因。一是在新加坡一所学校考察时我受到启发。他们提出十二德目，以明示德育目的。这个

品德好	品行优	品位高
忠诚： 关心、热爱、奉献	**独立：** 自律、自主、自强	**开放：** 扩展、理解、合作
尊重： 自尊、感恩、关爱	**执着：** 信念、进取、恒心	**文明：** 知礼、正行、明德
诚信： 求真、务实、守信	**勇敢：** 勇气、理性、坚韧	**阳光：** 乐观、热情、宽容
责任： 担当、尽心、坚守	**创新：** 质疑、探究、实践	**雅趣：** 尚美、博识、养性

图 3-2 学校的十二人才基因理念

十二德目分解到每个月，这样做就形成了学校的主体性德育。无论国家增加什么主题教育，都可以融入这个体系，从而固化为学校的传统。二是源自学校的军队背景。提及党和人民军队，我们都会联想到红色基因。红色基因是中国共产党人的精神内核，是中国共产党优秀传统、思想路线、先进本质、精神风范的集中体现；红色基因也是人民军队在伟大斗争实践中孕育的先进思想因子和独特的精神标识。习近平同志在瞻仰井冈山革命烈士陵园时指出，回想过去那段峥嵘岁月，我们要向革命先烈表示崇高的敬意，我们永远怀念他们、牢记他们，传承好他们的红色基因。他还指出，一个民族最深沉的精神追求，一定要在其薪火相传的民族精神中来进行基因测序。在我看来，民族精神反映一个民族的精神状态，以一种独特的基因序列体现在每个国民的素质中。所以，我提出十二人才基因理念，就是把传承红色基因、体现民族精神与培育时代新人有机结合起来，在新的历史起点上当好红色基因的传承者和实践者。

十二个基因中，"忠诚、责任、勇敢"三个基因是传统基因。这是流淌在八一学校人身上的部队文化基因。"创新、开放、文明、雅趣"四个基因是学校60多年发展历程中所形成的特色基因。创新是以金鹏为代表的科技教育；开放是以国内外游学为形式的实践教育；文明是以学校仪仗队和文明礼仪队为代表的养成教育；雅趣是以金帆为代表的艺术教育。"尊重、诚信、独立、执着、阳光"五个基因是学校对时代基因的融入。尊重是国际名校强调的核心理念；诚信是社会主义核心价值观体系中对公民的要求；独立是教育改革强调的方向；执着是国际上普遍认可的成功要素；阳光是人追求发展和立足社会的关键要素。在现在这样一个时代，让学生拥有人才基因，是塑造党和人民军队的品格，是重拾中华民族的美德，是继承学校的传统，更是融入时代发展的精神。

1、忠诚——忠心爱国，"正步人生"

"天下至德，莫大于忠。""忠诚"，为什么在学校那么被推崇备至呢？根源在于学校是由中国人民解放军创办的，而军人最可贵的品质就是"忠诚"。"忠诚"的要害在"绝对"二字，就是唯一的、彻底的、无条件的"忠诚"。我国传统文化中，"忠、孝、仁、爱、信、义、和、平"被称为"八德"，"忠"列"八德"之首。"忠"不仅被看作个人的"修身之要"，而且被定为"天下之纪纲""义理之所归"。它的重要性甚至超出生命的价值，如空气和水一样，须臾不可或缺，成为整个人类社会所必需的精神品质。学校提出"忠诚"基因，就是希望每一名学子能够传承军魂，忠诚于党，忠诚于祖国，忠诚于人民，把自己的一生同国家的命运紧密相连，忠贞不渝，报效国家。

2. 责任——担当尽责，"升华人生"

"天下兴亡，匹夫有责。""责任"不仅是在承当应尽的义务，还是在抒发奉献的情怀。在"思想领先、艰苦奋斗、高度负责、严格要求"的八一学校精神中，"高度负责"跃然纸上。这是一个代代相传的传统，是学校全体师生的真实写照。中国人历来把"天下为公""克己奉公"作为价值坐标。古人还倡导"责己严，待人宽"的原则。"责任"已然成为我国传统文化中重要的价值观念。即便是在当下，培养年青一代的社会责任意识已经成为教育界的普遍共识与核心主张。学校提出"责任"基因，就是希望每一名学子肩负"先天下之忧而忧，后天下之乐而乐"的责任感，心怀"修身、齐家、治国、平天下"的使命感，懂得为自己的成长负责、为他人的幸福负责、为国家的发展负责、为人类的和谐负责。

3. 勇敢——顽强拼搏，"砥砺人生"

学校是由人民解放军一手创办的，流淌着中国军人的血脉。勇敢对于军人而言，是保家卫国、甘洒热血的精神；勇敢对于新时代的青年人来说，是锐意进取、积极实践的精神。我国传统文化对"勇"赋予了丰富的内涵："持义不掩曰勇""投身为义曰勇"。孔子说："智、仁、勇三者，天下之达德也。"他把智、仁、勇这三种品质称为"君子道者三"。站在教育的视角，陶行知也说："智仁勇三者是中国重要的精神遗产，过去它被认为'天下之达德'，今天依然不失为个人完满发展之重要指标。"学校提出"勇敢"基因，就是希望每一名学子能够传承中华民族这一优良美德，在注重能力培养的当下，能够积极投身到综合实践和社会服务中，不怕挫折和困难。因为只有奋斗的人生，才称得上是幸福的人生。

4. 创新——超越自我，"改变人生"

"惟创新者进，惟创新者强，惟创新者胜。"学校早在2011年就确立了"国际创新人才"的育人目标，高度重视科技创新教育，将批判性思维、STEM、工业4.0、航天科技等纳入课程体系。《礼记·大学》有言："苟日新，日日新，又日新。"这就是倡导人们随时随地都要创新，时时求变、处处求变、天天求变、人人求变。唯有不断创新，才能持续发展。唤醒和点燃中华民族与生俱来的创新禀赋，这是实现伟大复兴中国梦的不竭动力。学校提出"创新"基因，就是希望每一名学子能够拥有创新的思维、创新的激情和创新的能力，敢于质疑、勇于探究、善于实践，为成长创造无限可能，为国家贡献无穷智慧。

5. 开放——开阔眼界，"丰盈人生"

开放方能纳新，开放方能发展。在这样一个瞬息万变的时代，要想与社会同步，就要有与时俱进的意识。这是因为人类的历史就是在开放中发展的。任何一个民族的发展都不能只靠本民族的力量。只有处于开放交流之中，经常与外界保持政治、经济、科技、文化的吐纳关系，才能得到发展，这是历史的规律。做学问，开放精神尤为重要。吸收先进的思想和知识，具有开阔的视野和气度，这是把学问做深、做大、做优所要具备的素质。学校提出"开放"基因，就是希望每一名学子能够走出自我的小天地，去看看外面丰富多彩的世界，博采众长，吐故纳新，拓宽知识视野、拓宽人生道路，为未来发展探寻无限可能。

6. 文明——明礼笃行，"美善人生"

中国文明是世界上古老的文明之一。其中礼乐文明又是中国古代文明的重要组成部分，其推广为道德伦理上的教化，构成一个完整有序的社会政治文化制度。可见，文明是人类思想的荟萃，是人类心灵的寄托，是人类对万物之美的诠释。我国自古是礼仪之邦。孔子有曰："人无礼则不生，事无礼则不成，国无礼则不守。"习近平同志指出："礼仪是宣示价值观、教化人民的有效方式，要有计划地建立和规范一些礼仪制度，如升国旗仪式、成人仪式、入党入团入队仪式等，利用重大纪念日、民族传统节日等契机，组织开展形式多样的纪念庆典活动，传播主流价值，增强人们的认同感和归属感。这就是'道之以德,齐之以礼,有耻且格'。"学校提出"文明"基因，就是希望每一名学子能够吸收国内外古代文明和现代文明的精髓，做到博学多识，崇礼尚德，谈吐得体，成为文明大气的世界公民。

7. 雅趣——尚美博识，"涵养人生"

雅趣是美好生活与品质人生的一部分。学校拥有金帆艺术团、以艺术教育为特色，非常注重艺术修养和审美情趣的培养，以便让学生拥有多姿多彩的校园生活，多一份才艺，多一分优雅，多一种人生。琴棋书画是我国古代文人雅士的必修课程。蔡元培先生十分推崇美育，他说："中国人是富于美感的民族""美育者，与智育相辅而行，以图德育之完成者也"。在当下，美育也是培养复合型、创新型人才不可或缺的教育途径，雅趣之人必是志趣之人。学校提出"雅趣"基因，就是希望每一名学子能够修炼艺术气质，拥有人文情操，提高生活品位，以一颗优雅之心走进意趣盎然的世界，享受乐趣无穷的人生。

8. 尊重——心怀感恩，"敬畏人生"

学校的教育是让学生在求知的同时学会做人。而如何做人，首要的品质就是"尊重"。尊重不仅体现在尊重他人，也体现在尊重自我；不仅体现在对人、对各种生命的尊重，也体现在对知识、对自然环境的尊重。荀子有言："仁者必敬人。"孟子也说道："爱人者，人恒爱之；敬人者，人恒敬之。"尊重是一种具有反弹和回馈属性的优秀品质，尊重他人的同时也会收获他人的尊重。尊重首先是一种态度，是尊敬和重视对方，把对方放在重要的位置上；其次是一种行动，是理解与欣赏对方，流露出发自内心的真情和实感。学校提出"尊重"基因，就是希望每一名学子能够将这一品质的精髓植入生命的灵魂，从在校懂得尊重教师、尊重同学做起，渐渐地学会尊重每一个生命，尊重每一寸土地。

9. 诚信——诚实守信，"厚重人生"

"诚者，天之道也""思诚者，人之道也。""诚信"是中华民族的传统美德，是社会主义核心价值观的构成要素之一。"诚信"是一个社会信任有加和事业有成的道德根基，是国家与国家之间合作共赢和协同发展的理念基础。孔子把"信"与"仁、义、礼、智"并列为"五常"。孟子将诚、信结合在一起，提出道德修养论。程朱理学把"诚"推到了道德本体论和哲学本体论的绝对化巅峰。千百年来，中华民族视"诚信"为立身之本，虽历经时代变迁，却始终拥有不朽的生命力，并形成了一个民族诚信体系的道德价值观念和道德行为标准。学校提出"诚信"基因，就是希望每一名学子能够以诚挚之心，行信义之事，实事求是，信守承诺，形成高尚的人格力量，成为诚信的品质公民，在未来的人生道路上，时刻拿诚信这把"戒尺"去丈量自己，丈量社会。

10.独立——自立自强，"开拓人生"

"丈夫贵独立，各以精神强。""独立"之人的身上总有一股自力更生、发奋图强、顶天立地的精神，这是难能可贵的品质。学校的教育中非常需要把这种优秀的品质赋予学生，让他们学会自立自强，成为掌握自己命运和人生的主人。《易·大过》中有"君子以独立不惧"之说。梁启超也说："少年独立则国独立。"随着社会的开放、时代的发展，学生要独自面对环境、面对挑战。这迫切需要他们具有独立的品格，拥有独立的判断能力、思考能力、学习能力、应变能力、创造能力等。"独立"是他们安身立命的精神动力，也是他们报效祖国的意志使然。学校提出"独立"基因，就是希望每一名学子能够养成独立自主的品格，学会自我管理和自主发展，为日后优雅、自信、从容地走向社会，奠定坚实的人格基础。

11.执着——坚定信念，"成就人生"

苏轼曾说："古之立大事者，不惟有超世之才，亦必有坚忍不拔之志。"这种坚忍不拔的意志就是永不放弃的执着精神。一批批功成名就的八一学校人皆有一颗执着之心，对成功的追求有着"吹尽黄沙始到金"的坚毅态度。"锲而舍之，朽木不折；锲而不舍，金石可镂。"圣人先贤告诉我们，只有凭着一股执着的意志，才能成就一番伟业。学校提出"执着"基因，就是希望每一名学子能够对学习、生活和人生理想拥有持之以恒的顽强毅力和百折不挠的进取精神，做一个具有专注精神、具有坚毅品格的执着之人。

12.阳光——热情善良，"珍爱人生"

每一个生命都离不开阳光。凡是阳光普照的地方，生命就会茁壮成长、生生不息。阳光能够赋予一个人健康的心态、炽热的情感与达观的境界。学校被誉为"国际生态学校"，就是希望能够给所有生于斯、长于斯、成于斯的师生创设一个充满阳光的人文环境，让他们在这片土地上团结与共、休戚与共、美美与共。阳光能够带来和谐，"乐人之乐，人亦乐其乐"；阳光能够带来发展，"受益而不觉，失之则难存"。阳光对于现在的人们更为重要：因为开放，他们面对的人际关系更复杂；因为创新，他们面对的事业挑战更巨大。因而，阳光就是他们需要具备的可贵品质。学校提出"阳光"基因，就是希望每一名学子能够为明天的发展做好人格上的充分准备，积蓄蓬勃生长的正能量，让整个内心世界处处充满阳光。

（二）"内圣"的精神修养与"外王"的社会抱负

学校的育人目标是"造就品德好、品行优、品位高的国际创新人才"。根据教育阶段的不同，我们培养的着力点又稍有不同。小学阶段侧重品格和习惯的养成，初中阶段强调意义和价值的形成，出发点首先是"成人"，即做好一个公民；高中阶段重点关注的是作为一个人才所必须拥有的核心品质，重点是发展其理性与思考，并为早期创新人才培养打下基础。什么是国际创新人才？我认为是指富有人文主义精神，充满自信，敢于负责，富于开拓性和冒险精神，具备思想力和领袖素质，具有独立思考和判断的意识和能力，拥有国际视野和全球素养，对社会发展和人类进步做出创造性贡献的人才。

我国古人以"修身、齐家、治国、平天下"为纲领来指导自我修炼。梁启超先生曾言，中国儒家人生境界学问的"最高目的，可以《庄子》'内圣外王'一语括之。做修己的功夫，做到极处，就是内圣；做安人的功夫，做到极处，就是外王"。"内圣"的精神修养与"外王"的社会抱负，是传统人生境界的两个维度。再看学校的育人目标，品德好、品行优、品位高。三品的归宿是修己，目标是内仁，强调慎独，怀有敬畏之心，遵守国家大德、社会公德、家庭美德和个人私德，以提高自我的道德修养。国际创新人才，其归宿是安人，目标是外义，强调学以致用，关心国事、天下事，富有强烈的爱国情怀、社会责任感和历史使命感，在服务社会和创造社会中实现人生价值。

2014年，《教育部关于全面深化课程改革落实立德树人根本任务的意见》发布，提出研究各学段学生发展核心素养体系，明确学生应具备的适应终身发展和社会发展需要的必备品格和关键能力。研制学生发展核心素养已成为全球教育的共同主题。什么是核心素养？世界各国说法不一。比如，经济合作与发展组织用胜任力，美国用21世纪技能，日本用21世纪能力，新加坡用21世纪素养，但指向是一样的，都是在回答培养什么样的人能适应终身发展和社会发展需要。我们基于核心素养的国际表达、21世纪人才模型、PISA（国际学生评价项目）全球胜任力框架、未来人才焦点能力等系统研究，结合中国学生核心素养，开展了学校核心素养校本化表达的探索，形成与中国表达相统一、与国际表达相对接的具有学校特色的核心素养指标体系，确立了"完善自我、探索世界、造福社会"的学生素养领域。

未来人才焦点能力的概念，出自丹吉尔·高曼和彼得·圣吉。他们在《未来教育新焦点》的书中预言，专注自我、关注他人、理解世界，是应对未来挑战的三项焦点能力。"专注自我"是指精准辨识、妥善管理自我的内在情绪，从而实现心理自由，心无旁骛地完成目标；"关注他人"是具有同理心，关怀并能了解他人的感受、观点和心智模式，拥有善于沟通与合作的人际能力，并勇于担当；"理解世界"是一种对社会整个系统的察觉能力，并能运用这种洞见力改善系统的运行模式，也就是基于理解分析、综合判断的实践和创造力。

我对这三项焦点能力是这样理解的。"专注自我"即中国学生的"自主发展"。对于学校而言，是塑造品德、品行和品位，在"完善自我"中达到生命极致，拥有"内圣"的精神修养。"关注他人"即中国学生的"社会参与"。对于学校而言，是成为国际创新人才，在"造福社会"中实现崇高理想，拥有"外王"的社会抱负。在这里，"国际"一词已超越国际素养和规则的范畴，是指学生参与全球治理。"创新"一词也不局限于创造新事物，是以改善人民生活、创造社会和谐、促进文明发展、复兴民族伟业为目标的。"理解世界"即中国学生的"文化基础"。对于学校而言，是"探索世界"。这是处在"品质"和"人才"之间一个知识的世界，既是"品质"和"人才"生长的源泉，也是"品质"和"人才"回馈的宿地。在我看来，德育与学习力二者有着密不可分的关系：不仅学习中渗透着德育，而且德育中也激发着学习力。学生优秀的思想道德品质和家国情怀的养成，其副产品就是对学习动机和学习毅力的强烈追求。这种追求表现在对学业或专业的不懈努力，不断被激发出来的探究、实践和创新能力，遇到困难时的顽强和坚毅品格，专注投入过程中的自我激励、约束和调整以及智慧性克服困难和化解难题的行为。比如，我们的学生在人民大会堂排演的现场、在开展研学旅行的火车上，都会抽出时间去学习，因为学习会给他们带来思想的启迪，之后反哺于道德的成长。在我看来，学校学生的素养领域好比一个杠铃，一头是内圣之境界，另一头是外王之境界，连接二者的是这个永远充满未知和挑战的世界。我们的学生所要做的，就是具有举起杠铃的信念和勇气，拥有挑战极限的底气和力量，然后稳稳地举过头顶，成为一个有中国精神、有社会担当的人。

第二节　把握"发展规划"的战略导向

一、在取势明道中走向优质

2010 年，我上任后做的第一件事就是制定发展规划。这种意识的形成得益于新加坡学习期间的所见所感。很多学校都有三年或五年的战略规划，而且都会聘请专业的第三方咨询机构来协助设计。对于战略，我的体会是，在做什么与不做什么之间做出决定，这是战略的本质。战略规划不是做未来的决策，而是为未来做现在的决策。所以战略规划一是摆脱过去那些失效的、陈旧的事物；二是将意图转化为行动。不去实施的计划只是一种良好的愿望。学校的规划研制有很强的时代背景，指向性非常鲜明，有对国家政策的响应，有新生事物的落地，还有随着时代发展对过去工作的提升。我们做集团化办学规划，那时候学校刚形成一校五址的格局；做小学发展规划，那时候我们刚接办了彩和坊小学；做科技高中规划，那时候我们在习近平同志特色发展的指示下刚达成办科技高中的共识。所以每一次规划都伴随着国家教育新生事物的产生来进行相应的落地。我们借鉴管理咨询流程，先做研究和调研，再做诊断和澄清，然后制定战略地图和规划方案，最后形成一个个具体项目并细化落地，有条不紊地步步推进，而不是临时抓、临时想。因此，要掌握好战略规划这个思考工具，以战略引领改革，以改革掌控未来。

（一）学校发展要号准时代的脉搏

最初学校一直做的是部门年度计划，但我总感觉有些事情没有落地。所以刚当校长那会我摩拳擦掌，就想做一个三年规划。最开始我对于做规划的思路、流程、方法都没有掌握，所以第一版的规划做得不好，一些用语跟年度计划差不多。比如，在这个方面加强，在那个方面关注等，既没有目标也没有标准，既没有实施方案也没有责任主体，所以第一个三年规划没有时效性。我希望借助强有力的规划，用一个明确的方向把学校带向更好的未来，这是初为校长、刚 42 岁的我想干一番事业的雄心与情怀，只是我还缺乏一种方法和流程。

第二个三年规划是 2013 年正值党的十八大胜利闭幕。党的十八大报告提出要努力办好人民满意的教育，深化教育领域综合改革，大力促进教育公平等。时任教育部部长的袁贵仁也重申，要大力推进教育规划纲贯彻落实，在国家统一实施、地方承担试点以及基层自主改革三个层面，分别沿着培养模式、办学体制、管理体制和保障机制这四条轨迹展开，坚持不懈地推进教育体制改革。应该说学校的第二个规划是战略真正走向规范的起点，有国家大的教育变革，再加上学校适应变革的一系列应对策略，是一个具有里程碑意义的发展规划。在启动前，我提出四项原则：第一是借助外脑，获得由外而内的视角；第二是立足未来，拥有由远及近的思维；第三是自上而下与自下而上相结合，体现民主集中的特点；第四是强调"品质文化"的引领作用，把握改革发展的标准。为什么特别强调外部与未来？在我看来，三年一个周期制定学校发展规划，能够紧跟时代发展的步伐和教育改革的趋势。这是考虑的时间维度，但也要考虑视域宽度。首先，学校发展不是一个孤立事件，需要宏观视野。尤其是在国际教育理念日新月异，教育手段和方式发生重大转变的当下；尤其是在党的十八大之后一系列教育政策以及中高考改革政策相继出台的当下；尤其是在兄弟学校不断创新与实践教育改革，竞争力不断提升的当下……学校所处发展环境的不确定性逐渐加大，所面临的发展机遇和竞争都更具挑战性。因此，学校更需要对外部环境有清晰而全面的认识。同时，学校发展是面向未来，需要前瞻性和创新性。制定发展规划不是为了单纯地解决现实问题，而是研究和思考战略层面的问题、横向比较的问题，甚至现在不是问题而未来是问题的领域。因此，学校需要站在未来反思现在，发现和理解学校当前或者未来一个时期面临的主要矛盾和挑战。学校在干部带领、专家引航、小组碰撞、团队参与下，聚焦改革和发展，确立了4项改革工程和4项发展工程，涉及19个项目。

第三个三年规划是在2016年恰逢教育领域全面深化改革，研究的视域集中在整个外部环境的变化上，围绕"取综合改革之势"和"明综合改革之道"两个立足点，着重研究招考制度改革、核心素养、育人模式、育人路径和育人资源。在规划中，学校以战略目标和发展定位为统领，围绕创新教育模式的5个着力点、优化培养路径的3条主干线、拓宽办学资源的2个基本面，勾勒出涵盖10大工程35个项目在内的学校三年发展战略思维导图。

第四个三年规划是2019年形成的。改革已进入深水区，聚焦高质量发展，强调细化落实，不再重新建章立制，不再重新开疆拓土，因此新的东西提得少。首先是确立学校整体的战略目标，即高中部的特色发展、初中部的质量提升、小学部的品牌建设，之后是侧重学生发展指导工作怎样深化，集团课程建设怎样引领，科技高中行动路线怎样达成。因此也就有了学生发展 2.0 版、课程建设 5.0 版、科技高中 2.0 版等，最终确立了以 1 室 1 组 6 中心为责任主体的 39 个项目。

我认为，随着国家教育政策的相对稳定，学校未来发展都是在原有基础上的深化，更强调内涵发展。我的想法是第五个三年规划以提高群众的满意度为重点，核心项目就是家校建设。在此我简要列举前四个规划中应用到的一些战略工具、在研究和规划中的战略思考以及项目结构化呈现的战略地图。

第一，建构研究模型。研究需要科学的逻辑，为此学校制定了如下研究模型。在标杆学校的研究中，我认为既要考虑与学校发展的相似性，使标杆研究具有可比性，又要考虑一些教改先进校。虽然超越学校的方面很多，但这些学校在某些方面有比较超前的理念和做法，非常值得借鉴。因此，我们进行标杆研究不是研究其全部，而是聚焦某一个研究方向。比如，对美国劳伦斯中学的研究，主要看其生涯规划和选课指导如何推行；对美国密涅瓦大学的研究，主要看其信息化教与学模式如何进行创新；对上海中学的研究，主要看其学科群建设及实验室课程建设；对复旦中学的研究，主要看其国际课程在引进时如何进行本土化改造。

在政策与趋势的研究中，我们抓住少数关键，重点研究中高考制度改革的核心变化，包括核心学科、优势学科、综合社会实践、综合素质评价、命题趋势等；重点研究核心素养，包括共性与个性的关系、共同与关键的关系等；重点研究信息化发展带来的变革，包括教学与学习模式、管理模式、课程资源、教师发展等。

第二，确立战略方向。学校 2013—2015 年的发展规划明确了改革与发展的议题。改革思考的是如何优化存量；发展思考的是如何扩大增量。这样一手抓存量，一手抓增量，确保学校改革与发展工作的协同运行与一体发展，也让教师知道如何处理存量遗留的突出问题，如何看待增量带来的发展机遇。

2016—2018 年的发展规划是基于教育改革趋势和学校集团化办学两个立足点，搭建未来三年发展任务金字塔，以"高质量"理念探索五种教育模式，包括社会化、个性化、信息化、国际化和集团化办学模式；以"精细化"理念优化三大培养路径，包括课程的精品化、课堂的精深化和课题的精准化；以"开放性"理念发展两类办学资源，包括以教师为核心的人力资源和以实践为导向的教育资源。

第三，制定发展项目。2013—2015 年议题出来后，我们提出 3 年系统推进 19

个项目，采用项目制方式，有明确的目标、责任、内容、标准、节点以及责任主体。

2016—2018 年首先确立了致力创新的学校、教师、学生三位一体的战略目标；其次是明确了聚焦品牌的集团、小学、中学、国际部、玉泉中学附校、保定分校六部协同的发展定位。同时，我们以"点线面"结合的思路，提出了"五化三课两资源"10 大工程 35 个项目，并就每个项目提出了具体的操作思路和要点。

2019—2022 年围绕核心竞争力、执行力、德育与学习力、科技特色和精细化管理 5 个主题词落实项目，在学校精神文化传承和发展是学校灵魂，教育教学质量是学校第一核心竞争力，德育目标是提升学习的保证，建设一流科技高中，发展规划落地是学校共同任务，精细化管理是一种精益求精的文化和追求卓越的管理模式等方面达成共识，以部门认领方式确立了 39 个项目。

为什么先谈发展、后说改革？我认为没有发展的思维，就没有改革的方向；没有发展的态势，就没有改革的动力。要树立以发展促进改革、以增量带动存量的发展理念，厘清发展思路，抓住发展机遇，破解主要矛盾，实现品质发展。通过科学系统的战略规划运作，全体教师基本能够以更加开放的视野和包容的心态来思考各自工作的发展方向与改革方向，精心准备、精准谋划、精确推行，让学校发展规划的制定真正体现"品质文化"的思想内涵。因此，学校发展规划是一种系统性的战略思考。做好学校发展规划，就是做好学校的顶层设计。有了卓越的顶层设计，再加上有效的系统配套以及全体教职员工的认同，学校的综合改革必然能够取得良好的效果。

（二）脱胎换骨的小学教育变革

小学教育在国民教育体系中处于基础性地位。无论是学习年限、学生规模还是教师总量都是基础教育的主体和重中之重，是为学生今后继续学习、全面发展、幸福生活奠基的重要阶段。发展好小学教育，对基础教育乃至整个国民教育的科学发展都有着十分重要的意义。如何实现小学高品质发展、丰富小学教育发展形态、增加小学教育多样化供给等问题正成为新时期小学教育发展的重要课题。彩和坊小学并入后，八一学校成为一所十二年一贯制学校。我们在义务教育阶段实施五四学制。六年级全部学生在初中开始他们的学习生活，全部学生直升初中。因此，小学发展水平直接关系中学的发展质量。之前也说过，彩和坊小学属于薄弱校，没有课程体系，教学和学习方式传统保守，教师专业能力较低。并入八一学校后，小学教师和中学教师缺乏沟通与合作，但教师都有求新求变的强烈意愿。为此，我适时启动了"立足科技、面向未来"的小学教育变革发展规划项目，组织一场场座谈和研讨，让教师看清机遇和挑战，找准优势和问题，转变观点，建立自信。我将"品质奠基"的办学理念和"科技育人"的办学特色作为旗帜引领，掌稳小学部未来发展的前行之舵。

小学部紧紧围绕全面提升科技教育竞争力，确立"科创苗子早发现早培养"的发展目标，探索"从全面培养走向科技奠基"的育人模式和"从品质思维走向科创引领"的发展模式，推动包括目标体系、课程体系、师资体系、资源体系等在内的十大体系变革的创新发展之路，描绘出一幅"向着未来腾空翱翔"的发展蓝图，犹如一颗小卫星，开启塑造科技优势、提升教育品质的历程。

在我看来，发展薄弱的小学部必须借此发展机遇脱胎换骨，以变革为理念，把准改革发展之脉；以科技为驱动，谋定继往开来之策；以早培为使命，善为精准发力之举；以蜕变为目的，开启攻坚突破之局；用时代眼光来丈量，用品质标准来推动，重构未来发展的"高位势能"与"高度聚焦"。所谓"高位势能"就是要具有与科技报国相吻合的教育理念的价值高位，拥有为未来科创人才奠基的团队信念，将学校打造为"科技创新赋能场"。所谓"高度聚焦"就是通过"科技"这一焦点撬动发展，用最大的定力去专注于发展，去不断提升，去持续迭代。只有价值的发展定位与聚合的时代内涵才会形成资源与人才的汇聚效应，从而让发展生生不息并走向卓越。小学部未来的路很长，但挑战越大，机会越大；难度越大，价值越大。只要迈开这一步，再困难的路也会越走越简单，再曲折的路也会越走越平坦。

（三）一流科技高中的建设蓝图

习近平同志2021年4月在清华大学考察时指出，中国教育是能够培养出大师来的。我们要有这个自信，开拓视野、兼收并蓄，扎扎实实把中国教育办好。

科技创新的第一要素是科技人才，而培养人才根本要依靠教育。为了实现全面建成"国内领先、世界一流的科技学校"这一远大目标，学校进行了系统规划和总体部署，明确提出了未来工作开展的方向与重点，从办学理念、科技学校建设的必要性和可行性以及未来建设愿景三个方面，描绘了一幅高品质的战略蓝图，志在为建设"创新型国家"和"科技强国"做出更大贡献。

学校创建 70 多年来始终不忘"科技强军"的使命和责任，连续多年开设科技实验班，奠定了以科技教育著称的办学特色，致力于培养品德好、品行优、品位高的国际科技创新人才。在全面评估、系统总结科技创新教育中所取得的优势与不足的客观基础上，针对"建设世界一流科技学校，培养具有较高科技素养的创新型人才"的远大目标，学校进行了系统规划和总体部署，确立了"面向未来，各展其能，探索求知，科技育人"的办学理念，通过发展素质过硬的一流科技教师团队、构建独具特色的一流科技教育资源、建设学养深厚的一流科技文化、提供科学规范的一流教育管理和服务保障，着力培养"会学习、会探索、会质疑、会实践、会创新"的一流科技创新人才后备军，为学生未来的品质人生奠基。

采中外精华，办未来教育。学校建设一流科技学校，既要吸收国际上先进的科技教育成果，也要参考在科技教育方面富有特色又卓有成效的国内外高中的教育经验，整合国际课程体系中有价值的内容，推进实施高质量的科技教育。在快速发展的信息时代，一流科技教育不仅要满足国家当前对科技人才的需求，还要面向未来，培养青少年的创新精神和实践能力，着眼于学生的长远发展，使其成为具有卓越科技素养的国际科技创新人才。为此，学校要创办适合每个学生发展的未来教育，不断拓展学科发展空间，不断完善贯通人才培养体系，优化学科专业、培养方案、课程体系，预见未来国内国际教育的发展趋势和方向，培养面向未来、能够引领世界潮流、具有发展潜力的科技拔尖人才队伍。

建名师名课，筑人生基础。为培养未来顶尖科技人才，一方面，学校需要建设"师德高、师术精、师风优"的一流教师队伍，培养教师的科技教育素养，搭建深度培训平台，提高教师的科技创新教育水平，为教师提供考察学习机会，帮助教师理解科技前沿、拓宽学科视野。同时，学校要提供经费支持和制度保障，激励教师结合自己的专业开发科技教育课程，开展科技教育研究，充分实现自我发展，争当学生引路人，为学生的卓越发展领航。另一方面，学校需要通过具有思想内涵和发展逻辑的科技育人模式，提供多层次有特色的课程模块、项目和课题的科研实践活动，为学生提供必要的学习条件，满足学生的学习需要，让学生在自己擅长和感兴趣的领域深入发展。面对学生的个体差异，学校打破常规去发现、选拔和培养杰出人才，将常态化的中学教育与科技教育相结合，促进学生的全面发展与个性发展相协调，尽可能使学生发挥个人潜能。

创真实情境，强探索实践。为建设一流科技学校，学校要在教育中充分注重学生的自主学习、合作与互动，将研究、探究、研讨、实作式的问题解决和项目式学习作为主要学习方式，培养学生的科技实践创新能力。学校可以通过与大学、科研机构和企业共同开设实验室和实践基地，让学生在真实的科学研究中发展科技素养，并基于相关科技教育资源让学生开展实践活动。学校开设了许多科技类项目式课程，让学生在学习过程中完成工程项目，将工程与技术的原理、方法融入项目的整个过程，激发其探索欲望，锻炼、培养其各项能力。除了实验室研究和科技项目类课程，在日常学科教学中，学校强调以学生为中心，让学生在真实性实践中学习，还提供参加国际竞赛、国际交流的机会，推动科技与教学相结合，丰富教育实践活动，塑造学生的科技创新实践品质，为未来的品质生活奠基。

倡文理兼收，跨学科边界。建设一流科技高中，要求学生不仅具有较高的科技素养，还需要具有较高的人文素养。国内外科技高中的课程开发也显现出学科交叉融合的趋势。学校将设置一系列 STEAM 跨学科课程，让学生具备多学科交叉、文理综合的背景，在注重发展学生数学和科学能力的同时也注重问题解决能力和综合素质的培养，让他们能针对真实世界中的严峻挑战提出应对方案。学校依托各类科技活动，铸造学生的科技文化精神，营造学生科技创新活动蓬勃开展的良好环境，拓宽学生的学科视野。学校对培养的科技人才的要求是善于思考、勤于动手、勇于创新和乐于分享。通过跨学科融合教育，学校能实现对"会学习、会探索、会质疑、会实践、会创新"的一流科技创新人才后备军的培养。

（四）让康庄中学走上"康庄大道"

2018 年，北京市教育委员会有一个综合布局，就是在北京周边区域，像延庆、怀柔、昌平，用区域内一所优质学校去承办或者新建一所学校，目标是实现教育公平和优质资源辐射。康庄中学是延庆区的一所农村初中，有 200 多名学生，办学水平相对薄弱。延庆区教育委员会提出把康庄中学划分给八一学校，计划是建一所完全中学和国际部。延庆区委书记在全区大会上提出，今后康庄中学、延庆区第一中学、延庆区第四中学要形成延庆高中教育的三足鼎立。一所没有高中的农村中学要跻身延庆教育前三，我的压力特别大，但还是欣然接受了任务。延庆区教育委员会看到了八一学校高度负责的态度，就提出把康庄一所小学也一并交给八一学校来承办。我力排众议，答应接下来。我觉得这份信任弥足珍贵。八一学校应该对教育薄弱地区有帮扶和振兴的责任担当，应该用一种舍我其谁的教育情怀去撑起延庆教育的一片天。虽然那是我们完全不熟悉的一个环境，包括区域的经济发展和教育资源、学生的家庭背景、教师的能力水平等，都和我们已知的不一样；虽然短期是看不到成绩的，因为要解决各种问题，很多是不能立刻改变的，如生源及师资质量等，但做教育就应该是纯粹的。经过半年多的论证，延庆学校的办学方案得到北京市教育委员会的高度认可。现摘录部分内容进行介绍。

一是指导思想。坚持以优质教育服务北京重点新城和生态涵养区建设的办学理念，助力延庆创业园区人才引进，满足地区人民对优质教育的美好期盼，以高起点、高品质、特色化、国际化办学格局，带动延庆地区深化教育教学改革。

二是发展目标。到 2025 年，初步构建"面向未来的科技创新人才培养"的现代化育人体系，顶层设计理念先进，彰显强劲的创新动力。到 2035 年，全面输出"面向未来的科技创新人才培养"的现代化育人模式，成为北京科技创新教育的新地标。到 2050 年，服务北京"四大中心"定位，对接国家教育重大发展战略，成为全国基础改革发展和科技创新教育的标杆和高地。

三是办学特色。坚持"军魂铸人"特色，将"军魂"的底色放大，传承红色精神，厚植家国情怀，通过组建国防学院，设置国防特色班，以提升学生的国防意识和军事素养为重点，为国家国防事业发展培养拔尖后备人才。坚持"科技育人"特色，将"科技"的优势做强，肩负起科技强国的教育使命，组建航空航天学院，设置航空航天特色班，为国家航天事业发展培养拔尖后备人才。坚持"生态立人"的办学特色，是将"生态"视野拓宽。生态文明建设是中华民族永续发展的千年大计。延庆区作为生态涵养区，坚定树立与践行"绿水青山就是金山银山"的理念；坚持节约资源和保护环境的基本国策；统筹山水林田湖草系统治理，通过实行最严格的生态环境保护制度，形成绿色发展方式和生活方式，坚定走生产发展、生活富裕、生态良好的文明发展道路。鉴于学校一直把"教育一个学生，带动一个家庭，影响整个社会"作为价值追求，通过生态课程开发、生态活动开展以及生态环境营造，让每个学生能够树立生态理念，培养生态思维，拥有生态行为，在未来能够担当起生态文明建设的责任，让天更蓝、山更青、水更绿，也让自己成为一个品位高雅、行为儒雅、生活优雅的现代人。坚持"多元发展"国际化人才培养特色，是将"国际"

的视野拓宽。随着对外开放的深入，尤其是"一带一路"国家战略的推进，越来越多的中国企业开始走出国门，进入更为广阔的国际市场。这也带来了更多的国际化人才的需求。重点探索培养学生跨文化交流与合作能力的新范式，打造"文化＋科创＋学术"三轨并进的国际化特色，广育国家对外战略发展亟需的未来人才。在文化方面，依托孔子课堂，促进文化交流与传播；在科技方面，借力"鲁班工坊"实施经验，推动工程技术教育方面的国际合作，实现人才对口培养；在学术方面，依托本部中外合作办学项目，进一步增强与英国、以色列等欧美国家一流院校的深度交流，为国际化人才培养创设更多的共育形式。

四是弹性学制。构建"5-4-3"和"5-3-4"并行的12年一贯双轨学制，创设多路径相互衔接、多出口科学选择的现代育人模式，实现对科技创新人才的12年贯通培养、整体设计，帮助学生根据自身的特点选择不同的学制进程、不同的升学道路。把握青少年的身心发展规律，实行小学"5年制"学制实验，依靠学科内贯通、跨学科融合、超学科统整等措施，提升小学教育课程效率；基于学生个性化成长目标，探索中学阶段多轨并行的学制实验，通过初高直升、满足不同选择的升学机制，实现对不同类型、不同层次学生的分流培养。

五是校园环境。建设军魂传承的绿色校园，彰显生态特色。将"国防绿"与"生态绿"有机融合，打造内涵更为丰富的绿色校园。一方面秉承可持续发展理念，坚持环境友好的运营模式，使用先进环保节能材料和技术工艺建设学校；借鉴生态海绵城市建设概念，在校园安装自然采光系统、蓄水池、太阳能电池板、风能发电和雨水回收等可循环装置。另一方面以生态国防理论为指导，建设"军魂铸人"主题博物馆、国防荣誉室、军营文化长廊、党建文化墙以及红色人物石碑雕塑等校徽性"景点"，对绿色校园进行特色解读。配备包括游泳馆、网球馆、乒乓馆、羽毛球馆、塑胶灯光篮球场、体操馆等在内的设施完备、功能完善的各类现代化体育场馆。针对足球和冰雪运动两大特色项目，建设1块含400米跑道的标准草坪足球场，达到承办区域和市级相关赛事的场地要求；建设仿真冰教室以及配备专业滑雪训练机的训练教室，支持冰雪运动向四季拓展。落实运动无处不在的现代健身理念，在走廊等公共空间增添攀登墙、跑道、漫步机等功能设施，营造人人乐运动、享运动的氛围。

建设创新赋能的智慧校园，彰显科技特色。构建人人皆学、处处能学、时时可学的智慧化校园环境，配备智慧黑板、慕课平台、移动校园、网络图书馆、高清录播教室等设施，打造"全学习"的信息化校园生态系统。基于特色课程要求，高标准建设包括环境工程实验室、无人机实验室、VR实验室等在内的专业化创新实验室以及航空航天博物馆。超前布局智能基础设施，将多点触控技术、物联网以及大数据思维融合到学校整体建设中。

建设大气包容的开放校园，彰显国际特色。汲取中外名校精华，在校园建筑风格上体现传统与现代的结合、科技与人文的共进。按照国际标准配置各类教学场馆，包括现代学术报告中心、多功能图书馆、国学大讲堂、"丝路"博物馆、鲁班工坊、艺术剧院等，构建国际化、交互型的学习环境。同时，基于师生多元多样的文化背景与国籍背景，建设设施一流、风格不同的餐厅和学生公寓，满足12年学制的中外学生食宿要求。

二、在守正出新中彰显品性

一所学校办学需要有自己的理想追求，需要呈现出不一样的性格。这其中一定有自己坚守的东西。就比如说学校的校园足球，我倡导的是让学生去感受足球文化的魅力，了解足球产业链发展并产生兴趣。学校的校园足球永远是以学为主，以球为辅。俱乐部的每个球员都要拥有和其他学生一样的完整的课程学习过程、完整的校园生活。他们除了经历完整的学习过程外，只是比别人多了一门足球的技艺。我常说，我们不能因为金字塔尖上的一丝丝亮光，而把塔下面所有的因素都忽略掉。我们和一个俱乐部合作组建了冰球队，真正从学校的小学部来选拔队员。我没有接受把拿过世界冠军的俱乐部球员直接纳入学校冰球队，因为我始终坚持一个理念：真正从零开始培养，这才是真的教育。

（一）打造最精神的校园足球

作为足球运动的传统校，学校校园足球运动的开展有着悠久的历史、雄厚的基础和优良的传统，早在20世纪五六十年代就已广泛普及。从1965年首次获得北京市市级冠军，到1979年被授予"北京市足球传统学校"，到1988年成为北京市教育委员会命名的唯一一所"培养高水平足球后备人才试点校"，到1997年成立翱翔足球俱乐部，到2015年冲出国门、走向世界，再到2016年"校园足球新长征"系列活动启动仪式及新闻发布会在学校举行……足球在八一学校落地生根，不是偶然的。那种血性、拼搏、团结、奋斗的品质，仿佛就是军魂的体现。很多人不能理解，为什么八一学校人如此钟爱足球？魏德纯老书记至今记得一个叫马伦的学生在一次决赛中获得北京市冠军之后，在球场上高喊"八一万岁"的情形。学校足球队很早就有一个传统：学业不合格的学生不可以进足球队，学生必须德智体美劳全面发展。2020年，我们足球队一个队员考上了清华大学，另一个队员考上了北京大学。

我始终关注学校校园足球的发展。在我看来，校园足球不是为了足球培养人，是为了培养学生对足球的爱好而发展校园足球。学校足球队队员每天的学习跟普通学生是完全一样的。他们是课后和周末进行足球训练，假期参加足球训练和比赛。这些学生将来如果踢不了足球，还有大学可以上。所以，校园足球做普及是培养学生的兴趣和特长，而那些特别热爱足球且有潜力的学生去做专业培养，这才是真正的校园足球模式。我从来不问学生比赛拿第几名，我在意的是通过足球运动学生在身体素质和精神层面的一种成长，如绅士精神、坚毅品格、奋斗精神、合作意识、规则意识、集体荣誉感等，包括足球文化的衍生产品，如足球解说、裁判、记者、广告策划等。在长达70多年的办学实践中，无论思想如何多元，无论大家如何追求升学率，八一学校人没有放弃对"足球"的坚持，因为我们把足球运动看作丰富学生校园生活的重要组成部分。我们现在从小学到高中，班班有足球队，每年4月天天都有足球联赛。

我曾在多个场合谈论校园足球发展的紧迫性和必要性。在2014年年底国务院召开全国青少年校园足球工作会议和2015年颁布《中国足球改革发展总体方案》并提出改革推进校园足球发展之后，秉承强烈的振兴中国足球信念以及稳固领先的校园足球发展地位，在校园足球正式开启"国字号"并上升为"国家战略"的时代，我提出要进行学校校园足球发展模式的研究与规划，希望借此带来足球理念的改变、足球教学的改革以及足球水平的提升，引领校园足球的发展，使学校成为国内校园足球发展的标杆，实现学校"特色教育典范"的愿景。校园足球发展规划在2015年5月启动，2015年年底顺利完成制定。在校园足球发展总体规划中，我们主要围绕足球文化和足球发展模式两个方面进行设计。足球文化不仅包括足球设施、活动、竞赛、表演等表象的物质财富，也包括体育精神、体育观念、体育意识、体育道德、体育风尚等内在的精神财富。对于学校来说，足球文化还应该包括足球少年的素养模型以及针对足球普及和提高的足球课程和社团。以下摘录规划的部分核心内容进行介绍。

一是确立足球发展理念和定位。学校以"体育育人"为宗旨，确立了"绿茵军魂、金色足迹"的发展理念。所谓"绿茵军魂"就是传承"英勇、坚毅、服从、自律"的军人品格，弘扬"荣誉、协作、公正、利他"的足球精神；所谓"金色足迹"就是提升"精神、兴趣、技能、素养"的足球品质，引领"培养、服务、经营、管理"的发展模式。绿茵军魂是对历史的继承。这个历史中既有我国足球发展的历史，也有八一学校的创建背景和发展历史。金色足迹是对品质的发展。这个品质中既要将"品质文化"的理念植入足球发展的理念，也要把校园足球做成金色品牌，引领模式，代表校园足球发展的最高水平。同时，我们提出学校致力于"打造最精神的校园足球"的发展定位。最精神是指具有尚武精神、骑士精神和绅士精神。为什么提出这三种精神？我认为，积极向上、自强不息的"尚武精神"是中华民族崛起的标志。其核心并非击倒敌人，而是战胜自己，培养顽强拼搏的意志品质。"骑士精神"是信奉一种信仰，拥有信守诺言，乐于助人，为理想和荣誉而战的品格。"绅士精神"体现的是高度荣誉感、侠义之胆、谦恭与信任之心、牺牲之精神。具有"绅士精神"的人往往是道德楷模与人格标杆。

二是确定两类培养目标及相应课程体系。学校在足球发展上既关注普及性，也关注专业性，提出校园足球的两种育人导向：在校园足球发展上培养有足球兴趣的品质少年，在足球俱乐部发展上培养有绿茵军魂的足球少年。

对于足球普及，学校坚持"遵循教育规律，奠定足球基础"的发展理念，注重基础性、普及性和体验性，是以教育专业的视角来开展足球运动，让所有学生拥有足球兴趣，进而培养足球精神。对于足球水平的提升，学校坚持"遵循足球规律，提高专业水平"的发展理念，聚焦专业化、现代化和品牌化，以足球行业的视角来开展足球运动，让俱乐部的学生提高足球技能，进而发展足球素养。

如何开展校园足球运动呢？我将视角放在了足球产业上。我国要实现"申办国际足联男足世界杯"的远期目标，就要培养出一大批具有国际水准的足球裁判、教练、营养师、经纪人等。那么校园就是培养早期足球产业专业人才的处女地。

学校校园足球的发展便有了清晰的思路：围绕现代化足球产业链，建设校园足球课程体系，开展校园足球"360°教育"。贴合现代化足球产业链，打造校园足球社团。校园足球"360°教育"以体验性为原则，让学生去体验足球产业链上的相关职业。课程实施上采取走出去和请进来的方式，利用大学专业师资、训练场地等来校开课或开展联赛。校园足球"360°教育"给了学生一种看世界体育的视野和情怀。

对于足球俱乐部的发展，我认为就是要走专业发展的道路，通过建设足球俱乐部专业课程，开展足球递进式教育，培养足球少年的足球技能和足球素养，真正让足球少年展翅翱翔，实现腾飞。最终我们要将普及型课程和提高型课程合并，形成学校校园足球课程图谱，包含基础课程、拓展课程和专业课程。

三是建立校园足球发展模式。校园足球发展模式是我在制定发展规划时特别强调的内容。最终我们借用足球专业术语，创新性地构建了"442"校园足球发展模式，以此打造学校校园足球发展生态圈。

第一个"4"代表4个层次，即足球精神、足球兴趣、足球技能、足球素养。第一层次通过普及教育，奠定足球基础，实现足球育人；第二层次通过足球产业链的360°体验，激发兴趣，拓展足球职业通道；第三层次通过足球专业训练，提升足球运动技能和水平，储备足球专业运动人才；第四层次通过国际先进的青训体系训练，提升综合素养，推动足球运动专业化发展，培养足球专业运动员。

第二个"4"代表4个社区，即绿茵社区、"360°社区"、足联社区、金奥社区。绿茵社区重在参与，对接家长、校友、部队等资源；"360°社区"重在体验，对接大学及足球产业链资源；足联社区重在交流，对接兄弟学校资源；金奥社区重在专业，对接国际足球俱乐部资源。

第三个"2"代表2种管理模式，即课程化管理、品牌化管理。第一层次、第二层次主要是课程化管理，重点建设校园足球课程体系，通过课程建设实现有序管理；第三层次、第四层次主要是品牌化管理，重点对接国际资源，通过现代化的智能手段，开展品牌建设，实现经营管理。

除了足球队，学校还有冰球队。在学校的小学一、二年级和三、四年级，各开设60人的旱冰班，每周上两次课。我们从这120个学生里选拔出潜力好的学生，组建学校的专业冰球队。每年都是这样，这一批批学生经过12年的专业训练，一定会出成绩。我想说的是，我引进的任何项目一定不是追求一个结果，追求一个名声。我看中的是学生在整个过程中的一种体验和成长。

（二）"生态立人"的环境建设

校园环境建设是贯穿学校发展规划的永恒主线。为什么这样说？因为时代在变，与时代同步的学习方式在变，伴随学习方式的学习空间也必然在变。学校的校园建设经历三个阶段。2008 年汶川地震之后，北京市对学校校舍管理提出抗震加固的要求。由于学校的基础建设之前是没有整体规划的，正好借助这个机会，我们开始思考整个校园的风格、布局、功能、景观等。第一个规划就是基础建设规划。基于学校位于苏州街的原因，我们以发扬地域文化风貌为目标，将江南的徽派建筑作为学校的建筑风格，确立了人文生态的环境定位，实现环境与文化、环境与课程、环境与学生实践活动的有效融合，给学生和教师提供更舒适的学习和工作的环境。第二个规划是围绕教学改革方向，把学习场所和学习空间进行了重新布局。以往学校的硬件设施就是常态的教室和基础的实验室，现在就需要设置可供学生学习、活动和交流的大空间。所以我们把很多封闭的空间打开。比如，图书馆原来是一间一间的小阅览室，现在变成一个整体，符合当下的学习场景。第三个规划就是围绕新课程改革，把学生动手实践的空间进行了拓展，建设了很多功能性专业教室。比如，以通用技术为核心的天工苑、以航天科技为核心的开物苑，以实验操作为核心的实验室，以美术模块课程为核心的工作室，等等。学校的建筑风格和格局在现在来看依然是比较有特色的。在我看来，校园应该是一个多样性生物和事物集合的栖息地，不仅呈现出自然本真的生存形态，也呈现出互为促进的和谐状态；不仅体现为健康优雅的美好姿态，也体现为蓬勃发展的生动意态。也因此，学校的生态校园体现出六大属性，即文化属性、教育属性、生态属性、艺术属性、交互属性和社会属性。

第一，彰显环境的文化属性。学校地处苏州街。为什么叫苏州街？因为它是乾隆年间颐和园后湖两岸仿江南水乡风貌而建的买卖街，是专供清代帝后逛市游览的宫廷商肆。建筑特色上沿用南方民舍特有的青瓦、灰砖、白墙等形式。正是基于对苏州街文化传承的情结，学校采用流行于浙西地区的徽派建筑，在平面布局上灵活变幻，讲究意境美，如亭台楼阁塔坊的巧妙设计；在空间结构上造型丰富，讲究韵律美，如马头墙、小青瓦；在建筑雕刻上融石雕、木雕、砖雕为一体，讲究艺术美，如漏窗、楹柱等。走进校园，灰砖、白墙、绿窗映入眼帘，一种理性、简约、礼数、素雅、沉稳、威武之风扑面而来，既有江南文化恬淡的味道，也有部队文化庄重的影子。除了建筑风格尽显文化韵味之外，我们还在校园里营造了"富春山居"景观，以清润的笔墨和简远的意境，追求山川浑厚和草木华滋的境界，让学生在高雅文化的浸染中获得人生境界的升华。另外，我们恢复了国际部东侧湖边上的老井。老八一学校后勤人曾经用这口井水为学生种植了丰富多样的蔬菜。恢复老井的外貌旧址，让人睹物思情，心有所获，滋养对学校传统历史的敬仰之心。

第二，凸显环境的教育属性。环境要起到育人的作用，要与育人目标、品质基因甚至办学特色有机结合，在一草一木、一砖一瓦、一字一句中渗透教育。为此，我们按照"军魂铸人、科技育人、生态立人"的办学特色设计了三类景观。"军魂铸人"方面特别设置了荣臻像、三品松、舰艇模型、坦克模型、警世钟等雕塑及景观。"科技育人"方面重点建设了航天飞机模型、国防科技实验室、天工苑里的鲁班工作坊、开物苑、防震减灾科普小屋等小品及场景。"生态立人"方面主要规划了红十字医疗站、记忆胶囊、阳光心房、高中楼顶的无土栽培、校史馆后面的京西稻种植园、地质模型等小品及场景。这一切都是为了给学生提供学习知识、认识世界、参与动手实践的窗口。

第三，强调环境的生态属性。生态校园的根本就在于贯彻节能环保的绿色理念。我们力求所有建筑产品、教学设备都尽可能使用低碳环保的材料，办公用品和学习用具也多采用循环绿色的材料。学校在节能减排建设上一直走在前列，2016年被评为"市节能领跑者"。2020年，学校入选住房和城乡建设部、联合国开发计划署、全球环境基金"中国公共建筑能效提升项目"2020年第一批子项目，被候选评为公共建筑能效提升市场机制示范子项目。校园里安装了可再生能源系统和环保设施，有光伏发电、风力太阳能混合发电、太阳能热水系统、雨水回收系统等，还系统改造了智慧供热系统、空调系统、中水处理系统、厨余垃圾处理系统和环境监测系统，增加了公共区域使用节能灯、节能水嘴、树叶分化机、分类垃圾箱等的设置。当学生每天看到的、用到的都是绿色、节能的产品时，他们就会自觉地形成起生态意识，学会绿色生活。

第四,体现环境的艺术属性。校园,古称书院,让我想起了千年学府"岳麓书院"。其门联"惟楚有才,于斯为盛"展现出腹有诗书的磅礴自信。其院内自然风光更是占足了奇、珍、幽、美。所以建筑具有深刻的文化内涵和艺术造诣,反映出典雅朴实的艺术风格。我所追求的校园就应该是富有钟灵毓秀的艺术美感。为此,学校在屋顶上建设了集小桥、流水、亭台、楼阁、古树等于一身的环保花园。同时,我们力求构建具有艺术感染力的校园,让校园中的每处景致都仿佛是一件精美的工艺品,追求艺术的内涵,追求至臻的品质。整个校园被长廊、湖畔、花园、碑帖包围。每到秋风吹、黄叶落的时候,银杏大道就变成了一条金色大道。学生课间轻踏其上,就会想起范仲淹"碧云天、黄叶地"的优美诗句,心情恬静愉悦。

第五,注重环境的交互属性。生态理念不仅落实在环境中,也体现在课堂上。一方面是教师把生态理念引进课堂,采取生态方式开展课堂教学,重新构建新时代下的师生关系;另一方面是营造生态式学习环境,鼓励多种形式和谐共生的课堂生态,包括个性化学习、合作式学习、探究式学习、研究性学习、项目式学习、泛在学习等。所谓课堂生态一定是体现为人与人之间、人与物之间、物与物之间高度交融的和谐状态,并能够促进师生的共同成长。另外,我们还让学生与环境产生互动。比如,天工苑、开物苑是学生喜欢去的地方,学生在那里可以尽情释放灵感;迷人的湖景和初中楼边上美丽的玉兰园,就是学生学习绘画临摹的必去场所;厨余垃圾设备和风能发电、太阳能发电、雨水回收等设备就成了一部活教科书,让学生在观察、了解、探究的过程中对节能减排、垃圾分类和处理,从感性认识上升到理性思考,最终形成环保意识。

第六,关注环境的社会属性。学校是社会的一个缩影。我们不可能天天让学生走进世界,但我们可以让世界走进校园。我们结合生涯规划、学科拓展、实践研究,引进了未来学习、工业4.0、发电模型、古生物化石、陆海空模型群、世界500强商业品牌、学术成果奖、国际多元素质馆、记忆胶囊等可视化道具,建设了生命科学、测量分析、国防科技、工程设计4个职业探索实验室,让学生在近距离的接触中了解当今科学发展的前沿领域与变化趋势,了解世界卓越企业的商业理念与运作模式,了解国际创新人才的职业素养与专业技能。学校应该为学生提供及早体验社会的场所,让他们做好走向社会的各种准备。

校园是学生每天都置身其中的地方，其重要性可见一斑。在校园环境的创设上，我始终把握三项原则。一是让学生感受到家的自由。设备可以随便用，地方可以随便去，不让校园成为一个仅供参观的"博物馆"。二是让学生体会到文化的魅力。有传统的文化，有创新的文化，有建筑的文化，有军队的文化，不让校园成为一个枯燥无味的"学堂"。三是让学生接触到多元的社会。有工业的发展，有航天的发展，有医疗的发展，有世界的发展，不让校园成为一个唯分数论的"考场"。作为国际生态校园，我还将继续把生态教育进一步做扎实和升级，丰富其内涵，升华其高度，涵养其气息，塑造其魅力，让学校的一草一木、一亭一台、一影一像、一字一句皆是教育，让学校的环境成为一部润物细无声的教科书。

（三）玉泉中学的"五张金名片"

2015年5月，八一学校承办第六十七中学，后将其更名为八一学校附属玉泉中学。学校位于皇家园林颐和园与香山之间。承办之初，我就提出要以文化立校，扭转思想，提振精神，整顿作风，重拾信心，走出基础薄弱校的洼地。当时有两个考虑：一是直接把总校的"品质文化"移植过去；二是"螺蛳壳里做道场"，让玉泉中学建设体现自身个性的文化和课程。鉴于玉泉中学总体办学质量与总校差距甚大，如果提出品质标准，对玉泉中学而言有点可望而不可即的感觉。玉泉中学更需要的是一种追求向上、向善的初步意识和行动，之后逐步过渡到品质的标准上。随后玉泉中学开始了顶层设计，4个月完成"上善文化"建设，8个月完成"上善课程"规划。玉泉中学又把依托"上善文化"和"上善课程"、创海淀区新优质学校、办老百姓家门口满意的学校作为发展方向，走上了一条蜕变之路。6年来，玉泉中学拓宽视野，提升品质，校风、学风明显改变，教师工作热情高涨，生源质量持续改善，发展势头良好。玉泉中学从一所基础薄弱校发展成海淀区新优质学校，可谓涅槃重生。每一名玉泉中学人都以"特色教育典范"为目标，全心打造属于玉泉中学的"五张金名片"。

1. "三山五园"校本课程

玉泉中学充分利用"三山五园"文化资源，将"三山五园"课程建设作为特色发展方向，2020年以"基于核心素养的'三山五园'校本课程体系建构与实践"为题申请北京市教育科学规划课题，被北京市教育科学研究院选为课程建设实验校。

"三山五园"课程统合两类课程。一类为依托课堂主阵地,在各学科中渗透"三山五园"知识,形成渗透课程,以落实课堂内学科实践。另一类为校内课堂与校外课堂相结合,形成精品课程,以落实课堂外学科实践。在2017—2018学年第二学期,"三山五园"校本课程列入课表正式实施。玉泉中学围绕园林之美与园林文学空间两个主题设计了7门课程,让学生全方位感受"三山五园"之美和深厚的文化底蕴。学生走进北京联合大学应用文理学院"三山五园"体验馆,了解"三山五园"文化的历史环境。中国林科院将林木遗传育种国家重点实验室作为学生学科实践活动基地。2019年,生物教研组利用学校空地开设京西稻种植课程。2019年、2020年连续两年与京西稻文化研究会共同组织学生体验玉东公园京西稻收割活动。学生不仅聆听京西稻传承人介绍有关京西稻的历史,感受农耕文化的博大精深,还学会镰刀的使用,参与到生产劳动中,既锻炼了劳动能力,也提高了劳动意识。

2. 航空国防课程

以航空强国、航空报国的精神为宗旨,2018年9月玉泉中学在七年级开设航空课程选修课。2019年3月全国首个"航空国防班"开班仪式在玉泉中学举办。依托于航普中心优质雄厚的教育资源和八一学校的背景,玉泉中学以中央航校教学大纲为蓝本,集中围绕"胜者思维"的核心教育思想,帮助学生增长知识、掌握技能、完善自我,培养学生全面的素质,使其成为有责任感、能自立的领导型航空航天人才。"航空国防班"项目通过飞机仪表驾驶、无人机组装设计等课程的学习进行航空兴趣的培养、航空知识的传授和实践的体验操作,为国家储备航空人才、国防人才。在完成国家规定课程学习的基础上,"航空国防班"利用校本课程时间开展航空特色教育训练,内容包括国防教育、军事训练、航空知识学习、飞行训练。在初中开办航空国防班的基础上,2020年玉泉中学又在高中部开设高中航空国防实验班。进入该班的学生,三年后除参加高考外,身体素质好的优先被推荐到民航、海航类型的大学学习。航空国防班的设立给了学生一个新的人生选择。

3. 曲棍球课程

为丰富课程资源,便于学生根据兴趣和个人身体素质状况选择课程,玉泉中学于2016年5月组建了曲棍球队。现有初中组男、女两个队,队员56名,专职教练员3名。玉泉中学2017年被中国曲棍球协会授予"中国曲棍球后备人才推广校",

2018 年被评为北京市第十五届运动会"突出贡献单位",2019 年入选北京市曲棍球项目传统校。球队自成立以来严格按照全国、市、区级的各类规则进行训练和比赛,坚持寒假外出冬训,暑假参加各级各类比赛。在课程实施上,玉泉中学以社团形式给学生提供比赛和竞技机会,以在保障基本的体质健康锻炼的基础上,发展特长,确保学生两年内在自己感兴趣的运动上提升技能,促进学生全面发展,实现通过运动促学生身心健康发展的目的。2020 年,玉泉中学被中国曲棍球协会认定为"中国曲棍球传统校"。至今为止,玉泉中学曲棍球队 4 人获得国家一级运动员称号,20 人获得二级运动员称号,为二级体育运动学校输送了 9 名队员。曲棍球的瞩目成绩为学校的体育品牌增添了光彩。

4. 咚哒鼓课程

在必修课程以艺术素养培养为本的基础上,校本课程以艺术技能培养为主,以实现一人一艺的目标。玉泉中学于 2018 年开设了咚哒鼓课程,覆盖到全体学生,目的是让每个学生都能掌握一门乐器技能,增加艺术修养,培养艺术情趣,并通过对音乐节奏的感受,启发引领学生有"节奏"地面对人生。学习过咚哒鼓课程的学生先后 7 次参加了校内外重大的活动,如学区足球联赛开幕式、培星小学及西苑小学校园开放日、学校运动会开幕式、五四表彰活动、香港代表团参观交流活动等。他们成功地完成了表演任务,给校内外师生、家长及广大社会人士留下难忘的记忆。全体学生一起敲起咚哒鼓的那刻,真是一道亮丽的风景。

5. 信息技术与劳动技术融合课程

玉泉中学把劳动教育与科技教育纳入学生培养的全过程。玉泉中学以移动学习技术基础、工艺基础为信息技术与劳动融合的基础课程,以智能电子、程序设计为提高课程,以创客空间、基于 STEM 的项目学习为拓展课程,在面向全体学生方面,开展了科普嘉年华活动,设立科技节开放日;在关注个性发展方面,开发了玉带桥的三维建模、开源硬件、激光雕刻、3D 程序式设计及打印四门校本课程,成立 VR 社团和机器人社团,组织学生参加各类科技比赛。信息与劳动的融合把劳动技能、信息素养和个性发展有机结合起来,有效解决了单一信息课或劳动课按照指令操作的索然无味的现状,提高了学生灵活运用知识、解决复杂现实问题的能力。而信息技术下的劳动过程、软件制作下的劳动日记,让快乐的劳动者形象定格在短片中,也沉淀到学生的思维深处，内化为学生的生命品质。

打造具有中国精神的国际化基础教育

中美高中课程教育项目是根植于八一学校红色精神，秉承聂荣臻同志题写的校训"继往开来，开拓无前"，结合国际化办学实际和学校长远发展的愿景建立和发展起来的。这一项目经过了7年的发展，不断完善，目前已经是一个享有较高社会美誉度的中外合作办学项目。2016年，项目的外方合作伙伴正式更换为美国加州橘郡安纳海姆教育局牛津学院。借此在拥有办学自主权的基础上，打开了更高层次的合作平台和更广泛的合作资源，为学校的发展带来更多机遇。

在不断探索和发展的过程当中，我与国际部全体教师共同探讨，以"培养拥有民族自信根基、兼具科技人文素养、坚持学业报国理想的国际化人才"为育人目标，发扬"为每一个学生负责"的办学精神和"正严实爱"的校风，将文化自信与传承、批判性思维、创新、沟通、团队合作的21世纪核心素养5C技能贯穿教育教学。与此同时，全面提升课程设置和师资质量，严格规划学生活动，完备升学指导中心职能，加强教学管理和家校合作等。"红色基因""学业报国""为每一个学生负责""做一个幸福有温度的中国人"这些关键词已成为社会及家长对学校国际部根深蒂固的印象。

中美高中合作项目的课程体系严格遵守国家普通高中课程方案和北京市高中课程改革方案的规定和要求，以北京市高中学生毕业合格考核核心课程为主，并在此基础上加以美国高中基础课程进行深入对比实验研究，融合中外课程的精华。为使学生在美国大学申请中更具优势，同时使我们的学生更好地提前适应国外大学教育，中美合作办学项目从第二年开始，加入采用美国高中普遍开设的大学先修课程，即AP课程。选修课程包括语言、数学、自然科学、社会科学等。学生可根据自己的大学申请专业进行有针对性的选择。同时高二年级开始开设生涯指导和升学指导课程，使学生了解和熟悉美国或其他留学主流国家大学的申请流程和申请要求，明确自己未来的专业方向，熟悉文书的写作流程与要求，完成文书的写作，达到能够自主进行大学的申请的程度，对学生今后的人生规划和学业规划给予最大的支持。经过近7年的发展，升学指导部门在项目中从技术型部门逐渐转型为战略型部门，除了申请过程性追踪、量化结果指标，开始依照国际形势为学生长远谋划，提出前瞻性一体两翼战略，并根据学生的迫切需求和项目的实际发展需求升级升学指导职能，由个性化指导向全员升学转变。

7年来，中美合作办学项目已经帮助五届300多名学生顺利进入适合自己的一流大学学习。五届毕业生共收到近1000封大学的录取通知书。毕业生的足迹遍布美国、加拿大、英国、澳大利亚、日本、西班牙等10余个国家的将近200所大学，涉及生物、化学、工程学、法律、传媒、马术、艺术设计、影视制作、服装等30多个专业。2019年，国际部独立承办了大学展会，邀请90多所大学200多名国内外招生官来学校参会。此次招生盛会的成功举办是学校在国际教育领域不断发展的有力见证，也是学校国际部不断成长壮大过程中一个重要的里程碑。

2019年11月2日—3日，由海淀区教委国际交流与合作办公室及海淀区教育科学研究院主办、八一学校协办的首届"学贯中西"国际化融合课程建设学术论坛及"创变领导力与PBL教学法"主题工作坊在八一学校成功举办。教育部、海淀区教委、海淀区教委国际交流与合作办公室、海淀区教育科学研究院的领导、专家，美国哈佛大学、加拿大多伦多大学、英国爱丁堡大学等专家学者，以及来自全国各地的教育界同人一同出席会议。我国的国际化教育及不同类型的国际课程正处在百花齐放的时期，最终目的是培养适应时代发展的国内外通用人才。此次活动在交流中共同解决国际化融合课程建设中的问题，探索国际化教育的变革方式。

在我看来，国际部发展规划首先是基于学校整体发展规划的大框架，要符合学校的发展愿景；要符合国家教育方针政策的要求和发展趋势；要符合北京市国际化教育发展的路径规划；要符合海淀区中外合作办学项目的规范准则；要符合未来教育需要的人才培养模式；要符合国际教育发展的特点与规律；要符合社会与家庭对于优质教育的需求；要符合项目过去发展的经验总结和已经形成的特色与文化。

从对外发展的维度上看，我希望国际部在未来三到五年跻身北京市一流中外合作办学团队行列，完成从课程到师资、从智育到五育、从招生到升学的全面改革升级，形成完备的管理章程、清晰的发展愿景、科学的课程设置、稳定的高水平的师资队伍；进入以升学促进招生、以招生保障升学的良性循环，打造拥有学校特色的国际化教育典范。

从对内发展的维度上看，我希望国际部继续作为学校基础教育国际化的先行者和试验田，汲取国外优秀的教育教学经验，沉淀出符合中国国情和学校学生学情的教育精髓，由点至面为基础教育国际化发展提供可复制、可实践、可推广的教育模式；从育人理念、培养目标、课程建设、测评方法、教师培训、国际视野等不同层面渗透融合。

学校的基础教育国际化不是单纯舶来和全盘西化，不是否定和丢弃本民族文化，而是首先强调中国精神的培育，同时做到兼容并蓄。在中美合作项目中我们坚持学校德育活动的落实。比如，结合语文、历史、地理的教学，我们设计了"寻根红色历程"的西安、延安文化之旅。活动由中外教团队共同参与策划，在行前由学生分组探究行程之中的历史、地理、人文，包括美食文化，通过报告会分享研学成果，充分利用活动契机进行中国精神的培养。办学过程中，中美双方高度认同国际合作是将培养"具有中国精神的品质世界公民"作为中美双方的共同追求。

在此我想提一个学生。他叫毕军，是学校第一枚五四奖章的获得者。1990年，毕军凭借优异的成绩保送至清华大学计算机系学习，1999年博士毕业并同时获工学硕士和博士学位，后赴美国贝尔实验室，先后担任通信科学基础研究中心博士后和先进通信技术中心研究员。2003年，他拒绝了美国的高薪职位，怀着报国之志回到清华大学。毕军说："出国不为'镀金'，只为'取经'，我一定要把前沿的技术带回来！"2019年3月，毕军不幸因病逝世，但他的家国情怀和为祖国贡献毕生力量的精神值得我们永远纪念和学习。这就是我办国际化基础教育的目标，让学生成长为"出得去，回得来"的具有竞争力的、能够报效祖国的国际人才。

（祝望北）

第三节　发挥"现代治理"的管理优势

一、开拓集团化办学模式

有什么样的战略，就应有什么样的组织结构和管理体制。为了提升学校管理的整体品质，确保战略目标的完成，我一直在对学校的管理架构、管理流程和管理机制进行三位一体的系统提升。我认为管理架构是学校管理的骨干，主要解决职责明晰的问题；管理流程是学校管理的筋脉，主要解决合作协同的问题；管理机制是学校管理的血液，主要解决发展动力的问题。有了这三者，才是一个健康的机体。在依法治国的大背景下，在集团化办学的大趋势下，我把提高七种治理思维和七种治理能力作为努力方向，因为治理更强调主体的多元性、参与性、协同性，更注重工作的针对性、客观性。所以，相比于管理，治理更鼓励和支持多元主体的参与，强调发挥各方力量的作用，而不是简单地管控。因此，学校治理越来越成为未来学校管理的转型方向。在治理上，我把党建工作置于核心地位，把提升干部队伍的管理思想和管理能力作为关键抓手，把人力资源建设放在重要位置，推动集团治理不断走向卓越。

（一）重构有健康生命力的组织

我尤其看重组织生命。不健康的生命，是担当不起大任的。因此上任以来，我把组织重构作为一项常抓不懈的工作。学校的组织变迁经历了3次。作为传统的公办学校体制，基本上都是教务、政教、后勤几个部门。2011年，我做了一次大的调整，出发点有三个。一是聚焦发展，用战略做统领。所以我设置发展处并置于最高层。二是聚焦运营，强调德育、教学不分家，强化特色发展。所以我设置"学部＋中心"的管理模式，置于第二层。三是聚焦服务，做好一线教育教学工作的服务保障。所以我设置多个处室，放在第三层。2015年，学校并入了小学、成立了国际部，整个组织结构稍做补充，大的框架并没有变。

这个组织结构运行了几年，有优点也有缺点。优点是自成一体：发展处做发展的事，学部和中心做实践的事，行政后勤做服务的事。它的缺点是德育的割裂、一体化培养的割裂、课程的割裂、师资流动的割裂。这些割裂是很明显的，造成的后果就是资源没有很好地整合与利用。以前没有小学部和国际部，问题还不明显。现在4个学部，各自搞各自的教研，各自搞各自的活动。组织结构存在不适合发展的问题。图3-3为学校行政管理结构。

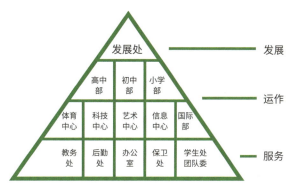

图3-3　学校行政管理结构

为了提升管理效率，解决割裂弊端的问题，2018年，我对本部进行了一次组织架构的彻底改革，强化扁平化管理，成立了党务办公室、行政管理中心、课程与教学中心、学生发展中心、特色发展中心、招生考试中心、后勤管理中心。2019年，基于对教师专业素养和教学能力提升的考量，我又进行了一次组织机构优化，增加了教师发展中心，目的是为广大教师专业发展进行规划、整合资源和搭建平台。这样学校中心制管理模式形成，包括一个党办和七个中心（图3-4）。其中，党委办公室负责党务和宣传等工作；行政管理中心负责学校日常管理基础服务工作；课程与教学中心主管课程体系构建及教学实施等工作；学生发展中心以海淀区生涯规划及发展指导实验为依托，具备德育功能，实现德育一体化管理；教师发展中心负责教科研、教师培训等工作；特色发展中心包含科信中心、艺术中心、体育中心；招生考试中心负责招生、考试和学籍管

图3-4　学校中心制管理模式

理等工作；后勤管理中心负责安全保卫、常规采购服务等工作。从三角形到直线型的变化，强有力的管理网络便形成了。

这次组织机构调整，强化人力资源、教师发展和学生发展，这些都是时代的产物。行政管理中心能够更好统筹学校的行政资源、主管平台建设、绩效考核、预算管理、合同审批、内控管理、人力资源调配等，这是第一大特点。第二大特点是抓住学生发展和教师发展两条线，真正实现 12 年贯通，更好地促进学生的长程培养，增强了教师在整个学段的流动性。第三大特点体现在教学层面，把课程和教研整合在一起，减少了人员。更重要的是解决两张皮的问题，让开发的课程能够在教学上落地。此外，我还采取纵横交织的管理模式。从纵向看，德育、课程、教研、学生发展都 12 年一贯了。但要看到，小学有它的学段特点，又和总校不在一个校区。所以小学专门有一个 5 人组成的领导团队。他们分属七个中心，同时他们又是一个团队。中学也是这样，不再分初中和高中，国际部也是一个团队。这样就把纵向上可能出现的问题，用横向的组织做弥补。所以这种纵横交织的管理模式是能够满足学校发展的。

组织架构的重构还体现在集团化办学上。2016 年，八一学校成立教育集团，借助这一新生事物对组织架构做了一次设计。集团的组织架构设计体现出如下几个特点：突出党委对学校工作的全覆盖和监督；强化集团总部建设，主抓办学管理、行政管理和特色发展，对内管到战略、文化、课程、人事、财务等关键要素，对外管到战略；采取纵横交织的管理模式，横向强化人力资源统筹发展和课程教学监督指导，纵向强化学区和分校的教育教学实施和师生管理。与之前的组织架构相比，解决了两个问题。一是管理层的设置，实现课程和教学的统一部署和安排，实现教师队伍的统筹发展与流动，实现特色项目的开发与辐射。二是执行层的设置，实现本部对各个学部的统一管理，实现学部、分校与特色项目间的需求反馈和发展支持，体现出高度响应的特征。这个架构运行一段时间，确实在集团化办学的科学化、规范化、高效化方面发挥了作用。

组织架构绝不是一劳永逸的，需要根据内外环境的变化做出相应改变。比如，八一学校要做世界一流的科技高中，目前属于孵化阶段。走入国防科技领域发展的学生比例仅有 20%，那么是否可以先行做个荣臻学院。经过 5 年、10 年的运作，最终荣臻学院从 20% 逐步扩大。当达到 100% 的时候，荣臻学院也就完成其使命。八一学校真正成为一所具有科技教育优势的名校。如此，荣臻学院的内部组织架构以及荣臻学院和总部、集团的管理关系，可能是今后我要重点思考的。

（二）为校管档，为校守史

我们在 2017 年 3 月 1 日 70 周年校庆时出版了一套校史丛书，文字、图片等资料的翔实令人叹为观止。比如，在"自力更生艰苦办学"的开篇有如下描述：为了保障革命后代和烈士遗孤的安全，培养好革命第二代，一向重视教育的聂荣臻同志指示政治部开会研究成立学校事宜，提出要把"藏子于民"改为"育孩于校"，把随军家属妇女、儿童组织起来，成立一所学校。校史典籍中还有很多感人事件，如"炮火中的辗转搬迁""将军爱学生""背着学生走""沙滩、树林、玉米地是课堂"等。像这样翔实的叙述在书中随处可见。现在我们能够目睹的校史典籍中珍贵的文字和图片，是那时战斗在硝烟中、生活在艰难中、拼搏在工作中的可敬可爱之人所记录并保存下来的。

档案工作是一项非常重要的工作。经验得以总结，规律得以认识，历史得以延续，工作得以发展，都离不开档案。2020 年 6 月 20 日，习近平同志公布了新修订的《中华人民共和国档案法》。这是我国档案法治建设中一个新的里程碑，是推进治理体系和治理能力现代化的重要标志，也是发挥档案让历史说话、用史实发言的巨大价值。我继承了八一学校传统，每年都会安排专人负责整理学校大事记，将学校的校刊、校报、网站、公众号等所有内容都做好归档。

随着经济社会发展和信息时代的到来，档案工作的内外环境发生了深刻变化，新的档案记录形式和管理方式不断催生，档案工作面临从传统载体管理向数字管理转型升级的巨大挑战。我借助《中华人民共和国档案法》颁布实施的契机，在 2020 年 9 月启动了学校档案管理体系的全面构建，明确提出将档案工作纳入学校总体规划，进行科学论证、顶层设计，确保档案工作与学校建设同步合拍，防止条块分割、分散孤立、重复建设等问题。在工作推进中，一是将档案管理工作归口到行政管理中心。充分发挥行政管理中心的职能作用，打破部门界限，上下联动、齐抓共管，营造统一部署、各司其职、各尽其责的大环境，并强调档案工作一定要注重理论与实际相结合，不唯上、不唯书、只唯实。二是进行档案大类的划分。一级类目包括文书档案、教育教学档案、会计档案、教科研档案、基建档案、设备仪器档案、声像档案、实物档案、人员档案、招投标档案等。围绕一级类目又细化出二级类目、三级类目。三是明确归档范围。比如，教科研档案就是要提交课题相关的开题报告、课题审批文件、调查报告、方案论证，科研实验重要的原始材料、听课评议实验报告，鉴定组人员名单、工作总结、科研报告、论文、鉴定结果，成果申报、审批及获奖材料，推广应用的方案总结等，课题申报、审批、结题及获奖材料（证书复印件、照片、活动光盘），除课题外的各类经费的相关材料（计划书、请示批复、拨款材料、使用汇报）等，并实施双套制(纸质版与电子版)。四是处理好档案工作中"保"与"放"的关系。过去出于安全保密考虑，没有按规定开放档案，重"保"轻"放"，甚至只"保"不"放"，限制了档案信息的共享利用，影响了档案工作的科学发展。因此，一方面加大"保"的力度，特别是对重要涉密档案采取严密的防护措施和手段；另一方面强化"放"的意识，按规定、有计划地开放档案，释放档案资源的巨大潜能，把"死档案"变成"活信息"，把档案库变成思想库，为学校科学决策提供借鉴性资政建议。

档案是历史的记载，我们党 100 多年波澜壮阔的历史能够留存下来，我们国家历朝历代的历史能够留存下来，中华民族 5000 多年的历史能够留存下来，靠的就是档案文献。这些被世代留存下来的档案文献是中华民族坚定文化自信的深厚历史根基。

企业通常用知识管理代指档案管理。管理大师德鲁克认为："21 世纪的组织，最有价值的资产是组织内的知识工作者和他们的生产力。"英国石油公司在知识管理中的领先地位是世界公认的，它早在 1994 年就发起了一个称为虚拟工作组的项目。其目标是通过先进的技术，建立一个跨越地理和组织边界的虚拟组织，达到将分享经验、技能和协同工作的雇员、承包人连接起来的目的。学校开展档案管理的目的也正是如此。比如，我们将十二人才基因活动进行总结，形成一个个活动资源包，有纸质版的，有电子版的。所有班主任都可以基于这些活生生的案例，或进行深化，或进行新的生成。

在数字化技术和共创文化的驱动下，传统价值链导向的商业模式逐渐向平台化的模式迁移，平台管理思想孕育而生。我是在 2020 年启动了平台管理这项工程，为什么会这么做？是因为我发现在整个运作过程中，随意的行为很多，资源缺乏统筹。平台管理是一个新的管理理念，其本质就是树立整合、共享、共赢的平台思维，构建多主体的平台组织模式，从而提升组织的创新力与竞争力。简言之，就是连接两个以上的资源方或需求方，创造出各方各自独立时无法存在或产生的价值。学校的平台管理方式之一就是在学生与资源之间建立联系，更好地促进学生成长：第一，提供学生生涯发展和全面发展方案的规划和指导；第二，提供国家课程之外大量可供选择的拓展和挑战课程资源；第三，提供学生发展的项目和社团资源；第四，提供校内外实验室资源；第五，提供指导学生参加国内外各种比赛的资源；第六，提供学生参与社区公益、社会劳动、城市生态、全球治理等的实践类和学术类资源。总之，学校的资源平台将成为学生素养的培养平台、个性的发展平台、实践创新的历练平台、领导力的塑造平台等。

目前学校平台建设涉及教育教学、行政管理、品牌宣传等诸多领域，有学生学籍管理和综合素质平台、学生身心健康跟踪平台、学生发展指导与选科选课平台、学生的学习和综合实践活动平台、教师的教研和教科研平台、教师专业发展和考核激励平台、行政和财务及合同管理平台、学校融媒体宣传平台等。平台管理涉及三个核心理念。第一，整合是前提。比如，我们通过大数据的收集整理能够为决策提供依据。第二，共享是关键。资源如果放在各自的封闭空间，它的利用价值是有限的。共享不仅是借鉴，还有思维碰撞，在头脑风暴中产生过程性资源。第三，共赢是目标。与传统的门槛思维不同，无私地帮助别人，最后会成就一个更好的自己。比如，我以自己对教育的理解进行宣传推广，在讲好八一学校故事的同时影响了一批学校；我们的特级教师和优秀教师在各自的学科领域产生影响，既宣传了八一学校品牌，也辐射了经验；我们的学生通过优秀的成绩，在科技、艺术、体育方面提高了八一学校品牌的影响力，也为"五育并举"发挥了启明星作用。无论是档案管理，还是知识管理，抑或是平台管理，都是在做一件记录历史、传承文明、服务师生、振兴教育的功德无量的事情。回望与铭记，是我的责任，更是我的使命。

（三）一样的血脉，别样的风采

八一学校教育集团里有两个"年轻的生命"：一个是玉泉中学，另一个是保定分校。玉泉中学从海淀区一所基础薄弱校，一跃成为新优质学校，发展势头强劲。虽然有八一学校这个品牌的支持，但更多要归功于玉泉中学一批具有破茧成蝶、涅槃重生坚强意志的领导队伍，以及玉泉中学先进文化和特色课程的有力引领。保定分校作为八一学校京外唯一的分校和京津冀协同发展的项目，自成立以来取得了显著的建设和办学成果，在"他成长链"与"自成长链"中努力精进，将十六字八一学校精神极致演绎。保定分校始终在为八一学校品牌添彩，积极承担社会责任，承接保定教育大讲堂、保定教育与发展改革研究会；承接河北省青少年机器人大赛；出资修缮阜平县八一学校旧址、帮扶阜平县学校；作为教育部领航工程学校，选派三位优秀干部赴四川省凉山彝族自治州支教。保定分校的发展获得了北京市委、市政府，海淀区委、区政府，保定市委、市政府和保定市高新区管委会等各级各部门的百般宠爱，更赢得了保定地区百姓的交口称赞。

两所分校的文化建设由总部牵头实施。我担任文化建设小组组长，分校领导班子作为小组成员。应该说，两所分校的文化建设很成功。一方面能从文化定位上清晰看到总校"品质文化"的影子，另一方面又能找到各自的特点。

重点说说玉泉中学的"上善文化"。提出"上善"二字，核心的两个立意点就是总校的品质文化以及"玉泉中学"二字的内涵。一方面，"品质文化"是追求优质，做精品，不凑合。"上善文化"是达到完美境界，也是追求品质，做最好。两者在内涵上是统一的。另一方面，"玉泉中学"二字可理解为"水清而碧，澄洁似玉"。简单来说，玉泉中学就是清澈之水。老子说："上善若水"。水利万物而不争，并于涓涓细流中不断向上、向善。玉泉中学又是"上善"之水。"上善"二字好像是特别为玉泉中学打造的，而且本身还具有追求品质的美好愿望。

有了"上善文化"定位之后，也就形成了高度统一的上善文化体系，包括"雕琢上善人品、润泽上善人生"的办学宗旨，"培养向上、向善的现代公民"的育人目标等。而我最欣赏的是"日臻如玉，日新如泉"的沟通口号，其不光是把校名玉泉中学二字巧妙植入其中，更是表达了一种主张：每天都在完善道德与行为，如玲珑剔透的碧玉，做温润如玉、光明磊落的谦谦君子；每天都在追求进步与创新，如持续奔涌的清泉，做一往无前的、追求上进的时代新人。

玉泉中学围绕"上善文化"，又陆续研制了"日臻如玉"教师发展手册和"日新如泉"学生成长手册。"日新如泉"学生成长手册其实就是德育校本课程。配套材料每个年级一本，其内容涵盖了八大基因主题活动以及以"三山五园"为重要教育资源的社会实践活动，既传承了总校的红色教育，又有效利用地域资源，还针对性地解决学生行为教育比较薄弱的问题。此外还开展"上善"课程体系以及"三山五园"校本课程建设。这一系列的创新工作落地，成为新优质学校一定是必然的。

二、打造有胜任力的学校团队

管理的目标不是管理人，而是发挥和利用每个人的特定优势和知识。这就是人力资源管理。学校人力资源管理的目标包括四个方面：一是得到和保持一定数量的具备特定技能、知识结构和能力的人员；二是能够预测潜在的人员过剩或人力不足问题；三是减少学校在关键课程及核心项目上对外部人员和外聘人员的依赖性；四是建设一支做好当下和面向未来的优秀师资队伍。在我看来，"胜任力"就是这支队伍的制胜法宝，不仅决定着工作成效的高低，还影响着学生未来的发展。何为胜任力？它综合了职业、行为和战略三个维度：职业维度是处理具体的、日常任务的技能；行为维度是处理非具体的、任意任务的技能；战略维度是结合环境趋势和组织情境的管理技能。

（一）每个共产党员是一面旗帜

徐顺意老校长 1987 年兼任总支书记时提出了"每个共产党员是一面旗帜"的党建理念，明确要坚持党的领导，发扬党的思想建设和组织建设的优良传统，自觉贯彻执行党的基本路线，严格遵守党的基本纪律，发挥共产党员的先锋模范作用，组织开展了"新时期共产党员应具备的素质"大讨论以及"每个共产党员是一面旗帜""我为党旗增光彩"等活动。学校过去有个传统，无论是学校层面的会议，还是年级层面的会议，都必须在会前召开一个党小组会议。党小组的全体党员对学校的各项决策统一思想、统一认识，之后再开行政会、教育教学会、班主任会等，按照党小组决议把工作布置下去。我现在试图想恢复这个做法。这样做其实能够更好发挥党对工作的全面领导，把握方向性，凸显思想性，体现先进性。

八一学校是共产党办的学校，从建校那一天起就植入了红色基因。所以无论是我本人，还是学校，都以"一面旗帜"警醒和感召自己，始终把"不忘初心、牢记使命"贯穿到实际工作中，落实到教育行动上，不忘作为共产党人的初心，更不忘作为一名人民教师的初心。2017 年 4 月，为表彰我在基础教育工作中做出的贡献，北京市总工会授予我首都劳动奖章。我深知自己离劳模的标准还有距离。但凭着一颗共产党人的赤子之心，我还会一如既往地抓高质量发展，抓高品质育人，还会坚持不懈地抓党性塑造、抓师德建设。我认为，一名党员的师德，绝不能泛泛地说只是遵守教师的道德。师德一定是让学生有正能量的收获，无论是学识、思想还是身心都能得到发展，在引领中让学生有开阔的视野、深邃的思维和高远的眼光。

随着基层党建工作重要性的日益突出，学校党委根植传统，与时俱进，在守正创新中系统推进党建工作，形成了从党建品牌、党建工作理念和准则、党组织架构到党建特色活动的一整套思想体系和实践体系。这里特别想说的是"时代荣魄，品质先锋"的党建品牌，这是对"一面旗帜"的继承与发展。

时代荣魄是精神的昭示，是阐述"一面旗帜"的深刻内涵。荣魄即气血、精神，是学校创办人聂荣臻同志的气魄呈示。学校在发展上弘扬八一学校精神，在学生培养上主张中国精神，那么在党建工作上就要倡导荣魄精神。这与中国共产党一直在强调的百年中国精神是高度统一的。学校要大力弘扬中华民族5000多年传承下来的伟大创造精神、伟大奋斗精神、伟大团结精神、伟大梦想精神，紧跟新时代，奋进新时代，建功新时代，坚定贯彻党的思想路线和教育方针，赋予学校党建工作以磅礴伟力。

品质先锋是模范的带动，是阐明"一面旗帜"的榜样作用。先锋是开拓者、领头人，是学校"继往开来、开拓无前"的品质写照。学校在发展历程的任何时期，总有一批共产党员身先士卒、冲锋陷阵，在敢想敢干、敢闯敢试、敢作敢为中创造出不世之功，奉献出品质之作。因此，品质先锋就是在勇于担当作为、敢于攻坚克难的时代面前，学校党员要坚守品质的初心，以品德锤炼党性，以品行砥砺意志，以品位建树情怀，矢志不移为理想信念而奋斗，驰而不息提高教育教学质量，敬终如始发挥先锋模范作用，让"每个共产党员是一面旗帜"的理念成为前行的不竭动力。

围绕"时代荣魄"，学校党委开展如下活动。一是组织"学习党史"主题教育活动，让思想理论武装头脑。这些主题教育活动包括"读史明志，薪火相传"思政宣讲团视频学习，"弘扬五四精神，共话品质成长"青年马克思主义沙龙座谈，"声动树英模，行动做先锋"音频学习，"音乐党史"艺术学习，"穿越时空的对话"榜样学习等。二是启动"重温校史"主题教育活动，让红色基因世代传承。这些教育主题活动包括口述校史系列讲座"光芒照耀下的学校"、校友访谈、重访井陉娘子关、聂荣臻同志精神进校园、编排《前夜》大剧等。三是开展"践行四个引路人"主题教育活动，让八一学校精神薪火传扬。这些教育主题活动包括"教育，品质的担当"教育思想研讨会，"做学生理想信念的引路人"座谈会等。四是推出"铸就中国精神"主题教育活动，让品质公民学业报国。这些教育主题活动包括"青春向党，时代向上"五四表彰会，"唱支歌儿给党听"百万师生网络歌咏比赛活动，"科技凝聚爱国情，创新开启新征程"国防科技教育，"党史青年说"青年红色主题全国联盟校演讲比赛，"党史周周讲"国旗下讲故事等。学校通过系列主题活动，践行"以党建立德树人，以党建促进教改，使党建充满活力，使党建彰显魅力"的工作理念。

围绕"品质先锋"，学校党委认真落实"讲政治，有信念；讲规矩，有纪律；讲道德，有品行；讲奉献，有作为"的党员要求，开展"我是一面旗帜"老党员讲初心活动，"新时代，新担当，新作为"主题宣讲，"弘扬高尚师德，潜心立德树人"师德论坛，教师思想政治的主体培训活动，校内优秀教师宣讲活动，青年教师职业理想的道德教育活动，思想政治学科的领军人才培养和后备人才培训等活动，强化了"冲在一线"的工作准则，即"领导在一线带头，干部在一线实干，问题在一线解决，难点在一线突破，思想在一线提高，工作在一线创新，水平在一线体现，本领在一线增强，作风在一线转变，形象在一线树立"，帮助全体党员强化政治忠诚，树立政治意识，增强政治担当，有正确的政治方向、坚定的政治立场、较强的政治鉴别力和政治敏锐性；树立正确的世界观、人生观和价值观，在大是大非面前站稳脚跟、旗帜鲜明，经受得起大风大浪的考验。

学校党委牢固树立"抓好党建是最大政绩"的理念，推动学校党的基层组织全面进步、全面过硬。学校领导班子认真落实《基层党组织书记及领导班子成员抓基层党建工作责任制清单》，构建基层党建工作责任体系，完善全面从严治党考核指标体系，层层压实抓基层党建工作责任，确保全面从严治党主体责任落细、落实。图3-5为学校党组织架构。学校现有5个党总支、14个在职党支部、3个离退休党支部。党组织覆盖全校各年级和部门，290多名在职党员分布在各个岗位。在118名市区骨干教师、学科带头人、特级教师、正高级教师中，党员有89名，占75%。党员教师在学校各方面发挥着越来越大的先锋示范作用。

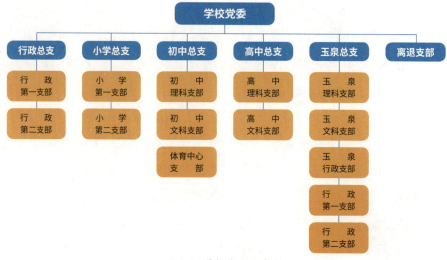

图 3-5 学校党组织架构

古田会议通过了第一个政治建军的纲领性文件,所确立的"党对军队绝对领导"的军魂,是跨越时空、历久弥新的宝贵精神财富。有着军魂特质的八一学校,也必将把为党办学、为党育人的使命铭记于心。正所谓"欲筑室者,先治其基",我将同学校全体党员一道,做好党组织建设,构筑起坚如磐石的"组织优势"。

(二)新时代校长需要创造性张力

学校与学校的竞争在一定程度上可以说是以校长为首的领导班子的领导力竞争。管理大师德鲁克是怎么界定领导力的? 德鲁克说:"领导力就是把一个人的视野提到更高的境界,把一个人的成就提到更高的标准,锤炼其人格,使之超越通常的局限,然后才能把一个人的潜力、持续的创新动力开发出来,让他做出他自己以前想都不敢想的那种成就。"

一个领导班子要具有领导力,那么校长就必须不同于其他人,要具备终极领导力。这个终极领导力就是应对分歧与创造机会的张力控制,也就是在出现结构性冲突的状态下能够变被动为主动,变危机为契机时所体现出的创造性张力。在很多情况下,一个组织的成员甚至是管理干部常花太多的时间来应付沿路上的问题,而忘了为什么要走这条路。因此,校长必须时刻不忘初心,不被沿路的荆棘羁绊,有一个执着的愿景,在愿景与现实之间始终保持一种特有的张力。这种创造性张力的形成,体现的是自我超越的一种核心原理。正是由愿景与现实状况之间的差距才产生一种特有的推动力量，不断把现实拉向愿景。彼得·圣吉认为："自我超越的精义便是学习如何在生命中产生和延续创造性张力。"愿景与现实的差距也是一种能量的源泉。假如没有这种差距，人也就没有任何追求梦想行动的必要。为此，我把校长创造性张力的修炼作为自己的必修课，确立了六个单元。

第一个单元：建立愿景并坚定不移。愿景是一种召唤及驱使人向前的使命，而不仅仅是一个美好的构想。尽管愿景的潜力无限，但中途会出现一些"成长上限"，抑制愿景背后的动能。这里有缺少从探讨愿景到提高愿景清晰度再到热情追求愿景的增强环路，有缺乏探询与调和分歧的能力，有专注于愿景的时间不足，有未能保持抗压力和抗挫力而气馁，有破坏愿景一体关系而出现不同声音等问题。因此建立愿景必须依托系统思考，用一种整体的观点而非片段去体认现有政策与行动如何改变现状，去了解整个结构中影响现实力量发挥作用的杠杆点。另外就是持一种坚毅的品格，一定要做透、做实、做下去。在这方面，我挺佩服张小梅老校长的。我现在的很多做法都在沿袭她的做法，如抓教学的执着劲头、所有的教学和教研工作都参与、所有的高三会都参加、和教师一个个谈话等。只有这样才能一步步走向愿景，否则愿景只能成为空洞的"愿景宣言"。因此，把现况拉向愿景，还是把愿景拉向现况，在于我们是否对愿景坚定不移。

第二个单元：没有限制就没有创造。当前存在这样的教育困境：我们实际上知道什么是有效的，只是我们推行实践的规模和范围都太小。为什么会这样，就是因为我们画地自限造成的。一部分人都有一个这样的观点，认为我们没有能力拥有自己想要的，这是成长过程中一项不可避免的副产品。自孩提时代，我们就开始面对种种限制。理智尚未完全成熟的儿童当然需要在行为上有所限制。我们有时会告诉自己不能做某些事情，因而到头来我们可能认为自己没有能力拥有心里真正想要的。我们应该远离这种限制，让阻碍创造及实现愿景的这股负面力量，在我们的心灵、智慧的强光照射下无所遁形。可以说限制一旦被突破，问题也就迎刃而解了。我在一次暑期工作会上，就教师、学生和学校的现实与未来做了一个剖析，让大家看到在从现实走向未来的道路上限制发展的真正缘由是什么。比如，对于教师，我提到教师对学校管理体制和方式的认可度、教师对于学校发展愿景和决策的参与度、教师对于教师评价制度的适应度、教师教育教学水平提升的内驱力激发等。比如，对于学生，我提到如何规划其自身在学校的学习和生活，如何准确认识自身的优势与不足，如何处理同家长、教师和同伴的社会关系，如何克服心理因素的负面影响而使自己快乐等。比如，对于学校，我提到学校现实存在的核心问题和现实困难、学校的优势与短板及如何扬长避短、学校整体的人际氛围与成员的凝聚力、如何得到家长和学生的认同和喜爱等。可以说限制发展的根本问题在于蕴藏在每个人身上的无限能量没有释放出来。正因如此，事情就没有推动，或者只是浅尝辄止，又何来颠覆式创新。没有创新，那现实永远只是现实，未来不会自己向我们走来。我一再重申：我们面临的是一个不确定的未来，对策不是在以前的做法上精益求精，而是必须有所创新。那么真正有创造力的人，会利用愿景与现况之间的差距来产生创造的能量，深知所有的创造都是跨越重重限制达成的，没有限制就没有创造。

第三个单元：追根究底中廓清真相。在我看来，要把现实看作盟友而非敌人，学会如何认清以及运用那些影响变革的力量，而不是抗拒这些力量。我担任校长已有 10 多年。我总结了几个直击灵魂的拷问，倒逼我去廓清学校的真相。这几个拷问是，你真的清晰地知道你在办一所什么样的学校？你真的找到了你在"办学特色"上的独特性？学校的理念真的得到教师、学生和家长的认可？学校的环境文化是"浸润"还是"装修"？学校开设的课程完成办学目标了吗？学校有没有很多让人口口相传的故事？……每当直面这些拷问，我总感到不安，但也让我更加清醒。正是这些追问，养成我追根究底的精神，要将事情的真相一幕幕廓清，然后坦诚地面对真相，破除真实状况的障碍，不断对于自己心中隐含的假设加以挑战。在上述列举的这些命题上，我也有过失败，但有着毅力和耐性特质的创造性张力让我经受住失败。创造性张力可以转变一个人对失败的看法：失败不过是做得还不够好，失败就是一个学习的机会，可以让自己看清自己对现况的不正确认识，体察策略为何不如预期有效，检视愿景是否明晰正确，等等。廓清真相的同时便形成了跳出思维定势的、可变通的思维框架，在打破或重新制定规则中更好实现创新，激发了应对挑战的本能。而这就是这个时代难能可贵的弹性思维——在急速变化的世界中灵活思考。

第四个单元：善用力量却不失个性。要持续拥有创造性张力，一个重要的源泉就是善于向外部借力，倾向于与他人、同时也与自我连成一体。如此并不失去自己的独特性，要深知创造的过程很多情况下是无法独立控制的。我于 2008 年在新加坡学习期间接触了很多学校。它们有一个共同的特点，就是周围有一个庞大的由第三方机构组成的智囊团。尤其是战略层面上会有咨询公司提供各种调研数据和信息。学校这些年的发展得益于一批热心教育事业的大学、科研院所和企业。比如，玉臣时代公司主要开展顶层设计工作，包括文化构建、战略研制、治理结构设计、课程体系建设等；《北京教育》杂志社主要负责新闻运维，包括学校微信公众号、校园网新闻、学校办学宣传策划等。课程开发方面的合作方就更多了，有东方简易公司参与的梦创家高中生生涯职业体验课程；航天科技集团参与的无人机、月球车、卫星测控、北斗、Audino 项目式课程；清华大学 I-Center 创客中心参与的设计制作3D 打印机、智能家居、排爆机器人项目式课程；科大讯飞公司参与的智课教学系统和智学系统；希悦公司参与的课程管理系统；还有与猎手俱乐部合作承办的学校冰球队；等等。学校"小卫星项目"的持续推进更是优势资源完美整合的体现。参加"小卫星项目"的学生还会到大学实验室、大学博物馆、航天员训练中心和航天测试中心参观学习。在与外部的合作中，我的很多见地、灵感、创新点是在双方的思维碰撞中产生的，因为跳出教育看教育，会有新的认识和理解。我想表明的是，所有的外部合作一定是与学校的特色办学以及我本人的教育思想紧密结合的。这样，无论是科技高中发展规划、品质人生课程体系，还是项目式课程，都有学校的品性在其中。

第五个单元：永不停止潜意识学习。我认为作为校长，要多学习、多提升自己。而学习和提升自己的目的很单纯，就是把学校的品牌建设好，去应对冰山下隐藏的众多矛盾和困难。尤其是名校的校长不能一天到晚被热闹的场景和嘈杂的气氛包围而放弃理想，更不能被某些光环笼罩而迷失自我。校长需要的是自我超越，而自我超越的要义就是拥有持续的创造性张力。自我超越是一个过程、一种终身的修炼。高度自我超越的人会敏锐地警觉自己的知识不全、本领不强、力量不足和成长极限问题，但绝不动摇高度的自信心，也不缩减强大的张力。心理学认为潜意识是潜藏在我们一般意识底下的一股神秘力量，是相对于意识的一种思想，又称右脑意识。人的行为举止多数靠的是潜意识。潜意识的力量是强大的，可以驱动人的行为。当潜意识是积极的，人的行为也必然是积极的。事实上我们都曾不自觉地通过潜意识来解决复杂的问题，并在意识与潜意识之间发展出较高的契合关系。例如，开车、打太极拳的整个学习过程是从有意识的注意逐渐转变为由潜意识来掌管熟练的部分，而让意识专注于其他部分或新的事物上。那么，达成意识与潜意识之间契合的有效方法是保持平静。当心思活跃时，潜意识会被矛盾思绪的汹涌浪潮淹没；而当心灵处于平静的状态，我们专注于某些重要的事情或者愿景的某些方面时，潜意识便浮现而不易分心。所以，学习专注于心中真正想要的结果是一种技能，而对于"过程"的过分专注会掩盖目标的焦点。一个好的方法就是不断对准焦点，只将一项特定目标或某一方面纳入思考。另外，对目标做明确的选择同样重要。只有经过选择，潜意识的能力才能充分发挥，因为潜意识对明确的焦点有较佳的回应能力。我会把潜意识的学习与运用当作一种修炼。越是发自内心深处的良知和价值观，越容易与潜意识深深契合，甚至有时就是潜意识的一部分。比如，我的心灵深处始终有一种航天科技的潜意识在滋长，一直默默推动着我，让我走上以科技报国为理想的科技特色发展之路。

第六个单元：升维中更好洞见未来。我一直这样问自己，如果我们设计一个真正为学生未来做好准备的教育体系，那么什么是没有商量余地的？澳大利亚 2018 年成立的"未来学校联盟"，提出了未来学校变革的原则和组织框架。这 8 个原则就是灵活性、与社区深度融合、成就所有人、高素质师资、共建学习、赋权学生、自我发展、核心技能发展。因此，要为明天而教，为未来而育，必须具备升维的思维。什么是升维？升维是指管理者站在更高的维度去看待和思考整个宏观趋势，不断打破原有认知，从而实现思维与心灵的自我突破，推动思想文化、经营模式、组织结构等多方面的全面升级。升维是延伸抽象的过程，是穿过未来看现在，是站在更高维度俯瞰全局。回到最初我的设问，要为学生的未来赋能，就需要实施升维战略。这里面包括学习领域升维、学习内容升维、学习方式升维、学习组织升维、学习场域升维和学习资源升维。而这一切都要求我本人、管理干部以及全体教师去不断跃升自己的教育高度。

校长除了要具备创造性张力外，还必须在办学实践上具备全局驾驭力。我是一个特别注重系统与逻辑的人，凡事必须有顶层思考，之后才是系统推进，也因此形成了"格局—思维—方略—践行"的办学实践逻辑。这里面阐述了四种组合的辩证关系。"格局—思维—方略—践行"的办学路线也是"世界观—认识论—方法论—

实践论"的综合体现。

品质格局：视野开放与有效转化。格局是指一个人的气度和胸怀，实际上是世界观的另一种描述。所谓格是对认知范围内事物认识的程度，格要精、细。所谓局，是指时间与空间认知范围的大小，局要大。因此，认识越广，对事物发展的认识越精细，就会产生正确的思想，从而有正确的行动和好的收获。

关于视野开放：我是一个非常喜欢旅行的人，去过40多个国家。在背上行囊游走世界中，在同各国各行业人们的接触和交往中，我看到了历史与文明，看到了思想与智慧，也看到了差距和问题。这些都让我不断反思教育的未来，不断丰富教育的思想，不断提升教育的境界。因此我在进行各种决策前，都会将这些储存在大脑中的信息调用出来，让我对一项工作的前景、难点、重心、成效等有一个全面客观的认识和判断。

关于有效转化：对所有外出学习的干部，我都会问他们一个问题，别人好的经验做法如何落实到我们学校来。不能照抄照搬，而是要有适合学校的落地方法。比如，慕课和翻转课堂对于学生学习而言是一个挑战，如何应对这一新生事物？我更趋同于采用混合式的学习模式，或采用项目式学习，或采用翻转课堂。所有的课堂模式对于所有的课程来说，都不是放之四海而皆准的。我们应该去发掘每个学科的特点，从而采取最佳的方式。

因此，视野开放与有效转化就是一对矛盾，看到一切并不等同于要做到一切。我的观念是，脚踏实地，却不困于脚下；仰望星空，却不迷失风景。

品质思维：顶层设计与底层探索。思维是人接收信息、存储信息、加工信息以及输出信息的活动过程。思维的形态非常丰富，有演绎思维、归纳思维、批判思维、创造思维、逆向思维、统摄思维、辩证思维、比对思维等。因此思维最能够体现一个人的智力品质，是对认识论的一种诠释。

关于顶层设计：管理学校必须有一个系统化的思维。这个系统里包括很多元素，它们是一种整体性的东西。做任何事情，都要从高位做思考，从目标看问题。我经常对管理干部讲：如果这一层出了问题，一定是上一层或者最高层没有想明白、想到位。我们要学会系统思考、统揽全局、整体谋划，在最高层次上寻求问题的解决之道。顶层设计体现为一种先见性，能够发现重大问题，了解事情全貌，抓住解决要害，明确发展路向，最终用顶层统领全局。

关于底层探索：接下来就要从底层出发。一是做好底层分析，了解基础和现状，包括教师的思想状况和业务能力、工作推进到什么阶段和程度等。二是做好底层调动，激发教师的积极性，让教师理解顶层设计思想，让他们知道自己在这场改革浪潮中的重要角色和作用，使教师投身到教育教学的实践中。没有教师的参与，一切改革和发展都不会成功。可见，底层是发展的源泉和动力。没有底层，顶层设计如空中楼阁，好看但不中用。

因此，顶层设计与底层探索就是一对矛盾，是促进理想与现实的统一协调，是实现顶层与底层的良性互动。

品质方略：抓住关键与高度授权。方略是指方法和策略，是对一些问题缜密思考之后做出的对策。这实际上是一种方法论的体现。领导方略决定着领导活动的方向和总体目标，决定着被领导者的思想统一。因此方略之中有智慧是常人共识，但我更认为方略之中有学生、有教师则是根本。

关于抓住关键：我始终认为校长要避免做一些低效的工作和简单的劳动。作为校长，我们应该走到政策的前面。比如，教育部门没有提深度学习的时候，我们就开始做深度学习的探索了；教育部门没有提学科育人的时候，我们就开始植入学科育人的理念了；教育部门没有提高质量发展的时候，我们就开始贯彻品质文化了。因此，校长要拓宽视野，要加强学习，要学会思考，要有向前看的意识，当然还要有时不我待的决断魄力和推进勇气。

关于高度授权：校长要善于发现每个领导干部的优点，要清楚地认识到每个人的特点并且包容他们的缺点，做到会识人、会用人。我在学校管理上尽可能把更多的自主权交给他们，把创造性的机会留给他们。综观这些年，这么做利大于弊。比如，当时在设置管理架构时，有些人认为，弱化德育了，服务部门的权威性低了。这些问题通过流程已得到解决，因此校长要找到利大于弊之间的契合点。

因此，抓住关键与高度授权就是一对矛盾，抓什么、放什么需要一种智慧的拿捏，需要找到一种科学的平衡。我的观念是，抓牛鼻子，凡事还要胸有成竹；给责任田，内心还要守望相助。

品质践行：个别实验与全面推进。践行是指领会、实行、实践，用实际行动去做某些事。这实质上就是一种实践论的体现。践行理念需要我们不急不躁、由表及里、全面观察、由感性到理性、了解事情的演进变化、分清事情彼此间的区别联系、大胆假设、小心求证、循环往复、不断完善。

关于个别实验：教育是一项育人的工作，来不得半点马虎。因此，在推行一个新理念的时候，往往需要谨慎。在这方面，我提出了个别实验的思路，即从个别班级先实行，然后再扩展到一个年级，最后在全校推开。比如，对于十二基因特色活动的开展，这些活动有一定的难度，那么就从初中和高中分别选择一个试点班做尝试，发现效果非常好。因此，做任何事情都要找到样板推行。如果个别是落地的一个点，那么遵循从点到线再到面的逻辑，新事物也必将在循序渐进中得到良性发展。

关于全面推进：我经常提醒管理干部，要有军人般闻风而动、雷厉风行的作风，当试验成功时，"马上就办"。"马上就办"是一种工作精神，有紧迫感、责任感，有工作热情、工作效率，少讲空话、狠抓落实，形成风气、形成习惯、形成规矩。比如，深度学习项目在第一阶段初中的语文、数学和化学学科、高中的数学和化学学科中形成了一定成果，取得初步成效的时候，马上进入第二阶段。深度学习项目延伸到了所有学科。这样做就是不让一个人、一个团队掉队。

因此，个别实验与全面推进就是一对矛盾，是确立个体与群体在某件事情上的工作方式和节奏。我的观念是，点要做亮，切忌照搬，重复越少，创新越多。面要做广，切忌等待，讲说时少，践履时多。

总之，学校管理者要把科学性、逻辑性作为底线。我们做的很多事情是前人没有做过的，对这种做法是否适合校情，一定要认真考量、充分论证。最后就是调整好心态，教好属于我们自己的学生。家长、社会把学生交到我们手里，我们就一定要以良好的教育心态让他们有所收获、有所发展、有所成长。

（三）建设一支忠诚、有担当的干部队伍

党的十八大以来，习近平同志反复强调抓住领导干部这个"关键少数"问题。2018年11月，他在党的十九届中央政治局第十次集体学习时提出努力造就一支忠诚干净担当的高素质干部队伍。2019年7月，他在中央和国家机关党的建设工作会议上提出，中央和国家机关党员领导干部要坚持底线思维、增强忧患意识、发扬斗争精神，善于预见形势发展走势和隐藏其中的风险挑战，在防范化解风险上勇于

担责、善于履责、全力尽责。2018 年 5 月印发的《关于进一步激励广大干部新时代新担当新作为的意见》，2019 年 12 月印发的《2019—2023 年全国党政领导班子建设规划纲要》，2019 年 10 月党的十九届四中全会提出的把提高治理能力作为新时代干部队伍建设的重大任务等一系列文件和会议的精神，为加强新时代干部队伍建设指明了方向。

在干部队伍建设上，第一，发挥党组织的战斗堡垒作用，发挥党员的先锋模范作用，把骨干培养成党员，把党员培养成骨干，用党员的标准要求干部。第二，干部特别是校级干部必须到年级组组长这个层面进行锻炼。这是学校选拔干部很重要的一个举措。学校实施年级组组长负责制。年级组组长工作是特别锻炼人的，因为他要负责年级的学生管理、教师团队管理、教学管理、德育管理、家校管理，是整个年级文化建设、运营管理、综合评价、创新性教研和教科研活动的设计者、组织者和督导者。这样从基层做起，对于处理年级复杂问题就有了经历，能够积累丰富的管理经验。第三，干部不能脱离教育教学一线，在整个任职期间都要兼课。因为只有在一线进行学科教学工作，干部才能真正了解基层教师的想法，才能在同学生的接触中了解其需求以及存在的问题。第四，注重干部学习力的培养。面对环境中的大变化，面对教育的大变革，面对前所未有的大变局，干部需要具备敏锐的洞察力、对问题独特的理解力以及解决问题的创新力。这些都需要干部通过多路径、全方位、大视角的理论学习和实践学习来获取。第五，部门领导应该有独当一面的意识和精神，不仅做事，还要管人。有些青年干部比较会做事情，但是对于人的思想观念建设、对于内部矛盾的处理、对于团队文化的建设等，其实是薄弱点。所以要求干部有带队伍、鼓士气的本领，不仅能"打仗"，还能"统兵"。第六，干部要善于反思和规划。在每年的暑期工作会上，部门领导都要上台演讲，谈谈对教育趋势的理解、对教育改革的认识、对所辖工作的反思、对本部门未来工作的规划、对部门人员的任务部署、对各个项目的推进措施。第七，干部要堂堂正正、干干净净，处理好公和私、义和利、是和非、正和邪的关系。我常说，公私分明是干部的基本操守。能不能处理好公和私的关系，界定好公和私的边界，平衡好公和私的天平，拿捏好公和私的尺度，是检验干部政治品格的试金石，也是衡量干部作风能力的硬标准。一定要坚决杜绝假公济私、以公谋私等现象，对公款、公权私用的现象要做到"零容忍"。

学校的干部要做到又红又专。这个"红"是党旗的红、军旗的红，这是学校与生俱来的红色基因；这个"专"是"战略型干部"的定位。在此我提出"八子之功"，即定调子、出方子、搭班子、铺路子、解扣子、补漏子、迈步子、喊号子。前两项是提高战略与目标管理水平，第三、第四项是提高计划与统筹管理水平，第五、第六项是提高对标与控制管理水平，第七、第八项是提高行动与绩效管理水平。在培养干部素质、建设干部梯队上，我也努力要求自己做到"四多"：多给一些鼓励，多提一些思路，多教一些方法，多予一些资源；既要下达"过河"的任务，又要切实帮助干部解决"桥"和"船"的问题。

（四）为"引路人"赋能

近几年，我始终把重心放在教师队伍建设上，通过科学规范的人力资源建设与管理，提高教师的职业道德，激发教师的工作热情，挖掘教师的内在潜力。除了解决教师队伍年龄结构不合理的问题以确保在教师梯队建设的同时让教育教学经验的传承同步跟进，我也在学科领军人才、骨干教师、青年教师培养方面构建合理有序的培训制度和计划，确立时间、对象、目标、任务和方法；同时优化绩效考核，改革工资方案，搭建荣誉体系，全面完善教师激励机制，最大限度地调动教师工作的主观能动性。

学校围绕教师专业发展推出了教育家成长工程、学科教研基地、名师工作室、"紫禁杯"班主任工作坊、青年教师成长营和青年教师工作室。比如，教育家成长工程就是让一批具有丰厚教学功底、独特教育风格、创新精神的教师逐渐成长为教育家，引领全体教师"把自己的双脚深深扎根在教育实践的沃土上"。这个工程于2011年启动。10多年过去了，当初11位入选教师中有7人成长为特级教师。这说明学校培养特级教师的路径是科学的。入选教师代表王建稳做了激情洋溢的发言，她说："忠诚事业、潜心研究、追求卓越，立足自己的教育实践，开启教育智慧，形成教学风格，领悟教育精髓。作为教师，虚心用心是我们的财富，成长成才是我们的目标，求真求实创新是我们的追求。"还有学科教研基地，是将先进的教育理念、高效的教育方法、优质的教育资源由基地辐射到全国。学科教研基地可以用"一小一大"来概括："一小"是指以学科为中心，如建立海淀区化学学科教研基地；"一大"是指学校所承办的教育部、市、区级等各级各类大型教育教学研讨会和论坛，如首届全国课堂教学研讨会、高中育人模式研讨会暨第二届海淀区学生发展指导论坛、京津沪渝学生发展指导论坛等。

学校大力推进名师建设工作，制订名师培训计划，选择现有特级教师、市级骨干以上教师作为导师，对有潜力的教师开展针对性辅导，打造一批校内的名师队伍；成立名师工作室与青年工作室，建立教师成长共同体。名师工作室本质上是一个学习型的教师团队，在丰富的实践活动中不断形成团队凝聚力与合作力，以团队促学习，加强教师的内在修炼，不断提高教师的综合素质。学校成立王建稳特级教师高中语文工作室以及包含思维工作室、科学工作室、经济金融工作室、STEM工作室、影视制作工作室、卫星科技工作室、多元文化工作室在内的青年教师工作室。学校以先进的教育思想为指导，以促进教师专业发展、整体提升学校教师队伍素质为核心，以加强教师岗位培训为重点，以活动开展、课题研究为平台，打造一支支集研究性、务实性、辐射性于一体的成长团队。

此外，学校还创建"教师自育组织"，以激活基层教研活力，以组为点，通过愿景共建、组员梯队式差异组合发展、更新学研制度等探索，激活基层教研组织的活力，使教师潜下心来研究学生学习中的真实问题和真实需求，然后自觉更新变革，集体研究实践，实现专业自主发展。不少备课组正在由他组织走向自组织，显现出富有特色的组室文化。

我把更多的力量聚焦在青年教师的成长与发展上，因为不断加盟进来的新生力量关乎着学校的未来！这促使我去思考如何提高自己的领导力，去助力教师的发展。在我看来，这种领导力意味着校长能充分尊重、信任、关爱学校成员，关注师生员工的发展，充分调动他们工作学习的积极、主动和创造性……能够充分发挥每个人的优势专长，扬长补短，使他们有归属感，把个人融入团队之中，并心情舒畅地学习、工作和生活。换言之，校长的领导力也是敏锐发现问题、诊断问题并及时解决问题的能力。我以"青年教师成长营"项目的实施为例，谈谈在关注青年教师成长、充分发挥校长的领导力方面的一些思考和做法。

1. 分析现状，发现问题

提高学校品牌的影响力，实现学生的健康成长，都离不开一支"心有爱、教有方、行有序"的教师队伍。教育质量依赖于教师质量，而教师质量的重点则在于青年教师的水平。经分析，学校青年教师的人数越来越多，呈上升化趋势，来源也越来越广泛，不仅来自各大师范院校，还来自综合性大学。他们的学习经历、认知能力、文化修养、人生追求都各有不同。他们对教育、学校的认识相对浅显而多样。为此，一个个问题就摆在了我的面前：如何让优秀的学校文化基因传承下去，让新教师尽快融入？怎样帮助青年教师在实践中合理有效地进行自己的职业规划，并为之奋斗？求学经历与教师工作实际间存有距离如何化解？等等。我从众多实际问题中，选择了文化融入、学术研究方法和教学结合、在课程建设中发挥作用这三个问题来尝试集中解决。

基于对问题的主动发现，我启动了"青年教师成长营"项目，以此探索青年教师培养模式，形成特色培养课程，建立培训资源库，进行专业教师培训，在教师行政管理、教育教学、第二专业、语言、个人学习等方面给予支持和指导。我从制度、设计、实施上，为青年教师的顺利成长和未来发展提供保障。我希望这个群体在成长过程中，能逐渐认同学校的品质文化，自觉以身边名师为榜样，潜心修炼，有更多的人最终能成为教学型、学术型或德育型专家。

2. 调研分析，诊断问题

没有调查，就没有发言权；没有研究，就难有正确决断。因此，在决策过程中，我特别注重调研和依靠调研而来的集体决策。在"青年教师成长营"项目中，为了培养一支热爱、努力、有头脑、有学习力、有思考力、有执行力、有追求的教师队伍，切实了解青年教师的真实需求，学校发展处针对青年教师群体的基本情况、学习需求和职业发展规划，先后做了三次调研。第一次是 2012 年年初进行青年教师基本情况调研；第二次是 2013 年年中进行青年教师学习意愿调研；第三次是 2014 年年中进行青年教师影子行动调研。

第一次调研围绕四个问题展开：教学中的困惑、学生管理中的困惑、最难忘的一次教育教学经历、对以后的青年教师给一个教学或与学生相处时的忠告。调研的目的是了解青年教师在教育教学实践中的困惑、反思和所得，我们可以有针对性地提供帮助。第二次调研的问题包括对于学习方式的选择、学习机会的把握、提升教学能力的有效学习途径、提升德育能力的途径、与同事共事的方式选择、对学校提供的成长平台的了解程度等。调研的目的是了解青年教师在集体中的合作能力、对自己的了解与判断、学习意愿、对自主学习的理解和对自己职业发展规划的能力。第三次调研的问题针对有专业发展诉求和有管理发展诉求的青年教师。我们请青年教师二择一：选择跟随教研组组长做2~3个月的相关工作，了解工作中的学科专业内容、教育教学智慧、课程建设的全盘思考等；或是选择跟随校长、主任、年级组组长等进行岗位实践，了解相关管理内容，感受工作中的智慧，形成自己的思考，提出相关建议。调研的目的是为培养优秀专业教师和管理干部提供后备力量。

经过调研发现，学校青年教师整体比较自信，能力强，团队意识强，乐于追求高水平的教育教学能力，对专业发展和管理发展都有一定的诉求。为了保证调研信息的科学性和全面性，我们还对学校干部和部分教师进行了调查。我们从中发现：大部分人赞同上述调研结果，认可青年教师的总体优势。但我们仍强烈希望青年教师能够热爱教师职业；心中有榜样，提升师德；理解个人与集体的关系；提高内涵与修养。此外，学校发展处还在个人访谈中发现：部分青年教师对学科教学的认识程度跟自己的专业学历水平之间并不一定对等；有些高学历教师对学科课程的认识基本还没有形成。青年教师普遍存在生活压力大、工作内容种类繁多、工作压力大等现实问题，理想与现实相遇时的差距也会对他们造成冲击。因此，我希望能够帮助青年教师从专业上尽量多地打开眼界，在面对基础教育的挑战时帮助他们做好积极应对的心理准备。我们不仅要做好学科教学法研究，还要发挥他们专业研究能力上的优势，以科研带动教学，以科研促进课程建设，以学校特级教师的发展为参照，做好个人职业发展规划，努力成长为专家型、科研型、跨界型教师。

3. 积极应对，解决问题

在行动中解决问题的执行力包括两个层面：一方面是校长本人的执行力，另一方面是学校的管理干部、教师群体的执行力。大多数情况下，后者的执行力在更大的意义上体现并代表着校长的执行力。提高执行力需要借助两种方式：一只手把权力放下去；另一只手把制度建起来。把权力放下去，能有效激发管理干部、教师群体的积极性，给予他们更有创造性地开展工作的空间；把制度建起来，能有效保障各部门、各岗位的职责明晰、协调互助。

因调研不同阶段青年教师的特点和需求不同，我们设计的教师成长路径也不尽相同；也因学校发展的每个阶段特点和需求不同，我们对青年教师的要求也不尽相同。所以，推进目标和策略有发展阶段，体现的是一个持续过程。

（1）变革带来的挑战

当下，创新成为核心词。未来，学校也面临紧迫的变革，用"技术＋教育"来重新定义课堂、教师、教学、学习，甚至是学习空间。学习自主化、任务合作化、教学个性化、管理自动化、系统开放化日渐成为学校工作面临的挑战也是教师发展的挑战，青年教师需要成为主导力量。青年教师必须在这样的变革中学会如何界定教师身份，怎样转变学生的学习方式，如何教，如何利用技术改变管理方式，如何应对新的师生关系角色的变化，判断自己的新技术技能是否适应和胜任当代变革带来的巨大挑战。

此外，学校还会面对 2017 年北京市新高考方案和高中新课程方案以及 2018 年新中考方案带来的大量不确定性。新的课程方案对学科的培养目标设定为：培养学生的言语信息能力、数理逻辑能力、探究实践能力、创新质疑能力、合作交流能力、审美鉴赏能力。这就要考量青年教师本身是否具备以上能力以及如何培养的问题。尤其是如何在基础教育阶段逐步体现出创新质疑能力的培养过程，确定不同阶段、不同学段、不同起点的学生获得该项能力的教学策略。

学校的课程体系构建已基本完成。其中，学科的基础、拓展与学术课程是沿着学科核心素养培养的发展而设立的，对于学生的成长具有不同的功能。青年教师因为学科学术能力强、专业水平高，而被寄予学术课程建设的较高期望。而因知识能力获取途径不同的学科课程和活动课程，则要求青年教师对不同学习途径和学习方式的熟悉程度要高，且有一定的方法能够较好地实现目标。也因各学科课程均有必修模块、选修模块，这也要求青年教师要脚踏实地磨练各种模块课程的教学实践技能，清晰了解各模块的功能和价值，以及赋予学生的能力。

最后，正值当下课程发展中越来越多地倡导通过课程培养学生解决问题的能力。这就需要不仅在学科课程形式上，还在跨学科课程上提供更多更好的课程选择。这样的需求恰好也挑战青年教师的课程建设能力。

综上，教育变革带来的学科课程建设中的各种挑战，需要青年教师具备对学生核心素养发展的整体理解，掌握高水平的教学法，有一定的课程视野，具备跨学科的综合认识能力。

（2）应对策略

学校以创新型课程建设带动青年教师发展。目前，学校在课程建设中以青年教师为主，引入了杜克大学领导力与创新思维课程、大英百科 STEM 自然科学 100 讲、工业 4.0 课程群、批判性思维课程等跨学科、跨领域的课程。这些课程围绕学生的领导力培养、思维能力与品质培养、科学素养养成、工程技术素养等核心素养发展，将成为学校课程体系中的重要课程群。学校还进行 STEM 项目课程内容建设，与清华大学、北京师范大学、西门子公司共同合作，形成了丰富的课程模块。学校未来将把杜克领导力、批判性思维以及斯坦福的创新思维课程整合成思维课程，同时建设思维课程工作室。学校还将建设自然科学工作室，以项目研究的形式，以科学探究为科学教育的核心方式，形成特色科学课程。上述课程的共性是超越领域边界，超越学科边界，也超越了现在的学习模式，淡化了学科知识，更多体现了学生的研究过程，突出的是解决问题的思维过程和形成的方法。这些课程对于青年教师而言更具挑战性，是青年教师才可能实现的课程构建。这样的课程研发中既包含课程建设的学习，也包含教学策略的学习，还有跨学科的理解、研究方法的运用等，有助于青年教师的快速成长。为此，学校成立的科学实践活动课程小组、批判性思维课程小组恰好吸引了初、高中大部分初入职或入职不久的青年教师参加。

为了让青年教师更有效地理解国际通用教学策略，2013 年暑期，学校派出 18 位青年教师赴美国到印第安纳州瓦尔普莱索大学进行为期一个月的专题研修和教育考察。他们以小组合作的形式，通过"基于设计的理解性教学"课程的学习，充分体验了"设计教学目标—过程性评价及反馈—根据目标设计核心问题—根据目标和核心问题设计学生活动"逆序教学设计，充分体验了"以促成学生实现自己的学习目标为前提的过程性评价"这样的教学理念。在从幼儿园到小学、公立中学、私立高中再到学区的参观交流中，这些青年教师认识美国高中的课程设置和选课走班的基本形态。他们总结道："每天课后大量的活动、项目实施、学习小组共同完成综合作业任务，给了学生很大的自主实践、解决问题以及独立、批判性思考的时间和空间。思维的独创性，无限制、不间断的头脑风暴激励，带给大脑的是愉悦感受。学生因而越来越乐于用创新性思维解决问题，能力自然就顺应而成了！"这一点收获激励着青年教师回到学校，用他们的智慧不断推动着学校的课堂发生大变化，使学生的学习方式更具多样性。

2015年暑假，我们又公派数学、技术、物理、生物学、化学、计算机6名不同学科背景的青年教师，前往以色列海法理工学院进行了为期一个月全面、系统的STEM项目学习。目的是解决学校STEM课程构建与开发的项目选择、课程实施中的具体问题。在以色列的学习中，丰富的教学内容、生动的教学方法、创新的学科融合手段带给教师强烈的冲击和难忘的体验。而参观创新企业、聆听学生创业营结题、现场观摩中学生科技研究项目发表，更是让这次学习有了丰富的收获。尽管国情和思维方式不同，学生的质疑精神、合作意识仍待提高，但他们有信心将所学带回学校。尝试、开拓的脚步已经迈出，他们将在创新教育之路上且行且探索！

4. 为青年教师设计专业发展路径

对比学校课程建设的维度图，结合学校在课程建设中的各种需求，根据青年教师专业发展的方向以及青年教师的专业优势，学校确定了青年教师专业发展路径（图3-6）。其主要包括常规学科教学策略学习与研究、基于促学生"深度学习"的教学改进项目和学科核心能力指导下的高水平教学研究，还有新形势下多种课程形式的不同教学策略研究，以及拓宽视野的、适应于跨学科课程的国际通用教学策略的学习研究。根据这些路径，我们分析青年教师的能力增长点，通过学科常规进修、学部的教学研讨、学校教师研修、在线学习公开课和MOOC平台资源、读书沙龙等形式，寻找不同教师的不同侧重点，着力进行个性化推动，让青年教师在课程建设和课程实施中都各有成长。

实证研究表明，教师的教学能力主要是在入职以后发展的。这与理论逻辑分析的结果相一致。因为教师是一个实践性很强的职业，不仅需要学科专业知识技能，还需要教育科学知识与技能。这是教师专业劳动的"工具知识"，只有通过真正参与教学和课程开发与实

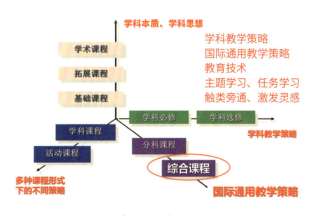

图3-6 青年教师专业发展路径

施才能将这些知识和技能转化为教师的实践知识。这些参与过程需要青年教师的热情，也需要他们的思想，还需要提升他们的能力，更需要学校提供源源不断的全面支持。从青年教师的成长与发展中我们可以看出一所学校发展的侧面。

通过"青年教师成长营"这个项目的实际开展，我在思考、分析、决策、设计，也在不断协调、沟通。我认为校长的领导力可以分解为：找准问题的"发现力"、诊断问题的"决策力"、解决问题的"执行力"和将经验总结成模式并指导未来和凝聚众心的"引领力"。而这种引领在横轴上表现为对学校发展的前瞻力，在纵轴上表现为对学校团队的凝聚力。前瞻力让引领有方向；凝聚力让引领有力量。关注青年教师的成长和发展，是充分发挥校长领导力的一种表现形式；而换一个角度来看，它又是校长领导力的内容本身。我希望学校的每一位成员心中有热爱，心中有榜样，心中有集体，心中有修为。我更希望青年教师能够热爱工作，喜欢学生，言行来自内心追求和灵魂深处的爱，教育理念和追求都能深植于学校悠久而丰厚的品质文化与办学历史，让学校的软实力润物无声，久久为功！

第四章

塑造品质、五育并举的育人实践

　　"五育并举"是人才培养的时代新课题和新任务，考验着教育者的教育定力、教育智慧和教育担当。"五育并举"的灵魂是育人，是为每个学生打好人生的基础，使他们拥有健全的心智和饱满的精神世界。"五育并举"是达成立德树人的方法论和途径。因此，学校基于"五育并举"教育目标，利用"制度"优势，立足"奠基"使命，自上而下搭建"品质人生"学生发展实践系统的行动框架，站在为国家、民族乃至人类进步的高度去探索高质量育人的思路与方法。既然我把学生发展的教育使命延伸到其整个人生，让学生拥有一个兼具"内圣"之精神修养和"外王"之社会抱负的品质人生，那么我必有臻于品质、"五育并举"的坚定信念，同时心怀"道阻且长，行则将至"的必胜决心，在着眼学生未来、紧扣时代脉搏、顺应发展潮流中定义专属一个时代的人才培养模式。

第一节 "品质人生"学生发展实践系统

"品质人生"学生发展实践系统，是以学生发展为主线，树立终身育人的理念，关注学生的整个生涯发展。把这个方向确定了，我们所做的事情才不会功利化。另外，它是一个完整的科学体系。这个科学体系体现为课程的全面与个性化设置，体现为学习方式的变革与学习关系的重构，体现为育人的组织空间建设与资源平台搭建。这些都是以学生发展为核心的新课程改革要求的体现。以往我们的教育实践是处于我们自身已经形成的思维定势中，沿袭着一些出于管理方便的传统的管理习惯或管理模式。这是一条老常态的路子。而课程改革恰恰是要从现有的这种管理惯性向以学生发展指导为核心的方向进行转变。所以，对于课程改革有着深刻理解的学校管理者，需要消除惰性心理，攻克惯性阻力，解放思想，改善行为，更好顺应育人方式变革的大势。这就是教育改革。

"品质人生"学生发展实践系统（图4-1）形似一个"七层塔"：第一层为一个生涯规划，第二层为两种课程结构，第三层为三大特色教育，第四层为四根发展支柱，第五层为五种学习方式，第六层为六个组织空间，第七层为七类学习资源。它们共同为学生的品质人生肩负起奠基的使命。每一个实践要素犹如一块红色的实体

图4-1 "品质人生"学生发展实践系统

砖，共同筑起品质人生的坚实大厦。为了更形象地阐明实践系统七层之间的内在逻辑，我用房屋施工要素所体现的施工流程做类比说明。

"一个生涯规划"类似房屋规划设计。房屋规划设计中要在可研报告的基础上确立房屋建设目标，要出设计图、效果图和施工图。那么在学生生涯规划方面，同样需要结合由各种数据形成的个人成长雷达图和各种调研资料形成的研究结果，来设计学生品质人生的发展主线。

"两种课程结构"类似房屋主体结构。房屋主体结构上要确立是采用钢结构、钢筋混凝土结构，还是采用砖混结构、砖木结构；还要根据房子定位统筹考虑结构的组合。两种课程结构其实是两种课程体系的不同呈现方式。比如，全人教育所有课程领域的学习都是同等重要的；如果是选择科技专业的学生，人文社科、艺术体育领域的学习就是基础，而科学技术、思维方法和实践探究就是核心。

"三大特色教育"类似房屋建筑风格。房屋建筑风格有中式风格、日式风格、美式风格、欧式风格，还有现代风格、古典风格、田园风格等。三大特色教育是将学校办学特色转化为每个学生身上特有的气质，留下一所学校的品牌烙印。我希望学校学子能做到：一是要筑牢红色基因，以军魂立心；二是要提高科技素养和实践创新能力，以科技立志；三是拥有健康的生活方式，以生态立身。

"四根发展支柱"类似房屋建筑形式。房屋建筑形式是指房屋内"四梁八柱"的总体布局即围绕大梁确立支柱，发挥柱子支撑大梁的作用。联合国教科文组织20多年前就提出未来学习的四大支柱，分别是学会求知、学会做事、学会共处和学会生存；阐明教育的功能是培养学生适应变革的能力，让学生在自己的一生中能够抓住和利用各种机会，去更新、深化和进一步充实最初获得的知识。所以教育应围绕四种基本学习加以安排。我所理解的支柱一定是一种生活逻辑而非学科逻辑，所以我没有基于语文、数学、物理等学科提出9大支柱。既然是生活，就会有很多综合性的问题，就一定涉及跨学科。我们给学生的教育应该是提供一系列真实的生活场景，让他们能够基于问题提出解决方案，培养正确的价值选择和判断能力。

"五种学习方式"类似房屋配套工程。房屋配套工程可以说是确保房屋正常运营的必备条件。这其中包括水、电、气、空调、供暖等管线走向的设置，还有电话线、网线的布局安装等，是为生活方式而服务的。教育改革的核心一定是教学方式与学习方式的变革，那些低维的、单向的、封闭的学习样态将逐步被时代淘汰。好的学习一定习得的是能力和方法。所以，提出五种学习方式只是为了更趋向于这些好的学习样态，其实还有不断涌现的学习方式都可以积极去尝试。无论采用何种学习方式，都是为了提高学生的思维水平，让学生从被动的、机械式的思维向主动的、高阶的、远迁移的思维转变，再向批判性思维、创造性思维、设计思维转变。

"六个组织空间"类似房屋功能分区。房屋功能分区是根据居住需求提供相应的生活场所，如卧室、书房、客厅、厨房、卫生间、阳台等。组织空间不同于空间，这里面是有人的成分。既然把学生发展作为主线，我们就要关注到学生在现实和虚拟的环境中自身的角色成分。人都有渴望被重视和认可的需要。角色成分决定了人在组织内的话语权、认可度、影响力等，这些足以激发人的自信心、自豪感、荣誉感。所以学校要结合学生接受教育的特点，提供能够激发他们的潜能、释放他们的能量的组织空间，让他们得到大家的重视，获得团队的认可。

"七类学习资源"类似房屋内部精装。房屋内部精装包括吊顶、铺设地板和壁纸、安装灯具、厨具和洁具，添置家具、电器等。学习资源就如同这些生活设备和用品，是学生在学习过程中可以利用的一切显现的或隐潜的条件，如信息、人员、资料、设备和技术，或者知识系统、支持系统、平台系统、学习环境以及帮助学生个人有效学习和操作的任何因素。

完成房屋施工的七步流程，那么这个"房子"就可以交付了。我希望"品质人生"学生发展实践系统真正成为促进学生品质发展的一个良好的教育生态系统。我还希望在今后的教育实践创新中，能够有效发挥跨学科的交叉点所带来的"边缘力量"；发挥学科前沿地带和顶尖专业素养所带来的"专业力量"；发挥校长、教师、学生、家长、社区和社会潜力释放所带来的"社群力量"。我更希望育人实践工作要植入高质量发展精髓，从量的积累迈向质的飞跃，从点的突破迈向系统能力的提升，在披坚执锐中培养时代新人，为党和人民交付高质量的"人才"。

第二节　一个生涯规划

学生发展指导是指学校基于社会认知生涯理论，以生涯发展为引领，通过有组织、有特定目标的指导项目给学生提供的一整套个体发展服务，旨在促进以学生为中心的个性化学习，主要目标聚焦于学生在学业、个性、社会性以及职业领域的积极发展。传统的教育是教师带着学生在迷宫里穿行，通过不断试错来寻找出口。而以生涯规划为核心的学生发展指导，则可以带着学生向上攀登，让他们站在高墙之上，将整个迷宫一览无遗，并顺利找到出口。高墙就是思维和能力的障碍，利用学生发展指导可以帮助学生攀越这些障碍。

一、学生发展指导体系

2010年，我国颁布了《国家中长期教育改革和发展规划纲要（2010—2020年）》，提出要建立学生发展指导制度，加强对学生的理想、心理、学业等多方面的指导。早在2015年，我便着手进行学生发展指导工作的前期考察学习和系统研究，也组织教师去上海育才中学取经。2016年，我们参加了海淀区教育科学研究院主导的学生发展指导实验研究项目。八一学校、北京理工大学附属中学、101中学、北京交通大学附属中学、中关村中学、二十中学6所学校进行先行先试，学生发展指导的内容涵盖品行指导、心理指导、学业指导、生活指导和生涯指导这5个方面。在我看来，当前学生发展指导主要存在两个问题。一是教师问题。新时期对教师的评价指出了新方向，教师需要提升与学生接触的意识和辅导能力，那么可以通过培养种子教师来对其他教师起到辐射带动作用。二是课程问题。学生发展指导融合应该是基于学科核心素养和学科本质而达成的融合，这样才能够依靠学科教学来实现学生发展指导。2017年5月，学校同步申报了中国教育学会科研课题，开展基于核心素养的学生发展指导模式的研究。我认为，核心素养与学生发展有着目标同源、价值相通、任务相融的紧密联系，二者的服务目标较契合。2017年5月—2018年6月，学校进行了第一轮的实践，结合自己的情况自行规划和设计了一套生涯规划的运行体制和运行模式，包括组织机构、课程体系、基于大数据的学生发展指导模式等，以达成学生发展指导在教育教学中的引领目的。2017 年 12 月，京津沪渝学生发展指导论坛暨海淀区学生发展指导研讨会在学校举行。该研讨会通过理念分享、经验介绍、课程观摩、活动展示等形式，交流以八一学校为代表的海淀区的先进经验，全方面展示了海淀区学生发展指导的建设思路与成果。通过 1 年多的研究，学校已经在学生选科调研、选课测评、课程融合、资源整合、素养提升等方面进行了实践探索，但还面临一些问题。比如，诸多数据系统既没有统一认证，又没有信息的综合平台。这在一定程度上制约了学生发展指导的信息化进程。为解决这些问题，学校与北京师范大学学生心理咨询与服务中心联合进行了生涯发展教材研发，借助生涯指导课程激发学生关注自我发展的意识，让学生更多地自我了解、自我探索；还与华东师范大学心理与认知科学学院联合研发了学生学科倾向测评系统。第二轮的实践是 2018 年 9 月—2019 年 6 月，是经专家指导、中期研讨会讨论、调整策略后的再实践，进一步明确学生发展指导目标，确定学生发展指导内容，形成学生发展指导实施体系，建立学生发展指导评价机制，最终形成适合学校学生发展的指导模式。2019 年 9 月—2021 年 3 月进入结题论证和成果推广阶段。研究成果包括建立指标体系，搭建学生发展指导中心基本任务框架，开展包括课程活动、咨询指导、测评、职业体验、社团在内的多项工作，推进一系列主题德育活动、职业体验、线上线下服务、生涯发展学科融合项目，并以导师制建立为着力点，配套相应的发展服务体系。实践结果显示，学生发展指导模式在一定程度上可以起到提高学生的学业成绩、综合素质，提升学生的思维品质，促进大多数学生对自己的专业和职业做出有效选择的作用。课题研究虽已结束，但实践仍在继续。当然还会遇到挑战和问题。比如，学生学习兴趣、潜能、自主选择方向上测评的科学性问题；学生内在学习动机、兴趣、长久的好奇心等激发策略问题；学生的坚毅品质培养路径和策略问题；学生发展指导的工作与现行高考体制、学科教育教学等领域协同配合的有效方式问题，这些都是未来必须加强研究的内容。下面我对有关结果做简要介绍。

（一）为什么要对学生的发展进行指导

一是考试招生制度的改革增加了学生的选择权。学生将面临如何选择适合自己的课程与发展问题，而学生对未来职业精准性选择与相应资源信息判断策略匮乏的矛盾日益凸显。在新时期，高中学习阶段成为促进学生未来发展的关键阶段，选考科目、学习经历直接关联未来专业、职业发展。我们在讨论学生职业生涯规划时，应该更多地去了解行业业态，了解从"互联网＋"到"人工智能＋"这样一种社会科技发展的态势。这样的态势给现行教育方向以很好的启示：如何去发掘学生的长板？如何将其兴趣以及自身潜能、兴趣特长进行有效结合，最大限度地去激发其内驱力？他们所拥有的这些能力怎样和解决真实问题的场景去结合？学生发展的实质是成长，成长的实质是认知升级自我进化的过程。因此，学校应尽快探索出学生发展指导的有效路径和方法，帮助学生探索自己、学会选择、顺利成长。

二是目前国内中小学教育中存在智育至上的现象，对学生的人格养成、身心健康和个性发展重视不够，对学生的理解力、好奇心和创造力培养不足。高中教育则呈现出教育环境不理想、学生压力大、漠视师生关系和偏好高考科目等问题。这一切都让一线教育工作者深感加强学生发展指导已是迫在眉睫，而学生发展指导制度的实施将是我们对应试教育进行纠偏所迈出的实质性一步。关注人本发展，关注学生的发展趋势，必将成为我国未来教育发展的一个"不变信念"。其实学校的日常工作中包含了学生发展指导的一些内容，只是较为零散和分离。如果把学生发展指导中心置于学校的某一个行政部门之下，甚至将其工作当作某一项很具体的任务去完成，我认为这是缺乏战略眼光的，应该将其作为一项能够影响学校未来整体发展大计的要事去通盘考虑，慎思笃行，谋定后动。因此，我们可以通过学生发展指导的研究，对上述现象的成因展开调查并提出应对措施，以弥补学校教育对学生发展指导的不足。

（二）确立学生发展指导的理念与目标

学生发展指导是学校为促进学生全面且有个性发展而向学生提供的一系列指导和服务。学校要立足社会认知生涯理论，综合考虑学生发展过程，将学业指导、升学指导、职业指导、生涯指导、生活指导、健康促进、思想指导和心理辅导体系化、结构化，立足凝聚学生、服务学生、发展学生的思想，通过发展指导帮助学生了解自己、了解社会、展望未来，在丰富多彩的活动中培养学生多方面的兴趣，让学生发现、发展并发挥自己的特长，强化学生的自我发展意识，让学生树立远大理想、信念和价值观，让学生科学规划自己的人生，高质量走好求学之路，逐步实施自己的人生规划，成为能够造福社会的创新型人才。此外，学校要以生涯发展为引领，设置学生发展指导模型。在实践中，学生通过课程及活动的实施、个性化指导、评价、数据管理等方式，开展一系列主题德育、职业体验、线上线下服务活动，建立学生发展指导中心，实行导师制等，形成适合学校学生发展的指导模式。总之，作为有使命感的教育人，要为学生未来人生发展做出引导，引领其为自己探寻发展之路。生涯发展既是一个不断自我实现的历程，也是一个不断自我追寻的过程。而我们作为学生前行路上的引导者、陪伴者，需要以"为学生的品质人生奠基"为学生发展指导工作的基础，用行动践行"培养具有中国精神的品质公民"的使命。这是开展学生发展指导工作的基本理念。

（三）制定综合性学生发展指导解决方案

我们将学生发展分为四个部分，并依此确定工作步骤。第一步是完成学生生涯发展分阶段能力指标的建立，从学生发展的角度，按照小学、初中、高中不同学段进行设定。第二步是围绕设定的不同能力指标完成学科发展、职业发展、个性发展资源的配备。这也是实施前的重要准备阶段。第三步是进入具体实施阶段，完成人员、课程、活动、辅助机构、系统设定，实施全方位的学生发展指导。第四步是发展与评价阶段，在实施过程中不断修正调整资源配备、实施体系、能力指标，编写在校学生发展档案、毕业生发展档案、学校年度学生发展白皮书。

我们采用"分阶段能力指标建立—围绕指标的资源配备—体系实施—发展及评价"的综合模式框架，借鉴成熟的学生发展指导体系及权威教育资源，结合中国教育体制特点和学校特色需求，统筹考虑一体化设计小学、初中及高中的学段，充分结合现有的德育、心理、社团活动、社会实践课程，在学科教学中融入学生发展规划内容，打造以学生生涯发展脉络为主线的课程、活动、管理和咨询。同时，我们以职业素养补充课程为资源特色，兼顾相应的辅助教学资源和配套教学场馆，形成小、初、高一体化设计的涵盖学业指导、德育养成、心理健康、生活指导的学生发展指导体系。

我们借鉴学科课程标准、学科能力指标，重视学生对学科目标的理解及学生生涯发展过程中学科能力培养，借鉴 21 世纪技能框架中面向职业发展对核心学科教学原则的要求，完成学生素养发展指标及整体框架的设定，包括小学、初中及高中部分。目标模块包括自我觉察、生涯觉察、教育和职业探索、生涯规划与管理四个模块，指向学业指导方向、职业发展方向和个性发展方向。学业指导方向又依据不同的层面分为学科兴趣探索引导、学科知识及技能培养、知识技能的实际应用；职业发展方向分为职业兴趣探索、职业技能及职业素养培养课程、社会实践实习；个性发展方向分为心理咨询方向和生涯规划发展指导，辅助学生的个性养成发展。

我们依据国家课程标准，对课程内容进行优化和改造，彰显本土文化特色和学校价值主张，以此满足学生的个性化发展需要；且在信息技术的支持下，通过校内外课程资源的有效整合、学科间的融合，形成了一种更加全面、相互衔接、融会贯通的小、初、高的生涯专业课程，以帮助学生形成更加完备的视角、思维和知识体系。学科课程融合是学生发展指导的重要载体，通过整合设计，适时融入愿景、专业和职业信息、专业和职业素养要求、专业和职业规划路径等。比如，在语文学科方面，高一年级学生可以进行"人物访谈"等将职业探索与写作结合起来的学习。同时，我们在生涯课程中也进行学科探索的工作，在学生选科前，帮助学生了解学科、理解学科以及学科的社会价值、学科的职业方向。目前基于社会认知生涯理论的生涯发展课程已被纳入课表，旨在带领学生学习系统化的自我认知、职业认知、生涯发展指导等内容，形成生涯观念。生涯发展课程教材及教学资源是针对小、初、高各年级的不同需求，教学目标和内容分别有所侧重。以高中阶段为例，一年级分为新生适应、自我探索、学科探索、自我管理 4 篇 26 节内容，从促进高中新生生活适应的"青春飞扬，筑梦时光——走进高中新生活""问多彩人生，谁主沉浮？"认识生涯规划开始，到帮助学生进行自我认知，完成"我的青春自画像"解读，针对学科探索重点增加了"学科社会价值探索""我的学科选择""我的学业规划书"相应的章节。二年级以树立人生理想为重点，注重升学目标定向与指导，帮助学生发展职业认同感；三年级为大学适应及大学准备相关内容。表4-1和表4-2分别为小学、初高中生涯发展规划课程目标。

表4-1　小学生涯发展规划课程目标

小学	课程目标
一年级	指导学生认识学校的物理环境、作息时间、各功能室的用途，培养对学校的好奇心，对校园生活产生憧憬；指导学生认识学校、学校的老师和班级同学，了解要学会的本领，适应学校生活，了解学校与我的关系，建立与学校的紧密联系
二年级	指导学生探索了解自身的兴趣爱好，感受兴趣的个体差异性以及兴趣给每个人的生活带来的影响；发展积极的生涯兴趣，更清晰地认识自身的优缺点，将职业需求与自我相联系，在兴趣探索过程中了解自我、了解职业，不断成长
三年级	利用创设、分享生活与学习经验设计相关的探索性活动，让学生发现自己的特长与潜能，认识与了解职业，培养学习与职业兴趣
四年级	培养学生探索与了解周边社区的意识，通过观察、访谈、活动、交流等方式初步认识社会和了解时代发展对社会的巨大影响，意识到平时在学校的学习与社区联系的重要性，培养责任与自主发展的意识
五年级	利用职业体验、模拟、自我探索等方式，让学生去了解社会分工与职业特征，探究职业发展需要的能力，激发学生的学习信心与动力，树立明确的学习与发展目标
六年级	利用课外学习探索、分享交流，了解中学阶段的学习、生活要求，了解团队与人际交往的重要性，树立新的学习与发展目标，合理设计与规划时间，学会制订学习与生活计划，善于调节自己的情绪，掌握适应新环境的能力

表4-2　初高中生涯发展规划课程目标

初中	七年级	八年级	九年级
课程目标	帮助学生适应初中生活，掌握基础生涯和生活知识与能力，了解所学科目的意义及其与职业的关系，了解身边的基础工作	帮助学生了解自己，了解新接触的学科及其与职业的关系，了解快速变化的职业世界	帮助学生进行科目与发展决策、建构理想未来

高中	一年级	二年级	三年级
课程目标	帮助学生适应高中生活，养成生涯管理技能	帮助学生做出大学及专业决策；帮助学生树立职业理想，了解职业世界，建立自己与工作世界的关系、未来理想自我	学会进行学业决策，建构认同与适应的生涯信念

二、学生个性化指导体系

（一）建立专题分工、协同服务的导师制

导师制的目标定位必须基于学生发展指导思想，必须以促进教育改革与发展、全面提高学生的综合素质为根本目标。导师不仅要有促进学生发展的使命感，还要有指导学生发展的正确思想，有开展科学指导的策略与方法。根据教师的专业背景和培训经历，我们划分了品德、学业、心理、生涯、生活五个导师组。导师按照所属导师组为各年级学生开设发展指导课程，定期与学生、家长会谈，与学生、家长共同制订学生生涯发展计划，共同探讨学生存在的问题以及促进学生发展的方法。除了导师之外，各类学科教学的教师也有责任做好学生发展指导工作，可以渗透或体现指导的思想，关注如何将学科知识转化为学生内在主体发展的资源，鼓励和激发学生的主体发展。同时，班主任应回归"育人"初心，将学生发展指导作为班主任核心素养，对学生在价值观、学习、活动、生活和心理健康等方面的发展进行指导。

高中年级每个行政班均配有班主任、导师两类岗位。两类岗位各有分工，协同管理与服务于学生的发展。导师岗位设普通导师和专业导师两类岗位：普通导师分别对应行政班级，行政班即语数外上课、班会等集体活动的班级。专业导师面向全年级，分为心理、生涯、选课、学业四类，针对性地解决学生的问题。

普通导师的核心任务是对学生进行指导、进行家校沟通以及工作计划与指导的记录。例如，高一年级关注学生学习、心理适应，人际交往、思想、生活等动态；高二年级了解学生学业发展、个人生涯发展、社团活动、生活等状况；高三年级及时了解学生考试、心理压力、生活状况、个人未来规划等状况。专业导师分为学业导师、生涯导师和心理导师。学业导师负责学生学业计划、学习方法、学习策略指导，帮助学生提高对学科价值与学科前沿的认识，对学生进行学业探索与选课指导并负责建立学生学业指导档案。生涯导师负责对学生自我认知、职业体验、生涯活动和校内外活动选择进行指导，对学生职业探索、生涯规划与决策给予支持，对学生专业和职业理想进行启发并建立生涯指导档案。心理导师负责支持完成学生测评、报告解读，引导学生做好情绪压力、考试压力、情感管理与调节，对学生心理进行

疏导干预以及建立学生心理档案等工作。三类专业导师分工合作，共同服务于学生的发展。

（二）设立学生发展指导中心，引导学生科学规划人生

学生发展指导中心是落实学生发展指导各项工作的重要组织，应成为服务于学生发展指导配套资源挖掘、整合、协调、应用的纽带，是支撑学生当前与未来发展、连通导师和学生的枢纽。

人员配置共分为三个部分：学生导师、学生导员、升学顾问及督导组。学生导师可以通过培训认证考试成为心理咨询师、生涯规划师及生涯教练。督导组将开设专家讲座和完成对学生导师、导员的指导。

（三）学习空间再造和专业评测系统建设

在软硬件资源配置方面，首先是场馆及智能系统的建设。我们建立了学生发展指导中心，其功能模块包括公共测评区、生涯视听区、职业探索体验中心、个人咨询指导室、团体指导中心、职业潜能测评中心等。同时，我们充分利用学校现有的专业教室，如虚拟演播室、金融体验中心等相关教室进行学生发展指导工作。

学生发展指导中心的物理空间建设方面有4个职业探索实验室：生命科学职业探索实验室、测量分析职业探索实验室、国防科技职业探索实验室、工程设计职业探索实验室。学生通过预约项目体验学习相关职业知识。由专业团队为学生提供相关指导，通过操作体验录像对学生进行心理、行为分析评估、反馈。学生发展指导中心为学生提供相应专项课程，如社交情绪学习课程。该课程旨在培养学生的情感认知、社会认知和生活技能，帮助学生更好地实施和参与以团队合作、自适应研究式学习为主的设计思维课程学习、项目式学习等。社交情绪学习课程侧重对学生认知情绪、体验情感、重组认知、处理人际问题、训练社会交往、搭建同理心、释放压力和调整行为等方面进行积极干预，取得了非常明显的教育成效。学生发展指导中心的职业探索项目与德国西门子公司、北京大学医学部、教育部教育管理信息中心、北京国信世教信息技术研究院共同研发，涉及线虫研究和生物医疗项目、工程与设计探索项目、测量分析项目、国防科技项目。学生通过观摩、操作体验以及与专家的沟通，得到评估和反馈，了解各职业研究领域的基本知识和所需要的能力或

素质，为未来发展有效决策提供依据。

资源建设方面主要包括一体机评测系统、选课走班系统、德育建设、专业职业体验和实践基地等。我们认为学生发展指导中心对于学生的生涯、心理、职业和学业的指导，不能简单地凭借直觉和经验，而是应该把这种指导变成大数据支持下的科学、有依据、准确度较高的实践行为。一体机评测系统可以让学生自主进行人机互动，让学生通过测试进行自我探索以及专业、职业倾向探索。TOPSIS 选课走班系统不是排课软件，是计算工具，通过设置适当的标准参数和权重进行具体应用，对于学生选课有一定的指导意义。该系统的科学性、综合性、准确性和发展性，正在运行过程中逐步完善。这样学生升入高中后，通过一系列客观科学的测评，而非凭借教师的经验和简单的个人喜好，确定在高考"六选三"要求下的选课组合。通过参考学生累积的大数据，我们能够真正把选课走班与学生发展指导结合起来，真正实现对学生持续的正向帮助。

不可否认，我国的学生发展指导尚处于初级阶段，机会与挑战并存。一是部分学科教师及不同层次师资的分配都存在问题。二是在师生沟通方面，选课走班后，学生与学科教师的沟通可能达不到与原来班主任沟通的频度。三是课程整合的工作很难，缺少国家标准。教师动力不足，容易引发抵触情绪。四是要让学生发展指导中心发挥真正的作用。学校组织结构要进行相应改变，而学校整体变革所需时间较长。如何取得师生和家长的理解是学校必须面对的难题。

我与八一学校："环保科学"职业体验课程

第1课 水体物理性质的测定（节选）

科技发展日新月异，环境污染特别是水体环境污染引起了社会的广泛关注。在这样的时代背景下，依据初中生的知识和认知基础，该课程设计了"水体物理性质的测定"主题，主要涉及物理和化学的相关知识。教学活动和教学过程的设计突出探究式学习和研究性学习，能够激发学生的学习兴趣，提升学生的科学探究能力和动手操作能力，并且有助于加强学生对科学原理、科学知识的应用意识及能力。样例资源包括《水体物理性质的测定》学生资料、教师教学指导、学生活动手册、教学评价量表。

一、水体的物理性质

固体有其物理性质，如质量、体积等；气体也有其物理性质，如压强。那么与其他物质相同，水也有其物理性质。水体的物理性质自然也是判断水体等级的指标之一，那么判断水体等级的物理性质还有哪些呢？又是如何测量的呢？

二、重要概念

（一）浊度

浊度是指溶液对光线通过时所产生的阻碍程度，它包括悬浮物对光的散射和溶质分子对光的吸收。水的浊度不仅与水中悬浮物质的含量有关，而且与它们的大小、形状及折射系数等有关。

（二）电导率

电导率是物理学概念，也可以称为导电率。在介质中，该量与电场强度E的积等于传导电流密度J。对于各向同性介质，电导率是标量；对于各向异性介质，电导率是张量。生态学中，电导率是以数字表示的溶液传导电流的能力。单位以西门子每米（S/m）表示。

（三）溶解氧

溶解在水中的空气中的分子态氧称为溶解氧，水中的溶解氧的含量与空气中氧的分压、水的温度都有密切关系。在自然情况下，空气中的含氧量变动不大。故水温是主要的因素，水温越低，水中溶解氧的含量越高。溶解氧通常记作DO，用每升水里氧气的毫克数表示。水中溶解氧的多少是衡量水体自净能力强弱的一个指标。

三、实践活动

（一）活动目标

①了解水体物理性质的测定方法。

②了解实验的基本方法。

（二）原理

1.浊度测定

一束平行光在透明液体中传播，如果液体中无任何悬浮颗粒存在，那么光束在直线传播时不会改变方向；如果有悬浮颗粒，光束在遇到颗粒时就会改变方向（不管颗粒透明与否）。这就形成所谓散射光。颗粒越多（浊度越高），光的散射就越严重。利用浊度计发出光线，穿过一段样品，并从与入射光呈 90° 的方向上检测有多少光被水中的颗粒物散射。

2. pH 测定

以玻璃电极为指示电极，饱和甘汞电极为参比电极组成电池。在 25℃ 理想条件下，氢离子活度变化 10 倍，使电动势偏移 59.16mV，根据电动势的变化量测出 pH。利用 pH 计上的温度补偿装置，来校正温度对电极的影响。为了提高测定的准确度，校准仪器时选用的标准缓冲液的 pH 应与水样的 pH 接近。

3. 电导率测定

溶解于水的酸、碱、盐电解质，在溶液中解离成正、负离子，使电解质溶液具有导电能力。其导电能力的大小可用电导率表示。电解质溶液的电导率通常是将两个金属片（电极）插入溶液中，测量两极间电阻率的大小来确定的。电导率是电阻率的倒数。其定义是当电极的截面积为 $1cm^2$，极间距离为 1cm 时，该溶液的电导率。电导率的单位为西／厘米（S/cm）。在水分析中，常用它的百万分之一，即微西／厘米（μS/cm）表示水的电导率。溶液的电导率与电解质的性质、浓度、溶液温度有关。一般情况下，溶液的电导率是指 25℃ 时的电导率。

4. 溶解氧测定

溶解氧分析仪传感部分是由金电极（阴极）和银电极（阳极）及氯化钾或氢氧化钾电解液组成的。氧通过膜扩散进入电解液与金电极和银电极构成测量回路。当给溶解氧分析仪电极加上 0.6~0.8V 的极化电压时，氧通过膜扩散，阴极释放电子，阳极接受电子，产生电流。根据法拉第定律，流过溶解氧分析仪电极的电流和氧分压成正比；在温度不变的情况下，电流和氧浓度之间呈线性关系。

（三）探究

为什么 pH 和电导率均指 25℃ 时？

为什么溶解氧会随温度的变化而变化？

为什么浊度的测量过程要将溶液摇匀？

（四）实验材料用具

浊度计、pH 计、电导率仪、溶解氧仪。

（五）实验试剂

浊度仪校准液：福尔马肼、浊度标准溶液（400NTU）。

pH 计校准液：pH4.008 的标准缓冲溶液，按袋装邻苯二甲酸氢钾配制。

pH6.865 的标准缓冲溶液：按袋装磷酸二氢钾和磷酸氢二钠配制。

pH9.180 的标准缓冲溶液：按袋装四硼酸钠配制。

电导率仪校准液：0.01molL-1 的氯化钾。

溶解氧仪校准液：5% 的新鲜配制的亚硫酸钠溶液。

（六）实验操作步骤

1. 浊度测定

①浊度计的操作应按仪器使用说明书的要求进行。

②用标准溶液校正仪器。

③用待测溶液将测量瓶冲洗后，测定待测溶液，由仪器刻度表上读出浊度。

④测定完毕后，将塑料杯冲洗干净，妥善保存。

2. pH 测定

①按照所使用的 pH 计说明书的操作方法进行操作。

②用标准溶液校正仪器，采用二点校正法。

③用待测溶液将电极和塑料杯冲洗后，测定待测溶液，由仪器刻度表上读出pH。

④测定完毕后，将塑料杯冲洗干净，妥善保存。

3. 电导率测定

①电导率仪的操作应按仪器使用说明书的要求进行。

②水样的电导率大小不同，应使用电导池不同的电极。不同电导率的水样可参照选用不同电导池常数的电极。（使用和水样电导率相近的标准氯化钾溶液测定电导池常数。）

4. 溶解氧测定

①溶解氧仪的操作应按仪器使用说明书的要求进行。

②用 5% 的新鲜配制的亚硫酸钠溶液进行零氧标定。

③把溶解氧电极从溶液中取出，用水冲洗干净，用滤纸小心吸干薄膜表面的水分，并放入盛有蒸馏水容器（如三角烧瓶、高脚烧杯）中靠近水面的空气上或者放入空气中，但电极表面不能沾上水滴进行满氧标定。

四、职业探索——污水处理工程师

（一）必备技能

①具有扎实的专业技术基础。

②熟悉废水处理工作原理和方法以及工艺流程，熟悉设计规范及标准。

③熟练使用实验测试仪器及 AutoCAD、Office 等计算机软件。

（二）工作内容

①负责完成水处理项目的需求调查及方案编写。

②依据制定的水处理方案，对水处理工程项目的实施进行管理和控制。

③指导水处理工程设备的现场安装、调试，解决技术难题。

④对水处理所用的药剂进行现场技术指导。

（三）发展前景

①作为一种新兴的职业，其工作内容关系整个人类的发展，具有非常广阔的就业前景。

②可在各污水处理厂任职，也可以在研究机构担任相关研究人员。

（四）自我评价

①要求具有高度责任心。

②工作强度中等。

③就业前景广阔。

④以环境工程、水污染控制工程、给排水工程专业为主。

第三节 两种课程结构

我提出学校有两种课程结构：一个是全人教育课程体系，另一个是科技教育课程体系。这并不矛盾，因为科技教育课程体系是面向有志于国防科技专业发展的学生的。这种思考也是经过深思熟虑的。首先，课程要培养核心素养，这是人才培养的一种起始标准和根本目标。那么在义务教育阶段，我们需要在符合国家教育导向的背景下做好全人教育，这是我们的责任。但学生的性格、家庭背景以及他们对未来社会的理解是千差万别的。我们在实现教育均衡和全覆盖的同时，还要做好对学生个性发展、潜能发展、职业发展、生涯发展的一种支撑。那么这就引出了高中教育要走特色化办学和高质量办学发展之路的时代命题。在义务教育阶段，我们的目标是培养学生的核心素养和实现全人教育，但在高中阶段需要立足学生未来人生选择、立足学校优势和特点来界定学校往哪个方向发展特色。我认为一所学校的名片其实就是其所培养的学生身上体现的一种思维方式、一种行为能力、一种气质修养。从长远角度来讲，学生在其整个人生都应该体现这张名片所包含的基本素养和内涵。

一、全人教育课程体系改革

如果将学生的发展作为一所学校的终极目标，那么学生的发展离不开课程、课程实施和持续性评价，教育质量的高低也取决于这三个因素。课程建设与人才培养是互为依托、互为支撑的关系。课程实施的基础是教师的教学设计，表现的是教师的教学行为，体现的是教师的教学理念，传达的是以学生为中心的核心观念。教学起点是学生知识能力的学情，落点是学生认知及能力发展，过程是借助内容整合、目标设定、连续性评价设计学生活动。学生的学是需求侧改革的推动力，是体现学校办学理念的一个维度，与教师的教紧密相关。学校要从质量上消除短板，发展长板，共同为学生的发展提供强有力的支持。

回顾学校课程发展的四个阶段，我们对课程的认识和理解越来越清晰。第一阶段是2007—2011年教师依据自己的喜好、能力开发大量校本课程。这些课程中很多模块很有生命力，一直在发展。鉴于建设经济金融类、国际化课程，开发资优班课程等，学校购买了课程资源和课程服务，以此丰富课程种类和课程资源。但课程受众面小，有些课程过于依赖外界。此时算是学校课程1.0版。

第二阶段是2012—2014年从聚焦功能、对接特色的顶层设计角度去梳理学校的课程，有了图谱化的思路。其意图是从课程维度去呈现三大特色，课程分层也体现了一定的能力发展关系。但特色课程群的课程模块跟学科课程有交叉。此时是学校课程2.0版（图4-2）。

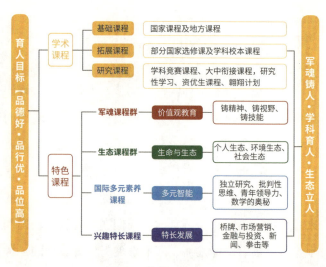

图 4-2　学校课程 2.0 版

在课程2.0中，我们重新将学科课程进行分层分类，形成了以学段为时间轴、以课程层级为发展轴的学校数学科学课程二维图（图

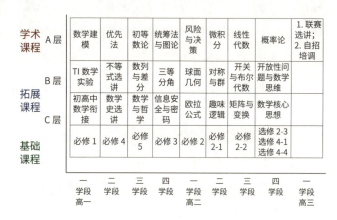

图 4-3　学校数学学科课程二维图

4-3）。这样做使学科课程模块基于课程标准设置，时间轴、能力轴清晰；大部分学科课程模块发展路线图明确。人文类学科课程暗含若干主题线，体现了模块课程构建的依据。但也存在问题，即未来新课程方案和各学科课程标准的变化、高考政策的变化对这个课程体系的冲击不确定，课程发展逻辑以及模块之间的关系缺乏科学性考证。

第三阶段是2015—2018年北京市新课程方案和高考方案变化的征求意见中不断传达出基于学生核心素养发展的方向，这成为学校重构课程体系的核心支柱。这次课程建设涉及义务教育阶段和高中教育阶段。之所以把课程分为两大体系，有两方面的考虑。一是阶段性目标和培养的素养不同。二是义务教育的课程注重学科综合，强调主题教育；高中教育要结合高考改革探索分层走班下的课程设置。这样在课程体系顶层设计中，聚焦核心素养，立足知识类别，明确课程思想、确立课程领域和核心素养、划分课程系列、搭建课程结构、设计课程模型，并对每种课程形态进行课程设置。尤其是高中课程结合"6选3"，依据课程难度对核心学科进行分层规划，便于未来开展走班教学。高中的挑战课程是依据学校的课程优势总结出十大课程群，包括领导力课程群、实验室课程群、翱翔计划课程群、金帆艺术课程群、足球俱乐部课程群等。至此形成了义务教育阶段的钻石型课程和高中教育阶段的品字型课程。此时是学校课程 3.0 版。表 4-3 和 4-4 分别为学校高中教育阶段和义务教育阶段学生核心素养。

表 4-3 学校高中教育阶段学生核心素养

核心素养领域	五大核心素养	核心素养关键指标
社会责任	品格修养	人格健全、勇于担当
自主发展	人文底蕴	文化自信、人文情怀
	科学精神	批判质疑、实践创新
	审美情趣	文明高雅、健康生活
国际理解	世界胸怀	开放意识、参与精神

表 4-4 学校义务教育阶段学生核心素养

核心素养领域	五大核心素养	核心素养关键指标
社会责任	品格修养	中国精神、法治信仰
自主发展	人文底蕴	语言建构、文化传承
	科学精神	学思结合、知行统一
	审美情趣	学会欣赏、崇尚文明
国际理解	世界胸怀	尊重差异、适应社会

　　义务教育阶段课程之所以命名为"品质八一"课程，既是对"品质八一，品质人生"沟通口号的具体化呈现，又是模型中"八一学校人"素养领域俯瞰图的体现。

　　高中教育阶段课程命名为"品质八一"课程，除了对"品质文化"和"品质八一，品质人生"沟通口号做具体化呈现外，又形象地勾画出"自主发展、社会责任、国际理解"三条指向育人目标乃至未来人生的个性化发展路径。表 4-5 为学校高中课程形态。

表 4-5　学校高中课程形态

课程形态	课程定位	面向群体	课程构成	课程类型
挑战课程	满足国内外大学自主招生要求 培养学术潜力和某项核心素养突出、个性扬长的优秀大学后备人才	面向个体学生 注重专业发展	为选修课程，包括大学先修课程、学科竞赛课程、翔翔计划、特长专业训练课程、自主招生课程	课程群
发展课程	满足高考要求 培养发展方向不同、兴趣不同的准大学人才	面向群体学生 注重志向发展	为选修课程，包括国家必选和选修课程、地方课程、校本选修课程	专业成长类 志趣培养类
基础课程	满足高中毕业要求 培养具有八一学校五大核心素养的中学毕业生	面向全体学生 注重全面发展	为必修课程，包括国家必修、校本必修	学科固本类 学科实践类

　　之后学校各个学科教研组按照学校的总体课程蓝图，依据三种课程形态和四大课程类型分别进行各自学科的课程体系建设。其目的是解决学科课程内容选择、呈现方式、组织形式等问题。

　　当然，学科课程体系建设的另外一个目的是对已有的校本课程进行遴选，从定位思考与核心素养培养的连接度、内容思考与课程形态和类型的契合度出发，从而让校本课程建设不再处于野蛮生长的状态。

　　第四阶段是 2019 年至今结合正在推进的学生发展指导研究项目，我们依托北京师范大学裴娣娜教授的专业指导，依据"智力、智慧、创造力、综合"WICS 四要素，对课程体系又进行了一次优化。首先是调整了核心素养，由之前的 5 项变为 7 项，即文化基础领域包括人文底蕴、科学精神、审美情趣 3 项；自主发展领域指学会学习 1 项；社会参与领域包括责任担当、实践创新、国际理解 3 项。其次是以生涯规划为主线，以系列整合为目的，以课程群建设为指向，形成 3 大课程形态和 6 大课程集群。3 大课程形态为基础、发展、挑战，6 大课程集群为数学与科技课程群、语言与文学课程群、人文与社会课程群、艺术与审美课程群、身心与气质课程群、国际理解课程群。至此形成学校课程 4.0 版。

围绕课程体系结构，我们将三级课程、六大课程群进行了总体规划，形成了基于 4.0 版本的课程建设任务书。

在我看来，课程顶层设计为学科建设提供了蓝本和边界，使各学科教师在进行学科建设时能够有核心素养的意识，并将核心素养体现和贯穿在课程目标中，统筹设计学科课程规划方案，挖掘学科素养，划分学科系列，兼顾课程的深度和广度，考虑学科课程之间的关联度。对于核心素养的落实，我认为需要改进的几个方面包括：一是完善体系，忠实国家课程的基本价值追求，厘清三类课程的功能定位，满足学生发展的不同需求；二是寻找支点，基于学科核心素养，用大概念统整课程内容，厘清选修课程的逻辑起点，彰显学科魅力；三是设计层次，按学科领域分类分层建设课程群，支持学生的深度学习、个性化学习；四是多元融合，促进跨学科综合学习，强化实践探究，丰富学生的学习经历，培养学生的全面素养；五是资源建设，推进学科课程开发和常态实验室、学科教室、创新实验室建设以及教学实施整体设计；六是基于技术，变革课程实施形态，创造有限课堂、无限学习形体；七是提升质量，规范课程实施，推行适性的课程学业质量管理和评价。当未来学校变革更多地谈到学习自主化、任务合作化、教学个性化、管理自动化和系统开放化的时候，核心素养作为学校课程的灵魂，有助于学科固有的本质特征以及学科素养的提炼，有助于学科边界的软化以及学科课程群或跨学科的联系，有助于学科教学的重建；也能为一线教师整体把握学校课程，打破分科主义、消解碎片化的以知识点为中心的灌输，提供视野和机会。无论是课程体系的结构化构建，还是跨学科综合课程的开发与实施，抑或学科课程的基于项目改进教学的研究，都是在做全人教育，都在于给学生在学校的生活增加更多的体验，使学生在知识、方法、思维、文化、环境的浸润中激发潜能，在实践和体验中全面提升核心素养，让学生今后在专业领域学有所长、为国家做出贡献的同时，也是一个生机勃勃的、有生活情趣的人。

从目前来看，课程 4.0 版还是存在一些问题的。一是如何让每个课程群都有学科的支撑，使课程群得以健康生长。德育需要和思政教育融合，解决德育空泛化的问题，而且思政教育也需要单独作为一个一体化体系来构建。二是要把特色做实。

学校的生态立人目标需要其专门有一个课程群来实现，需要通过小学的科学、中学的生物学、化学等学科做支撑。而其定位应为城市生态，让学生关注整个城市的生态发展。三是劳动教育的不鲜明和不突出。随着国家对劳动教育的重视，学校需要建构一个劳动课程群，以小学的科学、中学的通用技术和劳动技术为学科支撑，围绕生活劳动、生产劳动和服务性劳动，将劳动定位为社会服务，培养学生的劳动精神和服务观念。总之，课程建设是学校长期的一项工作，需要长期不懈地进行优化、完善、升级。学校课程建设还在路上，因为课程作为培养人才雏形的"胚体"，作为落实核心素养的"载体"，始终都必须具有卓越的品质；因为课程关乎一个人的生命质量，关乎一个人的家庭幸福，更关乎一个人的社会价值。

二、科技教育课程体系建设

建校 70 多年来，以科技教育助力强国强军梦始终是贯穿学校发展的主线。小卫星项目、STEAM 课程、科技竞赛和活动、翱翔计划、航天科技教育联盟等具有制高点的品牌项目，使学校科技教育具有广泛的社会影响力。基于科技特色的基础和优势，学校将基于国家科技发展的战略需求，结合学科融合、批判性思维、科学探究、合作学习等主流的科技教育理念，培养能够进入世界一流学府继续深造的专业化科技人才，为建设科技强国、质量强国、航天强国、网络强国、交通强国、数字中国、智慧社会等提供强有力的支撑。

（一）建设"课程内容 + 课程性质 + 信息加工水平"三维科技课程体系

学校科技特色课程建设坚持"学科主体 + 科技特色"统整建设路线，以国家课程教材内容为主体，合作开发各学科科技特色课程，形成全面化和特色化的课程体系；持续审视和强化学校的核心课程，突出数、理、化、生学科课程在培养与提高学生科学思维能力方面的关键作用，同时重视人文社科类课程对学生科技素养提升的重要作用，对国家课程教材内容进行学科内、学科间、跨学科主题整合；基于学生的生涯规划，开发科技特色课程，包括数学课程、高级实验室课程、社团课程以及暑期学校课程等，为具有科技特长和发展潜质的学生提供专业方向明确的个性化深造通道和多样化的学习探究和实践机会。

学校强调全体教育人员的共同参与，以全体学生的认知水平、发展需求及兴趣为出发点，整合校内外物质与非物质资源，编制满足学生可持续发展、个性发展的阶梯性课程方案，致力于全方位提升学生的科技素养，培养"继往开来、开拓无前"的品质公民。在原有科技课程体系的基础上，学校提出了"课程内容＋课程性质＋

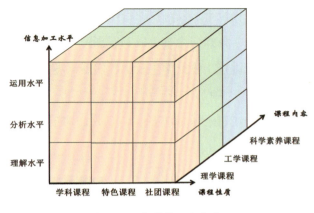

图 4-4　三维科技课程体系

信息加工水平"的三维科技课程体系（图 4-4），并以此体系实现"智慧＋一贯制"建设蓝图。

"课程内容＋课程性质＋信息加工水平"三个水平的三维科技课程体系，以学校学科课程、特色课程、社团课程为载体，面向科技中理学、工学、科学素养三大方面，在信息加工水平上实现"理解—分析—运用"的课程进阶差异，结合社会需要和个人发展需求，意在普及科学知识，培养科学素养，营造学校良好的科普氛围，增强学生的科技意识，提高学生的创新精神及实践能力。

1. 课程内容

在课程内容上，学校主要依照国家学科内容性质和科技课程特色开设理学课程、工学课程、科学素养课程。

理学课程位于学校科技课程体系中课程内容的基础层面，以不低于国家课程及地方课程的难度为前提要求，积极寻求基础学科与科学技术发展的内容结合，关注学生的个性发展，拓展学生在不同基础学科领域的深入研究与学习需要。学校现开设的理学课程有化学、数学、地理、生物学、物理、天文、大气科学（图 4-5）。

图 4-5　"理学课程"体系

工学课程位于学校科技课程体系中课程内容的实践层面，以数学、物理、地理、体育等基础学科知识为本，以实践探究学习与项目式学习为主要课程形式，辅以科学技术知识讲授，注重学生对工程实践兴趣的发展以及科学实践能力的培养。学校现开设的工学课程有航空宇航科学与技术、材料科学与工程、计算机科学与技术、环境科学与工程、机械工程、信息与通信工程、电子科学与技术、生物医学工程、食品科学与工程（图4-6）。

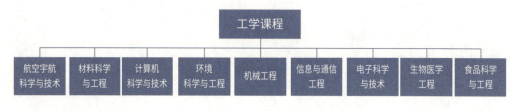

图 4-6 "工学课程"体系

科学素养课程位于学校科技课程体系中课程内容的品质层面，贯穿理学课程与工学课程的学习，直面学生发展核心素养的需要，促进学生科技素养的培养。学校现开设的科学素养课程有科技思维类课程、科技方法类课程、科技法律与道德类课程（图4-7）。

图 4-7 "科学素养课程"体系

2. 课程性质

在课程性质上，学校主要依照课程性质和学校文化特色开设学科课程、特色课程、社团课程。

学科课程是指学校依据教育部《普通高中课程方案（2017年版2020年修订）》的课程设置要求，根据北京市或海淀区教育部门培养符合国家、社会需要的人才的要求，面向全体学生、为促进学生基础学力养成而开设的学科基础性课程，包括必修课程、选择性必修课程、地方课程。

特色课程是指学校立足传统和优势，结合学生的可持续发展需求，视科技为课程间脉络、以科技为课程内容，开发的与国家及地方课程相适应、富有学校科技特色的校本课程。

社团课程是指为具有共同志趣的学生开设的发挥个性特长、锻炼组织能力、丰富校园文化、活跃课余生活的课程，包括教师团体设立的社团课程和学生自愿组织的社团课程。高中社团课程的建设和管理对进一步促进高中学生核心素养的发展具有重要作用。

3. 信息加工水平

马扎诺的教育目标新分类学，将心理系统分为自我系统（self-system）、元认知系统（metacognitie system）和认知系统（cognitive system）（包括信息提取、理解、分析、知识应用）；并提供了第二维知识系统的分类，包括信息、心智程序、心理动作程序。[①]

结合教育目标的新分类学，学校将课程体系的信息加工水平划分为理解、分析和运用，在课程体系上呈现课程内容的螺旋上升、信息加工水平的不断递进。

理解水平指在信息提取的基础上，将知识转化为适合在永久记忆中储存的形式。为了能够将信息储存在永久记忆中，学生需要将关键信息按照一定的结构和格式加以转换之后保存，排除多余的信息。

分析水平指学生对知识进行匹配、分类、差错分析、概括和认定，是对知识的合理延伸。这需要学生反复多次地与知识互动、对知识进行改编和细化。

运用水平是指学生能在完成某项特定任务时运用所学习的东西。这个过程包括学生对知识的决策、问题解决、实验和调查。

（1）理学课程的信息加工水平

理学课程的信息加工水平主要集中在理解、分析、运用三种水平上。在未来课程建设过程中，学校需要注重对三维体系的补充与完善，可以增加跨学科的理学课程内容，不断丰富理学课程内容。

（2）工学课程的信息加工水平

工学课程信息加工水平主要集中在理解、分析、运用水平上。在未来课程建设

---

① [美] 罗伯特·J.马扎诺、[美] 约翰·S.肯德尔：《教育目标的新分类学》第 2 版，高凌飚、吴有昌、苏峻译，11 ～ 12 页，北京，教育科学出版社，2012。

过程中，学校需要注重对三维体系的补充与完善，可以增加跨学科的工学课程内容，不断丰富工学课程内容。

（3）科学素养课程的信息加工水平

科学素养课程作为基础品质类课程，横跨学生的整个学习过程。它可以逐步培养学生的科学技能、科学思维、科学能力和科学精神，帮助学生完成各项科学内容的学习和科学产品的设计与制作。在未来课程建设过程中，注重对三维体系的补充与完善，可以增加科学素养课程的内容，不断丰富科学素养课程内容。

（二）基于三维体系，构建十二年一贯制科技课程

十二年科技一贯制科技课程的优点是，让学生在各个学段的衔接过渡上波动小，更容易快速融入下一个学段的学习；帮助学生养成科技素养、科学思维、科技能力。

基于原有课程体系的特色，学校可以设计实施的十二年一贯制科技课程如下。

属于理学课程的特色课程且信息加工水平为理解水平的课程有"电影中的物理""天文学概论"。

属于理学课程的社团课程且信息加工水平为分析水平的课程有"重力棋——博弈数学"。

属于工学课程的特色课程且信息加工水平为理解水平的课程有"北斗基础课""北斗卫星导航基础课""发展中的材料""陶瓷""人工智能""疾病与健康"。

属于工学课程的特色课程且信息加工水平为分析水平的课程有"校园环境质量监测"。

属于工学课程的社团课程且信息加工水平为运用水平的课程有"模型设计与制作"。

属于科学素养课程的特色课程且信息加工水平为理解水平的课程有"思想力""开放思维活动""科学思想和科学思维培养""资讯科技""国防教育读本"。

属于科学素养课程的特色课程且信息加工水平为分析水平的课程有"数学思维选讲"。

属于科学素养课程的特色课程且信息加工水平为运用水平的课程有"创意写作""科学思想方法"。

属于科学素养课程的社团课程且信息加工水平为运用水平的课程有"辩论实践"。

教育是国之大计、党之大计。而教育落实的根本则在于课程的建设与完善。我们秉承"一流科技，品质人生"的办学理念，坚持"科技育人"，以建设世界一流科技高中为目标，针对"科技课程三维体系的全覆盖""十二年一贯制课程"等课程建设问题，做出了系统规划和未来发展路径，描绘了一幅高品质的战略蓝图。

我与八一学校：发挥启明星作用的"小卫星"项目

学校结合中国航天日科学普及航天知识，大力弘扬航天精神，激发青少年的探索创新热情，建立了航天科技教育课程体系，传授以卫星为代表的航天科技知识，包括卫星运行的外太空环境卫星轨道的动力学原理、卫星平台构成各个专业领域的基础知识如总体结构、电子工程、姿态控制、无线电信息传输、星载能源、防隔热、卫星信息管理和流程设计等以及卫星总装和地面测试和以对地球的光学遥感和导航为案例的卫星应用试验相关知识。目的是希望通过小卫星项目实践的形式，使学生获得工程过程的体验，如航天系统工程的阶段划分、任务设计、工程设计和验证、模样—初样—正样的研制流程、工程测试和质量保证等，形成对航天工业体系的基本认识，形成工程设计的理念、技术协作的意识和团队合作精神。为了培养学生的科技人文素养，课程群在内容和授课方式上特别关注增强航天精神主题和爱国主义教育，用航天英雄事迹来浸润中华民族的优秀传统，利用航天事业成就来感受祖国的强大，激发爱国报国的激情。

2016 年 4 月在首个中国航天日主场活动上，首颗科普卫星——01 星"八一·少年行"启动。2016 年 12 月,01 星"八一·少年行"在太原卫星发射中心发射升空。在航天专家的指导下，小卫星研制团队的成员在真实的卫星工程情境中参与了完整的卫星研制、发射和应用过程并主导了载荷和应用。小卫星研制团队按照习近平同志的嘱咐写了一封卫星发射的信，后来他给小卫星团队寄来了回信。

多年来，01 星"八一·少年行"发挥了启明星作用。2017 年 12 月，石家庄市鹿泉区第一中学和八一学校学生共同参与研制的 02 星"西柏坡号"在鹿泉区第一中学启动。2020 年 7 月，02 星"西柏坡号"在太原发射中心成功发射。"西柏坡号"采用 2U 立方体卫星构型，卫星载荷为微型光学遥感相机和可编程教育载荷搭乘长征四号乙运载火箭发射。2019 年 3 月，太原市进山中学学生参与研制的"太原号"科普卫星（"八一 03 星"）在太原市进山中学启动。2020 年 11 月 6 日，03 星"太原号"在太原卫星发射中心搭载长征六号运载火箭成功发射升空。该星为一颗 6U 立方星，搭载紫外相机、计算光谱相机和可编程载荷，主要用于开展天体遥感观测、对地观测、天地协同编程教育等实验。"八一 04 星"于 2019 年 4 月在第三届中国航天科技教育校长论坛活动上启动，授旗哈尔滨工业大学附属中学；"八一 05 星"于 2019 年 9 月在福州市召开的第四届中国航天科技教育暨产教融合论坛上启动，授旗济南市长清中学。2021 年 4 月，乌鲁木齐市八一中学接过授旗，"八一 06 星"正式启动。

参加"方舟一号"项目的张馨心同学说，3 年前，当看到第一颗中学生小卫星成功发射的消息时，正在上初中的自己被深深震撼了。科普小卫星发射成功的消息仿佛一颗"启明星"，吸引着她努力学习成为团队的一员。高一年级开始，她陪伴着亚轨道飞行器"方舟一号"一路走来，从实验设计到编写程序，从编程控制、样本培育到走进高校实验室观摩取经……从无到有，从图纸变为现实。2019 年 6 月，这个携带太空生物实验舱的飞行器在内蒙古阿拉善成功发射。她也终于实现了自己当年的心愿。从仰望第一颗小卫星升空的小女孩，到参与研制飞行器的骨干成员，她不仅收获了研制小卫星的经历，还在这个过程中不断学习、实践，体会到科学探索的乐趣与艰辛，接触到了更加丰富的世界，成长为一个更加充盈的人。

记录卫星研制进展的微博号"八一小卫星"上，实时更新着学生的点滴突破。一位学生写下这样的感受："老科学家站在会议室正前方，两鬓斑白却精神矍铄。谈到中国航天事业的发展，他如数家珍般列出了我国在航天科技上的一次又一次新的突破……"谈到将要面临的挑战，教师说："人类还没有发展到真正可以发送卫星去探索更深远的宇宙。对于 40 余年都致力于航天工程事业的他，这无疑是遗憾的。"但是从他的讲述中，我深深感受到了航天事业的魅力，这种震撼可谓前所未有。

参与了 02 星研究的高三年级杜嘉璐同学说："我从高一开始参加小卫星活动。高一寒假、暑假参加了测控组，在大学参加了理论学习。通过实践，我不仅拓宽视野、思路，还体验到科学的严谨、认真，深刻体会到'即使拧一个螺丝也要保持敬畏之心'的必要性。这段经历让我对'科学精神'的理解有了落地的载体。"

参加"西柏坡号"小卫星课程学习的贾诗悦同学说，小卫星项目教给他一种学习方式，是钻研和智慧。他说，知识的储备固然重要，但是如果只有知识而不懂得如何将知识挖深挖透，不懂得如何去运用也是不行的。那智慧呢？学习，不是死读书，就像卫星课程也不仅仅是学习理论知识。有一些独特的学习方法，如小组学习、项目式学习、总结学习……这些方法或许比一味地学习基础知识更能提高自己的能力。

在通用技术中心，正在搭建中的周长达8米的模拟舱格外引人注目。按照计划，这个模拟舱将以项目式课程的形式向学生开放，让学生围绕模拟飞行、设计航模降落的引导灯等主题开展学习，对学生爱国主义教育、海洋国防教育、科技教育有很好的示范效果。

小卫星研制团队成员先后登上多个电视栏目的舞台，分享自己在课程及活动中的体验与收获。在哈佛大学中国教育论坛上，曾参与第一颗小卫星研制的徐依菲同学用英文分享了她的研制过程，受到国际社会的关注与好评。如今，越来越多的学生参与了真实航天卫星研制工程的全过程，近距离接触航天人，切身感受到航天精神和航天文化。

（李锐）

第四节 三大特色教育

学校的三大特色是军魂铸人、科技育人、生态立人。军魂铸人自不必说，一所党和人民军队创办的学校，军魂就是它的基因。而且学校每年招收的初、高中学生中，至少有 100 名是来自部队家庭的。这些学生的家长都投身于国防事业相关的工作中。这些学生家长的政治素养很高。这种家庭环境对学生耳濡目染，影响是非常深刻的。因此这些学生包括他们的家长对红色基因传承和军魂铸人教育是有共鸣的。2011 年提的是学科育人，我只是认为在开展语、数、英、史、地、政这些学科教学时，尽可能挖掘学科价值，从育分走向育人，让学生在掌握知识技能的同时拥有学科素养。我在此想谈一下如何确立一所学校的办学特色。我认为一定要跟学校的历史渊源、现实发展、显著优势、实际的生源组成、所处的社会环境、未来教育对人才的需求、国家战略发展等做关联。一旦确定了一种特色，那么课程设置、活动设计、学校文化氛围建设，包括学校的话语体系，都是要支撑特色发展的。所以，学校的科技育人特色综合了多个因素而界定。对于生态，广义的理解是指可持续发展理念。而我觉得应是一种社会生活方式，就是学生对一个城市生态所持的价值观，包括他们对自然的尊重、对各种物种的尊重、对我们生存的这个地球的尊重，要教给学生一种生活方式或者生活准则。这就是生态育人，纵向上看它面向学生未来整个人生的发展；横向上看是让学生影响家庭、影响社会。学校的这三个特色教育，其实也是跟聂荣臻同志题写的"继往开来，开拓无前"的校训相通的。在继承优良传统的同时又不故步自封，让传统的内容在新时期诠释出新的内涵，与学生的学业学习和生活方式产生联系；让这种特色通过教育烙印在学生的身上，并使其受用终身。

一、军魂铸人

1947 年，为了培养教育革命后代，在聂荣臻同志的亲切关怀下，学校的前身荣臻子弟学校在河北省阜平县创建。这所诞生在硝烟弥漫的战争年代的军队学校，注定了具有强大的红色基因。从此红色文化伴随学校前行的脚步一路走来。

学校是海淀区红色教育示范学校，曾代表全国中学接受国家的评估验收并得到好评。可以说，是红色精神挺起了学校的教育正气。学校很早就建立了每周升国旗制度。师生整齐地站在操场升国旗、唱国歌，有步伐整齐的仪仗队，有充分准备的国旗下讲话。改革开放后，为贯彻落实党的教育方针和邓小平同志提出的"三个面向"战略，全面推进素质教育，学校以先进思想和改革精神创造性地开展工作，把创新德育、传承红色文化作为贯穿始终的重要任务，通过扎实有效的红色文化教育，使全体学生树立了家国情怀，提高了爱国意识。近年来，学校结合课程改革要求和活动需要，挖掘红色教育价值，完善红色教育规划，彰显红色教育魅力。经过不断的探索与创新，学校的红色文化教育特色鲜明。在习近平同志教师节重返学校考察时，学校做了专题展示，受到了他的称赞。

中国人的红色情结与生俱来，它流动在民族的血脉里，遗传在民族基因中。深入发掘红色文化的传承价值功能，是培育新的民族精神的现实需要，也是培养具有中国精神的时代新人的迫切需要。无论从理论方面来看还是从实践方面来看，"为谁培养人"的问题都处于上位，影响着对"培养什么人"问题的回答。"怎样培养人"反过来也会影响到"培养什么人"目标的实现。因此，新时代红色文化教育就要在强化为党育人、为国育才的前提下，让学生爱党、爱国、爱社会主义，树立和坚定理想信念，培育和践行社会主义核心价值观，继承和发扬中华传统美德。

回望学校走过的红色文化之路，我始终在追问三个问题：从历史层面看，一所红色校徽的学校应该具备怎样的特质？从内在和外显角度看，红色特质应该在学校文化中如何体现？从育人目标和教育模式方面看，中国特色社会主义理论体系体现指导下的红色教育如何开展？由此形成了我的红色文化教育观。

（一）启发学生对人生境界的觉解

我国儒家人生境界学问的最高目的是达到"内圣外王"，做修己的功夫做到极处为"内圣"，做安人的功夫做到极处为"外王"。我国传统德育目标是追求人生境界，"内圣"的精神修养与"外王"的社会抱负是传统人生境界教育的两个展开维度。如果背离人生境界教育，与人生境界联系弱化，就会导致德育的"无人化"危机。因为道德的出发点和根本归宿都是人、人性，道德教育如果不能真正与学生的实际人生相联系，就会成为杜威所批判的"一种教义问答的教学"，无法促成学生人生境界的提升。如果"内圣"维度退却，放弃执念与追寻，就会带来德育的"庸俗化"危机。一方面造成对刺激、荒诞、浮夸等外在表现的盲目推崇与跟风。比如，一些学生对商界商人的故事耳熟能详，却对邓稼先、李四光等做出重大贡献的科学家不甚了解。另一方面容易使满足物质欲望成为左右人生意义判断的关键。这些人难以理解服务社会、无私奉献等崇高行为，"时代楷模""感动中国"的模范人物感动不了他们。如果"外王"维度失落，无思无忧，无情无义，就会造成德育的"平庸之恶"危机。其核心的表现是个体对社会民生问题的敏锐性消解和情怀失落，对个体行为社会责任的冷漠、麻木、不思考。我国传统人生境界教育的"外王"维度向来以对国计民生的关心为指向，常以清醒、敏锐的"忧"的情怀关注社会发展。"先天下之忧而忧"是我国知识分子崇高的觉悟，"生年不满百，常怀千岁忧"是我国知识分子质朴的情怀。中华文化中的"忧"是把国计民生常挂于心的悲悯情怀，是对社会弊端时刻保有清醒体察、敏锐感受的担当精神。

那么，学校的红色文化教育就要重归人生境界教育，以实现我国现代德育的返本开新。为此，我主张放慢教育节奏，呵护学生内心深处追求崇高的动力，不能以灌输的方式强加于学生，给学生关于人生理想的思考留出余地和闲暇，在放松、平等的氛围下，鼓励学生真实地表达自己的人生追求。如何做呢？我们就通过研学旅行的方式，让学生在走进韶山市、追寻领袖足迹中体会"忠诚""责任"的内涵；在走进老区阜平县、重温荣光校史中感悟"独立""勇敢"的品格；在探寻魅力古都、寻找文化之根中涵养"文明""雅趣"的气质；在考察秦岭试验林区、调查植被分布情况中培养"创新""执着"的精神；在参加英国孔子课堂、进入国外大学项目学习中建树"自信""开放"的情怀。而忠诚、勇敢、执着等品质就是在红色之旅中赋予学生的红色基因。东山学校与八一学校都有着悠久的革命历史，分别是毛泽东同志和习近平同志的母校。红色血脉使两校的学生即使第一次相见，也有着一种天然的亲切感。在追寻领袖足迹的红色寻根活动中，学校的师生在毛泽东同志的铜像前敬献花篮，并庄严宣誓：为实现中华民族伟大复兴而奋斗！"两代伟人缘，东山八一学校情"主题班会形式多样，让两校学生接受了一场人生境界的洗礼。

（二）塑造核心价值观教育的两个维度

一个维度表达的是个体对国计民生的关怀。其展开的核心价值观教育应当是"有国"的教育，关键在培养学生的家国情怀。这也是我国传统德育目标中"外王之社会抱负"的指向。另一个维度反映的是对个体内在德行的关注，对于学生人性发展、人格健全、价值观形成等方面的关切。我们不能不关注他们的情感状态、情感品质及能力的增长。这是"有格"的教育，也是我国传统德育目标所提及的"内圣之精神修养"。一个维度培养学生的奉献精神、爱国主义情怀和人类命运共同体意识，另一个维度培养学生探索未知的勇气、大胆质疑的科学态度和中国航天精神。如何做呢？在课程建设方面，学校搭建完整的航天课程体系，开发卫星创意与设计、卫星研制工程实践、卫星应用等课程模块；开展航天工程实践研究，以真实项目带动课程建设。在实践活动方面，学校组建航天工程实践社团，开展日常及假期集训课程，让学生以项目式课程参与航天类竞赛活动。在贯通培养方面，学校利用航天联盟高校资源，探索线上线下混合教学；发挥联盟辐射引领作用，利用信息技术手段实现数据及教学资源共享。学校开展航天科技教育的初心，是让学生在了解卫星服务于人类社会的发展，卫星相关的科技进步体现了人类探索未来的梦想，卫星工程是现代科技大协作的产物，航天事业的全人类属性和人类命运共同体，中国航天成就是我国综合实力的集中体现，航天英雄事迹凸显了中华民族优秀传统的基础上，由此生发出科技报国的远大志向。这就是新时代红色文化、红色精神和红色气质在学生身上的再现。

（三）德育要向生活转化

来自社会生活的德育与来自学校的德育都对学生道德观念的形成具有重要影响，两者相一致才能避免学生的道德认知冲突。来自社会生活的德育是不可控的，来自学校的德育是可控的。因此我们要实现两个方面的教育相一致，既要使学校德育以更加贴近生活的形式展开，又要以"化生活"的学校德育积极引导、转化生活中的德育。那么，学校把生态文明教育作为选题，确定生态文明教育的目标是遵循教育的本质，促进人的社会化发展。为此我把"教育一个学生，带动一个家庭，影响整个社会"作为价值追求，让每个学生能够主动地担当起家庭和社会生态观点确立和生态方式形成的责任，让每一个公民都有意识地保护好人类赖以生存的宝贵资源与环境。如同珍妮·古道尔博士所说："每个人都很重要，每个人都能发挥作用，每个人都能带来变化。"学校通过生态课程开发、生态主题教育活动开展、生态教育进课堂以及生态环境营造，让学生经历一个从"个体我"到"社会我"逐步发展的过程，在走向实践、走向生活、走向社会中涵养美好的道德。我期盼的场景是，当我们的学生作为决策者时，能有先进的环境理念；当我们的学生作为生产者时，能有正确的环境价值观；当我们的学生作为公民时，能有善待自然的绿色生活方式……当科学发展是一种思维、一种习惯、一种素质，深深融入人们的生产生活方方面面，地球才可能成为我们永久的家园！

（四）让学习力伴随学生共成长

学生优秀思想道德品质和家国情怀的养成，其副产品就是对于学习动机和学习毅力的强烈追求。这种追求表现在对所从事事业的不懈追求、遇到困难的顽强和智慧克服的行为。明确的目标和坚毅的品格是学生获得成功的重要因素。智慧和创新能力是成功路途上的催化剂。德育的有效性在于更多的实践和体验，自主自发形成的思想更有生命力和可持续性。因此，德育一定伴随着学习力的优质生长。学校的学生无论是在人民大会堂演出，还是在研学的火车上，只要稍有闲暇，一定会拿出书本，或解题，或写作，或阅读，或思考。这一切的学习行为很大程度来自道德的力量。

我用研学旅行这个例子来进一步说明德育与学习力的关系。每次组织研学活动时，教师都会尝试做一个顶层设计，明确重点工作，确立要培养的能力和目标。能力体系中有思想层面，如政治判断能力、道德思辨能力，有心智层面，如自我完善能力、评价鉴定能力，还有学习层面，如资料收集、探索考察、论文撰写等能力。这样做的目的就是想清楚如何把德育同学习力提升有机结合起来。因为研学本身的目的除了加深与自然和文化的亲近感、增加对集体生活方式和社会公共道德的体验之外，还有拓宽视野、丰富知识、培养创新精神和实践能力。所以在研学报告中，学生需要阐述研究背景、研究内容、研究方法、研究结果与分析、研究反思及建议，需要附上相关调查表格、数据统计和研究记录。这里面既有对道德的深刻体认，也有学习力的综合体现。

对于项目式学习，在我看来，它不是学校变革的唯一途径，它是真正能够支撑立德树人的一种学习方式。因为通过项目式学习，我看到有一条明确的学术发展轨迹，有一份体现学术写作水平的报告，有一个深度参与的项目或研究，有一门参与开发的课程，有一个亲力亲为创立的社团，有一个自主创建的活动，有一个具有深刻体验的职业实践，有关爱他人与社会的体验……

（五）人才基因之道"在明明德"

如何找到学校学子身上鲜明的文化烙印？如何固化学校的主体性德育？学校遵循继承军旅传统、立足积淀优势、植入时代元素的原则，面向全校广泛征集德育主题词，最终凝练出十二人才基因。可以说品质人才的十二个基因，是学校开展德育的价值主线。为了让十二人才基因真正深入学生的思想、意识和行动中，内化于心，外化于行，学校开展了一月一基因的主题教育活动，让"品质文化"在且行且思中不断得以深化和发展，更让"品质文化"呈现出别样的学校故事。正如顾明远先生所言，让学生在活动中成长是教育改革方向。活动教育的宗旨是让学生在活动中生动活泼主动地成长。活动教育的内涵是以学生为主体，让学生自主地参加各种活动，让学生在活动中获取知识和智慧、能力和技巧，体悟人生，形成正确的世界观、人生观、价值观，养成高尚的品质和完善的人格。

"活动育人"是学校建校以来始终坚守的教育理念和采取的教育方式，也是古今中外极力推崇的育人形式。在我国，主观唯心主义者王阳明提出"知行合一"理论，阐述"知之真切笃实处便是行，行之明觉精察处便是知"的观点。实用主义的集大成者杜威在 20 世纪初提出了活动课程理论的思想，阐明了"从做中学"的观点。这个理论的提出对于整个课程发展史有着革命性的意义。陶行知先生力推"行知行"思想，即"行动—知识—再行动"。这与马克思主义的"实践—理论—再实践"的实践观是完全一致的。当下，我国教育改革也在人才培养模式上提出了"学思结合、知行统一"的具体要求，在素质培养方面提出了"创新精神、实践能力"的关键要素。北京市更是明确将中小学各学科平均应有不低于 10% 的课时用于开展校内外综合实践活动课程的条文写进学科教学改进意见的文件中。这一切都阐明了"实践育人"的重要性和紧迫性。

第一，全面活动准备。学校专门成立了"十二基因活动推广"的领导小组和执行小组。领导小组由我亲自挂帅，成员由领导班子、发展处管理人员构成。执行小组由外部咨询机构和具体执行活动方案的德育主任、年级组组长和班主任组成。每个月第三周的一个下午研讨活动方案，第四周的一个下午部署活动方案。同时我们确立了十二人才基因推广要达成的目标。一是在活动策划方面形成科学的思维和方法；二是在活动组织与执行方面积淀丰富的经验；三是形成月度活动内容较翔实的活动宣传包；四是形成具有学校文化特色的系列活动课程。此外，我们还确立了点面结合、师生共建的活动组织形式。我们在初中和高中分别选择一个班作为试点，开展具有一定高度和亮点的特色活动，教师也参与其中。通过以点带面、普及深入，我们确保活动方案既要想出来，又要做出来，更要做出品质来。

第二，特色活动设计。所谓特色，一是与基因内涵高度关联；二是与当月国际节日和我国传统节日、社会热点、国家大事等紧密结合；三是基于学校原有的特色活动并做提升；四是让试点班自主设计活动,体现独特性。比如,11 月是学校的"执着月"，这是以期中考试为切入点开展系列学习和阅读活动。2014 年 11 月恰逢我国举办亚太经济合作组织峰会，而诺贝尔奖的发布与颁奖也集中在 10 月—12 月。这个月有一个活动专题就设计为"亚太：执着的诺贝尔"，让学生通过寻找参与亚太经济合作组织峰会国家的诺贝尔奖获奖者，感受诺贝尔奖获奖者执着的精神，体悟国家实力背后的科学技术水平，从而砥砺顽强的学习意志，树立追赶的强烈愿望。

第三，班子集体研讨。学校的组织架构设计已将教育和教学合二为一。初中校长和高中校长在参加活动研讨时，能够结合各学部的情况对校级、年级和试点班活动方案提出合理化建议，有效协调德育与教学的关系，让德育融入教学、教学中渗透德育。研讨会还有德育主任、年级组组长、试点班的班主任共同参加。他们边倾听、边咨询、边建议、边记录，在追求活动方案高品质的同时，也使方案的制定能够得到有效理解和高效落实。

第四，活动精彩执行。我感到欣喜的是，凡是被选为试点的班级都高度珍视和重视这个展示的机会。就拿"阳光月"的活动"市花月季进校园"来说，班主任利用班会时间做总动员，将全班学生分成了若干个小组，有联络组、技术组、种植组、宣传组等。在活动执行中，有与市园林局人员联络工作，一方面选择最优的花种，另一方面了解栽种和养护的知识。有与总务处的沟通工作，一方面在校园挑选适合栽种的地方，另一方面争取种植工具的有力支持。我始终认为，有效的活动一定融入了学生的热情与智慧，一定伴随着学生的参与与合作。拿"阳光月"的"让鸟儿飞起来"的活动来说，当我不经意间走在楼道里，看到走廊里挂着上千只五彩斑斓的千纸鹤，展板上张贴着各种鸟类的图片及知识卡片，感到学校学子的万种情感和万千智慧在其中。

第五，形成活动课程。通过三年主题教育活动的不断探索与实践，学校现已基本形成推动品质文化落地、聚焦学生价值观培养的活动课程体系，共有100余门课程。这里面既包括必选课程，也包括任选课程。除了活动课程外，全体教师特别是班主任的手中都多了12个"活动宣传包"。这里面包括月度基因的内涵阐释与三级指标体系；月度活动主题确定依据及立意阐释；校级、年级、班级的三级活动策划思路；基因活动方案策划翔实范本；月度基因涉及的国旗下的讲话、揭幕词、故事及名言、基因信息橱窗、基因电影及音乐；月度基因活动塑造与培训指导手册；月度基因活动总结；月度基因经典案例及学生感言；月度基因活动涉及的设计文件，包括主题背板、班级海报、榜样人物专栏、音乐喷泉广场等内容。我们精选了47个精彩活动、22部班级纪实集结成《在活动中成长——品质育人的且思且行》这本活动专著。一方面是向每个八一学校人诉说精彩的八一故事，另一方面是希望为其他学校开展德育活动提供一些参考和借鉴，共同实现活动育人、立德树人的目标。表4-6为十二人才基因部分活动课程。

表4-6 十二人才基因部分活动课程

品质系列	品质基因	活动专题
品德	忠诚	永远的军魂、复兴之路、老区寻根、走访红色后代、红色经典大观园、追寻红色赶考路
	尊重	我与学长面对面，做学生最好的导师，尊师助教
	诚信	诚信档案、人生财富、三员自主下的精准管理、模拟法庭、法规大讲堂
	责任	奔跑吧、青春、青年责任大讲堂、爱的奉献、手拉手责任之旅
品行	独立	北理工冬令营、寒假作业、畅游天下
	执着	执着六部曲、亚太：执着的诺贝尔、寻找校园最强大脑、文学巨匠播报
	勇敢	历练一颗勇敢的心、我们去哪儿、重走抗战路线、致敬抗战老兵
	创新	动静结合的科技盛宴、古生物化石展、走进中科院、走近机器人、走近科学家、科技大讲堂
品位	开放	把世界带回八一学校、绘图游世界、"一带一路"的异国风情、北京私人定制
	文明	环境5S管理，正能量手环，保护小水滴，最美的风景叫文明
	阳光	360°校园足球、让鸟儿飞起来、守护绿色地球家园、环保科技铿锵行、镜头中的皇家园林、景区小医生
	雅趣	细品国学、楹联雅趣、发现身边的美、民族魂·中国梦、书法笔会、最美歌剧

从小学一年级到高中三年级，学校在每月确定一个主题，开展各种各样的常规德育活动。学校历来重视节日文化和活动文化。现如今，这些节日、活动融在"品质文化"中，又获得了全新的生命。学生在4月的节水和爱护地球的活动中拥有"阳光"品格；在5月的表彰会中学会担当"责任"；在8月的世界之旅中形成"开放"视野；在9月的助教活动和共同成长中懂得"尊重"他人；在10月的科技节上展示"创新"成果；在12月的艺术节上尽展"雅趣"。学校已变被动德育为主动德育。在实践中，不同年级学生对同一个主题都会有不同的理解。这就有了很多"接地气"的诠释，大大地丰富了德育的内容和形式。

战国时期的墨子根据认识的来源把知识分为"亲知""闻知"和"说知"三种。把"亲知"放在首位，说明直接经验比间接经验重要；把"说知"放在最后，说明学以致用更重要。因此，教育不能仅仅关注"闻知"，要加强前端的"亲知"，让学生加强体验、开展自主学习；更要强化后端的"说知"，在运用中培养创新精神和实践能力。而"亲知"也好，"说知"也罢，都需要给学生搭建一个活动平台，让他们生动活泼地自主发展。

（六）军魂铸就青春，军训正步人生

学校被称为是"领袖的摇篮"。习近平同志、俞正声同志、聂力同志等均就读于八一学校。还有罗箭、粟戎生、杨东明、范晓光、刘太行、许延滨、马国超等一大批红色后代毕业于此。作为一所红色学校，它应该有一门课程能够记载下振奋人心的革命文化，记录下我国人民浴血奋战的辉煌与光荣，承载下军人的信仰和忠魂。我把这门特色课程称为"军魂铸人"课程。军魂铸人，铸就的是一种品质，是一种精神，更是一种难以磨灭的理想信念和昂扬斗志。"军魂铸人"课程的开发，就是延续了学校姓"军"的历史血脉，让红色装点学校的往昔和现在，让军魂熔铸在学校老一辈革命英烈与新一代青年学生的心中。

第一，明确课程意义。"军魂铸人"课程定位于"八一学校人德育"课程，是对"立德树人"根本任务的具体实践。该课程强调从思想到行动的全方位培养，既注重学生的精神世界，又注重学生的心胸格局，还注重学生的知识能力，更注重学生的行为作风。

第二，确立规划思路。"军魂铸人"课程是对学校以往开设的、与德育相关的几十门校本选修课程和系列活动进行筛选、整合、补充和精练的课程。该课程集合了校史教育、革命教育、爱国主义教育、国防教育、军训等教育主题和内容。"军魂铸人"课程既可以看作德育类校本选修课程的总览,又可以看作一门专门培养军魂的特色课程。因此在课程开发中,我们既要讲求系统性和逻辑性,合理搭建"军魂"的结构,又要注重均衡性和丰富性,注重德育课程的一贯与长效建设;既要体现形式的多样性和内容的精致性,使德育生动化与高格次,又要关注教育资源的利用性和教师的参与性,利用好各种国防军事教育基地等调动相关学科教师的参与热情。

第三,搭建课程结构。"军魂铸人"课程由课程板块和课程栏目共同构成。首先,我们将"铸人"由内而外分为铸精神、铸视野和铸技能三大课程板块;通过精神、视野和技能的全方位铸就,历练出军人般品格的青年学子。其次,我们用体现军魂的"红色"和"军"字设计课程栏目:铸精神包含红色八一学校、红色传统、红色记忆和红色之旅四个栏目;铸视野包含军事思想、军事历史、军事名人和军事形势四个栏目;铸技能包含军务知识、军用技术、军队法令和军人作风四个栏目。

第四,精选课程内容。在课程内容上可谓精中选精,目的就是要让学生读到有价值、有收获、精华的内容。比如,"红色八一",选择的是八一学校校史和八一学校品质文化两个部分;"军事思想"选择的是《孙子兵法》《毛泽东兵法》、国际战争思想三个部分。不难看出,所有的导读内容给学生呈现的是一个全面而高远的视野,古今中外兼而有之。此外,我们根据难度系数分别设置了适合初、高中学习的课程目录(表4-7),从而使学生的红色精神和国防意识不断得以提高。

表4-7 "军魂铸人"课程部分目录

课程板块	课程栏目	初中	高中
铸精神	红色八一	八一校史 八一品质文化	八一校史与品质文化 老区寻根
	红色传统	走近红色后代	人民军队的光荣传统
	红色记忆	抗日英烈卷 血战台儿庄与百团大战	保家卫国的民族英雄 走进红色经典
	红色之旅	游览斋堂镇革命遗址 重走西柏坡	游览革命圣地长沙、韶山 缅怀先烈,重庆非去不可

续表

课程板块	课程栏目	初中	高中
铸视野	军事思想	马骏说孙子兵法 国际战争实录中的政治	毛泽东兵法精要
	军事历史	20 世纪两次世界大战	20 世纪的战争与和平
	军事名人	共和国元帅	军事人物传记
	军事形势	我国周边安全形势 我国海洋安全环境	国际战略环境与战略格局 评美国"亚太再平衡战略"
铸技能	军务知识	智能机器人知识入门	军事地形学
	军用技术	航拍与计算机进行图形编辑	战伤救护五项技术轻武器射击
	军队法令	共同条令	几部重要国防法规介绍
	军人作风	学练军体拳	队列训练

"军魂铸人"课程让每一个走进学校校门的学子，知道了身上流淌的是人民军队的血脉，萦绕的是报效国家的忠魂，逐步树立起以八一学校为荣，用实际行动捍卫八一学校这块红色品牌，并为其增辉的强烈意愿。"军魂铸人"课程也让学生能够心系国防建设，关心国防实力的发展，并将其转化为积极学习国防知识、历练过硬本领的强大动力。当然，"军魂铸人"课程也给了学生"一片森林"，在咀嚼精华中意犹未尽，去张开羽翼，遨游在更加广阔的天际中。永远的军魂铸就永恒的美德，这就是这门课程最为可贵的品质。

"军魂铸人"课程体系中有一个大的模块是军训。始终把学生军训的重要性上升到为谁培养人、培养什么人和怎样培养人的高度，强调形成具有思想性、实用性、严格性、教育性的八一学校军训模式。

第一，依法"实"训，依纲"施"训。学生军训是培养社会主义事业建设者和接班人的战略工程，是提高国防教育质量和培养高素质后备兵员、实现立德树人根本任务和强军目标根本要求的重要途径。

第二，特色"实"训，精心"施"训。一是铸军魂，在军训内容上进行新的充实。凸显思想性，加强思想政治引领，培塑学生爱军尚武的热情，让学生自觉履行国防义务；增强学生的组织纪律观念，培养吃苦耐劳、艰苦奋斗的作风；提高学生的政治素质，使他们成长为有家国情怀、有理性、有纪律、有血性的社会主义建设者和接班人。军训动员会、开营仪式、入学班会宣讲等都围绕激励学生坚定理想信念、磨练意志品质、锻造优良品格等话题，激发学生担当民族复兴大任的责任感和使命感。开展共同条令教育、队列训练和8公里行军拉练，培养学生的组织纪律观念和坚韧不拔的品质。让学生观看军事题材影片，认识到如何苦练提高身体素质才能在关键时刻保家卫国。突出实用性，保持"军"味，体现"战"味，突出"兵"味。在军事技能训练中，针对学生的特点，增加既实用性强又符合实战需求的训练科目，如格斗技巧、匕首操等单兵作战技能，提高学生的自我保护能力，让他们树立应对危机的自信心。开展"班进攻战术演练"活动，使学生了解反恐防控紧急事件的应对和处置。让学生进行战伤救护训练，掌握紧急避险、自救互救的技能。坚守严格性，体现"思想领先，艰苦奋斗，高度负责，严格要求"的八一学校精神，传承"正、严、实、爱"的校风。军训期间要做到纪律严明，奖惩分明。严格执行军训动员会的要求，学分不满必须重修。二是助成长，在军训科学管理上寻求新的突破。强化教育性，懂得教育的军训会给学生带来心灵的成长，让"苦、热、累"变成意志力的磨练，促进组织纪律性的提升。不懂教育的军训只能是"稍息、立正、齐步走"的机械重复，会让学生和家长反感。军训动员热血励志，鼓动性强；开营仪式选择男生领誓，血气方刚；班级军训板报比赛，群策群力；长途拉练后看军事题材电影，身体放松而意志不衰。学生学到了军人吃苦耐劳的优良传统和无怨无悔的工作作风以及无私奉献的高尚品质，看到了和平年代子弟兵艰苦奋斗、顽强拼搏的精神风貌。教师就像连队的指导员，教师和学生同吃、同住、同训练，为学生做出表率，让教育走进学生的心中。加强舆论宣传引导，大力报道深化军训改革的重要性和必要性。校园小记者全程参与，每天更新校园网军训专题版面和公众微信号内容，节选部分学生军训日记发布在信息平台上，让家长第一时间看到学生军训的成果。请家长到军营观看军训汇报表演，体会从散兵游勇到训练有素的蜕变。组织军训学生每天撰写军训日志，记录军训收获感悟，并深入连队、班级、宿舍开展交流分享活动，促进学生自我学习与成长。

第三，立德"实"训，树人"施"训。9天的军训时间虽然短暂，但对学生的历练和影响十分深远。军训从学生的思想教育入手，使学生以饱满的热情投入军事训练中，提高了学生的身体素质、国防意识、军事技能。经过军营生活，他们的"生命里有了当兵的历史"，校正了人生历程的坐标。就如一位教师所说："我们之所以带领学生一次次重温先贤的教诲，一次次触碰历史的脉搏，然后一次次捶打他们的筋骨，一次次撞击他们的心灵，正是希望赋予他们厚实的历史观、自豪的民族观和坚定的国家观，希望在他们的行囊中，不仅装进知识，还装进对理想的追求，从而在人生路上的每一步都能走得坚定无悔。"

我与八一学校："不忘初心，光明在前"学生艺术团延安红色之旅

2017年，恰逢中国人民解放军建军90周年。作为学校建校70周年主题系列教育活动之一，学校艺术中心各团于2017年7月15日—20日赴革命圣地延安开展了"寻伟人足迹、扬红色传统"红色游学之旅。学校以此次游学活动为载体，引领学生走进革命圣地，追寻伟人足迹，感受红色气息，弘扬革命传统。学校将课堂延伸到更广泛的领域，真正落实立德树人的教育目标。

艺术活动交流，搭建友谊桥梁

在游学期间，学校在延安市新区高级中学和延川县第二中学与当地学校共同举办了两场交流演出活动。学校金帆管乐团、金帆合唱团、银帆京剧团及舞蹈团分别为延安师生献上了《红旗颂》《难忘的旋律》等红色经典管乐作品，富有民族特色和陕北特色的《八骏赞》《山丹丹开花红艳艳》等合唱作品，富有我国传统文化特色、又有现代教育意义的《封金育子》等京剧表演，还有体现学校校史的大型舞蹈《烽火摇篮》等舞蹈作品。延安市新区高级中学、延安中学和延川县第二中学的学生也献上了地方特色鲜明的歌舞节目。两地学生在舞台上用精湛的演技重现红色经典，通过自己的表演接受红色洗礼。台上，学生尽情展现青春的风采，感受不同地方文化的特色；台下，学生相互交流彼此的校园生活，分享成长的快乐。艺术此刻为两地的师生搭建起了沟通的桥梁；彼此文化的交融拉近了心与心的距离。

舞蹈团李沂潼同学说："下午我们去延川县第二中学进行参观交流。我们有机会向延川同学学习腰鼓，学完几个简单的动作后已是满头大汗。缠腰、横跨、踮脚、蛇蜕皮、莫开花等，我们做得不地道，但那股浓浓的、洋溢着热情的陕北味儿却直接打入了心底。教我跳舞的小妹妹在这个过程中与我聊了许多。她们为了准备这场演出整整练习了两个月，请来专业的教师进行指导。这番话，这份善良而无比淳朴

的笑容，令我动容。"这样的艺术活动交流不仅让学生彼此了解两地文化，也让他们感受到了革命老区同学身上的执着精神与顽强毅力。

参观革命旧址，感受延安精神

演出交流之余，八一学校学子参观了梁家河、枣园、王家坪、杨家岭、延安革命纪念馆和《为人民服务》讲话原址等革命旧址。最后一天，学生还来到了共产党创办的第一所中学——延安中学的校史馆进行了学习参观。这些学习参观活动让学生对革命圣地延安有了更加全面和翔实的了解，增强了对延安精神的感受，深切感受到了中国共产党在中华民族危亡时刻唤醒民众、团结抗战的伟大创举。在参观之中，学生切身体会了延安精神，有了许多收获。乐团张艺莹同学说："毛泽东同志曾经在这些艰苦的地方生活，跨过了一道道坎，最终获得了胜利。我们要学习前辈们吃苦耐劳、不抛不弃、艰苦奋斗的精神，要好好珍惜现在这来之不易的生活。"舞蹈团李乐妍同学说："令我印象深刻的是伟人们居住过的窑洞。每一间都非常简陋，每个画面都有一段动人心弦的故事，每一件实物都反映了当年革命者们艰苦奋斗的生活。不难想象这些革命先辈们为了新中国的成立付出了多大的牺牲啊，我一定要珍惜这来之不易的生活。"学生踏访学习感悟到的"艰苦奋斗、珍惜当下"的精神，定是意味深远、回味无穷的人生道标。

共携手、同构筑，两地心、中国梦

在此行期间，八一学校与延安中学、延安市新区高级中学和延川县第二中学建立了友好关系，并结成了友好学校。今后会在学校管理、师资培训和学生交流等方面进行广泛、深度的交流。为增进双方学生的了解，我们特意安排了学校与延川县第二中学学生的结对子活动。学生参观校园、深入交谈、互赠礼物、共畅未来。

同样具有红色基因的八一学校学生与革命圣地延安的学子在延安相聚的时光虽然短暂，但心中的情感却永远不会褪色。读万卷书，行万里路。延安精神是我们伟大党的传家宝，也定会在八一学校学子身上得到传承和发扬。来自北京与延安的莘莘学子一定会心手相牵，铭记光辉历史，传承红色传统，以努力学习为信条，为实现中华民族伟大复兴的中国梦而奋斗。

（张亚红）

二、科技育人

国家提出"强基计划"，是突出基础学科的支撑引领作用，重点在数学、物理、化学、生物学及历史、哲学等专业，培养有志于服务国家重大战略需求且综合素质优秀的高层次人才。"强基计划"是高校一个基础学科人才的培养计划，是对拔尖创新人才培养路径的探索。在我看来，这必将倒逼基础教育去思考如何为培养科学素养丰厚、科学批判能力一流、科学精神突出的创新人才打好基础。

学校经过多年的科技教育积淀，通过"必修＋选修＋实践活动＋研学＋社团"相结合的方式，比较有效地使学生感受科学探究过程，理解科学本质，提升科学素养。什么是科学素养？我认为科学素养是在科学知识、科学的研究过程和方法、科学技术对社会和个人所产生的影响这三个方面均达到基本的了解程度，体现出一种以理性思维、批判质疑、勇于探究等为基本特质的科学精神。那么在"五结合"的学习中，学生能真切感受到科学探究过程，理解科学本质，提升科学素养。这样的结合方式包括三个领域的活动。

第一个领域是学生在真实世界领域开展的活动，主要进行的是经验调查，包括"提出问题""做出观察""开展实验"和"进行测量"等活动，偏向于学生的行为活动。第二个领域是学生应用科学理论和模型进行的认知活动，主要是对经验调查的结果建构解释或者使用模型做出假设，指导研究的进一步开展，包括"想象""推理""计算"和"预测"等活动。第三个领域介于两者之间，是学生交流和论证的社会活动，主要是评价不同的解释以获得结论。这三个领域的活动包含"科学精神""学会学习""实践创新"等要点。这正是学校发展学生科学素养所追求的关键要素。

（一）提升学生的科学素养

学校在深化基础教育领域综合改革中，基于发展学生科学素养做了大量规划设计和实施工作。尤其是在课程体系、学科课程梳理、资源拓展、跨学科跨领域课程建设等方面，学校做了很多探索，明确了提升学生科学素养的三条途径，即课堂主渠道、科学实践活动、社团活动。

1. 课堂主渠道

提升学生的科学素养的主渠道应该在课堂。研究表明，个体学习是一个从简单到复杂的递进过程，通过将学生带入多样化的学习情境之中，从而螺旋式地发展学生的综合能力。目前我们的教育优势在于对低阶的学习目标比较重视，而相对较为忽视高阶学习目标。尽管低阶的学习目标对于高阶学习具有某种奠基性的作用，但我们实际上并未走向高阶学习目标，反而在低阶停滞不前，把大量时间消耗在低阶能力的自动化上。我们仍然相对缺乏 21 世纪成功生活和社会良好运转所必备的工程技术能力、高阶思维能力、批判性思维能力、创造力与创新能力、外语能力和自主行动的能力。对于学生高阶思维能力的培养来说，自然科学学科的课堂学习就是主渠道之一。我们通过开展学科教学以及学科拓展课程中的项目式学习，营造民主宽松的课堂环境，通过问题解决培养学生的批判性思维能力、理性思考力、不断质疑的科学精神。此外，学校物理、化学、生物学、地理等自然科学学科按照高中课程顶层设计思想分别开展了各自的课程体系建设，开发了多类多门拓展课程。

未来，我们需要做到如下。一是要不断整合课程资源，改变教学模式，将多种类、多途径的课程种类合理规划，给予学生足够的选择空间。二是调整教师组成结构。学校的教师应该包含单学科教师、科学教育教师、研究"学习科学"的教师、外语能力强的双语教师等复合型教师。学校通过招聘科学教育教师和自主培训两条途径，使学科教师能够以科学教育导师的身份，推进科学素养提升的课堂主渠道建设。

2. 科学实践活动

科学探究与科学实践活动不太一样：科学探究有着"提出假设—设计方案—实施方案—收集数据—得出结论"比较严格的流程，模式固化；而科学实践活动则较为灵活，更具有真实问题解决的方式和价值，使学生获得的经验是多方面的，提升的能力是多种类的。科学实践活动在学校实施中具体表现为项目式学习和研究性学习两种形式。

我们先谈一谈项目式学习。STEM 教育是学校近几年重点推进的项目式学习。STEM 教育是基于国际领先的项目式学习理论所实施的跨学科融合性教育，通过帮助学生"做中学"，进而培养其创新思维和创新能力。在 2012 年我国第一次引入 STEM 概念时，我就高度关注。在 2013 年，我启动了学校 STEM 教育的课程设计，并开始面向不同层面学生的实施探究。随着国内众多名校的参与，学校成为中国 STEM 教育协作联盟成员之一。成员包括中国人民大学附属中学、北京第二实验小学等一批北京名校。针对精细、复杂的能力提升，需要有更专业的指导、更复杂的学习环境和跨学科内涵更丰富的项目来支持学生的科学实践活动，学校主动与高校和科研院所进行合作，将清华大学 I-center 创客中心的"基于 3D 打印机设计与制造的 STEAM 课程"和"设计制造一台服务型机器人"项目引入校内，形成项目专业教室，在高中两个年级利用专项课程、短期集训等长短学时结合方式进行科学实践活动。此外，学校也将培生集团的自然科学 STEM 课程在小学进行试点，在二、四、六三个年级引进"设计小径和道路""设计喂鸟器""设计桥梁"这三个内涵不同、挑战难度不同、符合我国大多数中小学生知识水平、充满趣味的项目；并通过教师培训、合作备课与教学的方式，既可以培养我们自己的科学教育教师，又能够在科学实践中培养不同学段学生的科学素养。项目实施结果表明，学生在学习体验中提升了自主学习能力，改变了对团队合作的认识，理解了科学探索过程，理解了科学为生活服务的精髓，培养了一定的问题解决能力。与高等院校合作的优势在于高校提供了强有力的专业支持、规范化的研究实践流程，但也带来了困扰。时间不足与冲突，场地不足需走出校园等，这些都还需要通过对学习环境变化、学习地点更替、学习方式改变等方面进行研究来优化课程配置，从而优化课程实施成果。

我们再谈一谈研究性学习（图 4-8）。研究性学习是科学实践活动的另外一种表现形式。学校从 2001 年开始推进的研究性学习，就是以学科教师为指导教师、基于学科问题形成研究性课题的一种包含学生行为活动、认知活动和社会活动的科学学习与研究的形式。每年我们的高中学生都会参与近 90 个课题的研究，通过小组合作的形式，以过程性评价推进、校内外导师指导保证研究过程的科学性，来确保学科学习与自主实践相结合的学习方式的有效性。

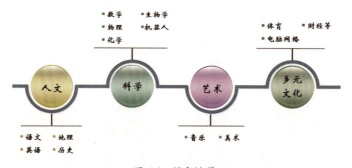

图 4-8 研究性学习

从学生的反馈中可以看出，研究性学习对于学生成长的重要作用。学生的反馈如下："研究性学习让我上了大学就知道无论学习本身还是其他活动或工作应该怎样做""现在体会到研究性学习是我在高中与其他人不一样的学习经历""研究性学习教给我的是高中学习中最有用的方法"……学校的研究性学习课题分为人文类、科学类、艺术类和多元文化类四种（表4-8）。每类科学实践活动都融合了多门学科。

表4-8　研究性学习课题

人文类	科学类	艺术类	多元文化类
从佛学建筑看宗教对人们生活的影响	纸张种类对纸船载重能力的影响	国漫与日漫的技术差距	研究品牌效应对中学生的影响
中西餐饮文化的比较	蚕的生活探究	中、西方服饰差异	网络经济发展
网络语言的意义与解读	生活中我们身边的细菌真菌调查	欧美与亚洲流行乐对比	居民环境保护意识调查
简化汉字对中国文化的承继的优劣	转基因食品是否对人类有害	动漫对青少年的心理影响	篮球场中最好的投篮位置
中、英、美国学校教育背景不同导致交际习惯不同的研究	废旧电池造成危害的原因及对生态所造成的破坏分析	手机、电脑游戏对学生的危害及如何预防控制	当前证券市场上分级基金的无风险套利机会

3. 社团活动

学校是北京市金鹏科技团机器人、模型分团和北京市科技示范校，通过三级课程体系搭建以及构建小学—中学—大学一条龙的科技特长培养模式，在多年的科技教育实践中形成了自己独特的经验与特色，在机器人、模型、航空、航天等项目中始终保持着自己的优势。机器人项目为培养学生交流、合作、表达、搭建、编程等能力提供了活动与展示平台。机器人社团在市区教育委员会的关怀指导下，取得了长足发展，竞赛成绩突飞猛进，代表北京市参加全国青少年电脑机器人竞赛蝉联冠军。学校目前有四间专业教室，分别是 VEX-VRC 机器人、VEX-IQ 机器人、乐高机器人、大疆 AI 机器人专业教室。我们面向小、初、高三个学段，开设了小学乐高和 VEX 课程、初中乐高和 VEX 选修课程、高中 VEX 和大疆 AI 机器人校本课程。小学注重编程与基础结构学习；初中在夯实基础上注重创意及多样性；高中着力打造优势竞赛项目并拓展应用类课程，开设了空中机器人、巡线机器人以及机器人方向的应用系列课程。比如，在基于智能家居的 STEAM 课程学习中，学生将家居理念、设计、模型制作、传感器、电子电路、安卓开发等知识和技能融汇。同时这个课程也跟全国中小学电脑制作中的"创意智造"竞赛项目衔接起来，旨在鼓励学生在智能制造机器人、智能家居方向上提高创意创新能力。机器人社团遵循"活动中育人"的办团理念：小学以系列课程与竞赛活动相结合，注重激发学生的兴趣、夯实专业基础；初中注重丰富参赛活动种类，搭建各种平台，目的在于发现学生的优势及特长，让学生先后参与了大疆机甲大师青少年挑战赛、FLL 机器人工程挑战赛、机器人创客竞赛、初中组 VEX 和 WRO 常规赛等多项赛事，拓宽了学生的视野，丰富了经历；高中更加关注大学机器人竞赛的开展，重点打造 VEX 项目。机器人竞赛有它特定承载的教育功能，注重交流、合作、表达、搭建、编程，不但让学生学习科学的工程思想和方法，还在国内、国际大赛中给学生提供与更多优秀的学校、学生交流的机会。学校重视模型社团建设。学校利用综合实践类课程、劳动教育课程、科学课程、技术类课程等课程设计科学实践任务，开展模型科技教育；开设与模型相关的项目课程与模块，给学生提供丰富的课程选择机会。我们尝试在小学开展金鹏模型社团项目的普及与选拔工作，做好初、高中机器人社团的一体化梯队建设。小学以系列课程与竞赛活动相结合，注重激发学生的兴趣、夯实专业基础。初中同样注重丰富参赛活动种类，搭建各种平台，目的在于发现学生的优势及特长，让学生先后参与北京市和全国青少年航空航天锦标赛、全国航海模型锦标赛和建筑模型比赛，参加全国模拟飞行锦标赛等，拓宽了学生的视野，丰富了学生的活动经历。高中更加关注学生的升学与就业的衔接，成规模地开设了飞行员考前培训课程，直接为学生的升学就业服务。八一金鹏模型团与中国海军招飞办合作，面向全体高中学生，开设了民航军航飞行员考前培训选修课程，为在高三即将参加民航军航招飞的学生提供直接的升学就业服务。目前，这个培训课程不仅吸引了学校的高中生参与学习，还吸引了中国人民大学附属中学、中央民族大学附属中学、十一学校和北京工业大学附属中学的相关学生参与学习。该项目已受到中国海军招飞办的高度重视，招飞办特别授予八一学校"中国海军飞行员培训基地"的称号。

在着力打造科学素养提升课程的同时，我们也在重点推进教室即学习空间的环境建设。这里指的就是专业教室，是更加开放、更有利于交流、更突出实践创新的实验室、工作室、机械加工室等。学生在课余时间可以随时来到这里共享资料和知识，制作他们想要的东西。这也就是某种定义下的创客空间。除了学校内部提供这样的学习空间，我们还积极与中关村知名创客空间合作，借助其社区化运营的工作空间，将电吉他、四旋翼、巡线车等纳入体验学习的范畴，让学生进行项目式体验学习，在工作坊中把自己更多的创意转变为产品。为突出航天主题，我们在图书馆摆放各系列火箭模型、着陆器模型、月球车、天宫二号模型等。处处可见航模、海模、建模等不同领域特色的展品，为学校开展航天知识学习提供了保障。

应该说，创新教育使师生拥有了真实的获得感。在与清华大学团队的 3D 打印项目合作中，学生掌握了机械、电子、控制、计算机、网络、管理等多个学科的知识和能力，完成了构思、设计、实现和运作全过程。在使用 solidworks 软件进行建模中，学生锻炼了软件应用与数学能力；在打印机制作、装配调试与结构优化中，学生树立了工程思想；在材料选择及加工中，学生展现了知识远迁移能力和跨学科素养；在成果汇报演讲、宣传海报设计、记录短片制作、科普短剧表演等最终结果的展现中，学生锻炼了团队合作能力，提升了人文素养。总之，学生的兴趣与潜能都被大大地激发出来。在推进 STEM 教育的过程中，教师表现出极高的热情和智慧，不仅理解了 STEM 教育理念，也通过以色列同行、外籍专家的案例培训掌握了课程设计、教学实施、教学评估到资源开发与整合的通识知识和技能，并慢慢将 STEM 作为一种教学方法渗透到日常教学中。而教师所展现出的自发的、有团队合作意识的、注重细节的一丝不苟的工作品质和工匠精神，恰恰是 STEM 教育对匠人精神的一种深刻诠释。

可见，学校与学生的发展离不开各种社会力量的支持。比如，小卫星项目离不开中国航天科技国际交流中心的大力协助，离不开国家国防科技工业局、中国航天科技集团公司、中国科学技术协会、中国宇航学会、中国航天基金会、南京理工大学等单位的倾力关怀。又如，在学校推动实施 STEAM 项目式课程时，离不开清华大学、北京理工大学、北京航空航天大学等高校的项目资源、教师资源和场地资源等的支持。再如，当学校以国防教育为特色开展教育活动时，国防大学、军事科学研究院、总参、总后等部队院校和共建单位为学校提供支持。对于一切为基础教育的学生和学校提供公益性支持的伙伴们，我们一并表达感谢和点赞，并倡议周边单位能够担负起社会责任，为学生在现代化、多元化、国际化的世界中顺利成长助力。

国务院办公厅印发的《全民科学素质行动计划纲要实施方案（2016—2020 年）》明确提出，推进义务教育阶段的科技教育，增强中学数学、物理、化学、生物学等学科教学的横向配合。鼓励普通高中探索开展科学创新与技术实践的跨学科探究活动。不难看出，从国家层面的政策引导到社会发展对科技创新型人才的需要，在中学开展科学素养教育已成为必然。我们将在创新教育中不断选择更多、更好的、满足学生科学素养提升的项目，合理设计，稳步推进，让我国的创新教育能够在未来的国际舞台上大放异彩。

（二）培养学生的批判性思维

在海淀区组织的中学生辩论赛中，学校学生的表现很不错。但是部分学生过于关注细节，而不关注观点的判断、证据是否合理科学，论证得是否严谨有效。在教育教学中，我们经常遇到面对"是什么"的问题时，有些学生可以复述，但不一定很明确说出概念的内涵和外延，即对概念的理解不一定全面而准确；面对"为什么"的问题时，有些学生会凭借一定的概念、定理、规律进行一定程度的分析，却经常出现思维不流畅、逻辑推理不严密的现象。而且，有些学生提出的有内涵、有意义的问题也不多。所以，我特别希望能够在学校教育中培养学生的批判性思维。怎样培养呢？主要解决两个问题：一是如何认识批判性思维；二是培养学生批判性思维的路径。

1. 认识批判性思维

经济的竞争实际上就是人才的竞争，而人才的竞争归根结底是教育的竞争。因此革新教育理念、培养适应未来世界发展的创新型人才是世界各国教育发展的共同目标。成为创新型人才离不开创造性思维培养。具备了创造性思维，才会有创造性成果；而创造性思维的提升离不开批判性思维的培养。美国心理学家科廷提出，培养个人的创新思维，关键在于完善个人的知识结构。其包括发散思维和批判思维等能力，二者互为基础、互相补充。发展人的批判性思维就是在发展人的创新思维。北美地区的多名专家经过两年研究提出，批判性思维具有认知技能和精神气质两个维度。认知技能包括诊释、分析、评估、推断、解释和自省等。精神气质包括对生命或人生的一般态度、对待特定议题或问题的态度等。我国林崇德先生认为，批判性是指思维活动中善于严格地估计思维材料和精细地检查思维过程的智力品质。养成深思熟虑的思考态度，特别是理智的怀疑和反思态度，可以帮助我们形成清晰性、相关性、一致性、正当性和预见性等良好的思维品质。有学者指出，高批判性思维个体由于能够更好地对获得的信息进行评价、总结并运用，因此可提出新颖、独特且有意义的问题；低批判性思维个体由于不能很好地判断、组织已有信息，从而影响问题提出能力。总之，批判性思维不是一门专科的学问或技能，而是一种思维技能的组合和人格品质的组合。作为一种思维技能的组合，批判性思维包括解析思维、分析思维、评估思维、推理思维、解释思维和自我调整思维六种元思维技能；且每一种元思维技能都有其亚思维技能。作为一种人格品质的组合，批判性思维主要包括好奇心、自信心、信任感、谨慎性、敏感性、灵活性、心胸开阔和善解人意等人格品质。

国家各学科素养中均有对思维的描述。比如，数学学科提到逻辑推理素养：能够发现问题和提出命题；能掌握推理的基本形式，表述论证的过程；能理解数学知识之间的联系，建构知识框架；形成有论据、有条理、合乎逻辑的思维品质，增强数学交流能力。物理学科提到科学思维素养：其是基于事实证据和科学推理对不同观点和结论进行质疑、批判，进而提出创造性见解的能力与品质。化学学科提到证据推理与模型认知、实验探究与创新意识：能够发现和提出有探究价值的化学问题；能依据探究目的设计实验方案和完成实验操作；能对观察记录的实验信息进行加工并获得结论；能和同学交流实验探究的成果，提出进一步探究或改进实验的设想。生物学学科提到理性思维：能够运用归纳与概括、演绎与推理、模型与建模、批判性思维等方法探讨生命现象及规律，审视或论证生物学社会议题。语文学科提到思维发展与提升：能够辨识、分析、比较、归纳和概括基本的语言现象和文学形象，并能有依据、有条理地表达自己的观点和发现；能运用基本的语言规律和逻辑规则分析、判别语言，有效地运用口头语言和书面语言与他人交流沟通，准确、清晰、生动、有逻辑性地表达自己的认识；能运用批判性思维审视言语作品，探究和发现语言现象和文学现象，形成自己对语言和文学的认识；能自觉分析和反思自己的言语活动经验，提高语言运用的能力和思维的深刻性、灵活性、敏捷性、批判性、独创性。历史学科提到时空观念、史料证实、历史解释、历史价值观，无一不与批判性思维相关联。政治学科提到理性精神：能够运用马克思主义哲学的观点和方法观察事物、分析问题、解决问题，面对经济、政治、文化、社会和生态文明建设中的问题，做出理性的解释、判断和选择，坚定理想信念，树立文化自信，以负责任的态度和行动促进社会和谐。地理学科提到综合思维：能从多个维度对地理事物和现象进行分析，认识各要素之间相互作用、相互影响、相互制约的关系，并在一定程度上解释其发生、发展和演化的过程，从而较全面地观察、分析和认识不同地方或区域的地理环境特点；能够辩证地看待现实生活中的地理问题。英语学科提到思维品质：能辨析语言和文化中的各种现象；分类、概括信息，建构新概念；分析、推断信息的逻辑关系；正确评判各种思想观点，理性表达自己的观点，具备初步用英语进行多元思维的能力。艺术学科提到创意实践、文化理解。技术学科提到工程思维、创新设计。可见，无论是语言学科，还是数理学科、人文学科，或者艺术学科，都对思维品质做了详细界定，并充分描述批判性思维的价值，以及其与创新思维、创新力和某些思维品质的关系。批判性思维是创新思维和创造力发展的基础，是提出创新性问题的重要基本能力，是一个人获得终身核心素养中的关键一环。

2. 培养学生批判性思维的路径

批判性思维特别是认知技能维度，正是国际学生评价项目测量的"反思与评价信息"方面所考察的能力。阅读的测评目标有"获取信息、整合信息、反思与评价信息"三个层面。现实情况是，2009年上海第一次参加国际学生评价项目就赢得总分全球第一的盛名。但通过成绩分析，与许多发达国家相比，我们的学生寻找和整合信息的能力较强，而反思与评价信息的能力较弱。

那么作为基础教育学校，要如何培养学生的批判性思维？学校培养学生批判性思维的途径有三种：一是开发批判性思维课程，二是开展项目式学习，三是进行学科渗透。教学的有效性一方面得益于教师的教学改进，另一方面得益于学生的学习能力提升。学生的学习能力包含批判性思维、创新思维、系统思维、领导力、写作等。学校综合课程的理念更强调思维和方法的学习，培养学生融会贯通的能力，推动学生通过不同的学习方式体会到各学科融合的连接点、方式和价值，再回到学科学习中也能应用到这些能力。

（1）开发批判性思维课程

开发批判性思维课程，起因在于有些学生在学科学习中思维要么过于发散，要么过于拘泥于眼前一个词语、一个公式、一个事件，缺少全局观念，缺少整体把握，缺少多角度，缺少建立有效、有逻辑联系的能力。因此，开发批判性思维课程、创新思维课程以及批判性思维下的系列课程——写作、演讲、辩论，都是在推动学生形成有效的思维模式，将其应用于学习生活中，能够理性面对问题、面对思辨、面对挑战。批判性思维课程的类别、名称和具体内容如表 4-9 所示。

表 4-9　批判性思维课程的类别、名称和具体内容

类别	名称	具体内容
批判性思维	认识批判性思维	1. 什么是批判性思维 2. 批判性思维的意义、目的 3. 批判性思维和论证的关系 4. 批判性思维基本的思维技巧
识别论证	什么是论证（识别）	三要素：理由、推理、结论
	什么不是论证	解释、反对、总结、说明、描述
	读出言外之意	隐式论证、潜在假设、虚假前提、偏见
评估论证	证据	来源、可靠性、事实与观点
	论证好不好	证据可靠的基础上： 立场明确；内部连贯；逻辑连贯且有顺序
	论证的缺陷	假定因果；充分、必要条件；类比等
	批判性阅读	长文本的批判性阅读
构建论证	批判性写作	运用批判性思维（主要是正反向思维和质疑、追问）的分析和写作

学校有一门课程叫创新思维与领导力培养课程。该课程集合了组织行为学、社会学、心理学、政治科学等相关学科的理论，提供了一个理解和改善个人领导风格和形成领导力的课程框架，融合了个人评估法来探索发现如何领导、如何识别和发现挑战与机遇，以自我、小组和社团为课程三要素进行授课。第一步，将自我认知、自我意识和自我同情能力作为自我层面训练的课程目标。第二步，介绍小组层面的技巧和方法，以启发性的、有说服力的、隐忍深思的叙事技巧以及探索行为价值观、有效的提问和深度的倾听为主要课程内容。第三步，将公众演讲技巧作为课程内容，促进学生更加自信地设计和进行专业性的演示，展现独到的见解、系统的思维、独特的领导力和演讲风格。该课程风格幽默，形式自由，内容新颖，获得教师和学生的一致好评。学生从制定团队协议到运用协议管理团队，从接触正念概念到体验

冥想、反思总结，从区分问题力度到绘制领地寻找共同点，从发掘自我价值观到团队合作设计项目，跟随导师的指引通过不同的游戏、活动，感受和传统学习不一样的教学内容、教学风格和教学形式。综合课程中的真实情境、实践体验、问题解决、系统思考等无一不体现着项目式学习的精髓，在教师的教和学生的学的改进上，逐渐推动学生学习能力的养成与提升，更重要的是促进学生创新思维的发展。

（2）开展项目式学习

项目式学习是动手实践性的，是一种基于活动的、基于项目的和基于问题解决的学习，注重培养学生的批判性思维、协作意识、创造力、创新精神和问题解决能力，吸引学生在相关领域有所研究、有所建树，以应对未来的挑战。学校的项目式课程有基于技术的 STEAM 课程，还有科学实践活动课程、大英百科自然科学STEM100 讲。

课程在实施中都有一个物化的目标，制作出一个产品。基于此目标，学生要以批判性思维进行文献检索与整合，要以系统思维完成工程设计，要以设计思维进行软件学习与使用，要对产品形成的过程进行知识学习和整合，不断进行修改的反思评价。完成一个项目的任务，学生需要多学科知识的融合，需要综合思维能力的考量，需要对自行创造的概念、场景、问题进行个性化的表述，不仅掌握知识技能和思维技能，还要应用这些技能学会自主学习、独立思考，学会做出决策，学会解决真实问题，学会与他人相处，学会终身受用的良好的思维方式。

（3）进行学科渗透

皮亚杰将个体的认知发展过程划分成四个阶段：感觉运动阶段、前运算阶段、具体运算阶段、形式运算阶段。高中阶段是学生抽象思维、逻辑思维、创造性思维、批判性思维发展的形式运算阶段的关键时期。有部分教育学家的研究成果显示，这一时期的学生思维具有组织性、深刻性和批判性，他们更愿意进行独立思考。高中阶段通过学科渗透培养学生的批判性思维是抓住了学生思维发展的关键期。

语文学科的教师在学科课程建设中，将批判性思维的培养作为语文关键能力之一进行了很多探索。他们以课题为引领，以研究的思维和视角在整本书阅读、议论文写作、文言文阅读等各个领域做了很多批判性思维建构的尝试，在课堂教学中渗透着批判性思维培养。生物学学科的教材中就有"批判性思维栏目"，三个模块四个主题的批判性思维问题分别指向批判性思维的问题意识、形成观点、理解证据、进行论证。生物学学科的教师特别认同"批判性思维栏目"对于发展学生思维能力的作用，所以自主开发了批判性思维训练的形式。一是利用教材栏目，提出更多问题，训练学生形成观点、进行论证的能力。二是提出伦理问题，激发学生进行对立场、观点、论证的思考，训练批判性思维技能和品质。三是在日常生物学学科训练中引入批判性思维的练习题让学生进行经常性训练。四是提高学生提问的质量，既鼓励学生多提问题，也让学生在审视问题中进行点评、指导、示范和建议。学生在系列问题提出与修正的过程中，思维得到发展。

开设批判性思维课程的益处显而易见，不仅有利于学生形成主动、自觉地发展思维能力的意识，而且能够帮助学生改善自己的思维，掌握良好的思维方式，还能更为系统、科学和更有效率地发展综合思维能力。当然，为了保障批判性思维技能与品质能够真正渗透并落实到教学实践之中，成为学校、教师和学生在教与学活动中的一种自觉追求和主动选择，我们有必要研究制定从宏观的课程标准到微观的教学管理等一系列的保障制度和政策。我们也要形成有利于重视和落实批判性思维教学的氛围和环境，从根本上促进知识教学和应试教育向思维教学和问题解决能力培养教育的真正转变。另外，对应不同的学科属性和特点，我们应开发不同的思维教学模式和策略。针对不同教育阶段的学生，我们应开发相应的思维教学模式和策略。适应一线教师的认识和理解方式，能够与原有的课堂结构和进程相契合，容易为一线教师所掌握。希望批判性思维课程理念最终走向学科，走向日常；走进学生，走进教师；走进学校课程体系，走进学科课程；更穿越学科，走进学科融合！

我与八一学校：可载人的"纸箱车"

学校多年来重视科技教育并取得了丰硕成果。但很长一段时间以来我们也在思考一个问题：传统的科技活动及选修课与现有招考模式背景下的课程实施有什么不同？"纸箱车"是学校坚持了多年的一项科技活动，要求学生使用废旧纸板制作一辆可以载人的纸箱车，并在操场上完成50米折返跑的竞技挑战。

这个活动一直受学生喜爱。学生做得投入，比得开心。但是长久以来，学生的收获仅仅是伴随着有趣的体验偶然发生的，设计活动时缺乏对头脑中的重要概念和恰当的学习证据的明确关注。如何设计更加真实明确的挑战，使其具有清晰的表现目标？

在活动过程中怎样明确并证明学生已经获得了相应的能力？如何贯穿多样性的方法，设计沉浸式的体验，保持贯穿始终的动手操作，并建立强大的反馈系统，同时关注到学生的想法以及问题……一系列问题让我们重新反思活动设计的各个环节。

为了让学生的核心素养落地，我们设计活动时需要有更明确的目标指向，能够显现学生思维提升的证据。在这里我们借助了逆向教学设计工具。第一，需要明确预期学习结果。明确学生应该知道什么，理解什么，能够做什么，什么内容值得理解，什么是期望的持久理解。第二，确定恰当的评估办法。如何知道学生已经达到了预期的结果？哪些证据能够证明学生的理解和掌握程度？第三，规划相关教学过程。学生需要哪些知识和资源才能有效开展学习并获得预期结果？哪些活动可以使学生获得所学知识和技能？重新梳理后，我们将简单的竞赛题公布转变成课程设计，并加入了培训、记录、反馈等多个环节。在竞赛中，我们参考国际工程挑战赛，制定了工程笔记的评价标准（表4-10），以此引领学生完成工程设计的全部过程。

表 4-10 工程笔记的评价标准

标准	最优	一般	待提高	打分
规则分析	在工程笔记的开篇，用文字或图片阐述比赛规则是什么，并阐述了为了完成比赛，团队车辆竞技目标如何实现	在工程笔记的开篇，仅描述比赛规则的内容	未明确写出比赛规则的内容	
头脑风暴	利用头脑风暴，形成一个应对比赛的可行性方案，并有设计方案草图	罗列出应对比赛的各种赛车方案和进程	仅有一小部分或完全没有罗列出头脑风暴的结果	
方案选择	详细阐述此方案为什么被采纳，其他方案为什么未被采纳；阐述方案的优缺点	仅阐述了此方案为什么被采纳	没有记录团队如何选择此方案	
制作方法描述	详细记录了设计过程；详细的过程能够使非团队成员仅参考工程日志就可以完成制作	记录关键步骤	漏记部分重要的步骤	
调试和改进过程	详细阐述赛车故障排除、调试和改进设计的所有过程	记录重要的故障排除、测试和改进设计的结果	缺乏对故障排除、测试和改进设计的信息记录	
工程日志的可参考性	对赛队设计过程进行详细描述，使读者可以据此重新制作车辆；它是一个有用的工程工具，包含了赛队根据之前的条件提供的关于设计过程的决定性证据；赛队可以解释为什么工程笔记是按照此种方式编写的	它是一个完整的记录过程，记录每个工作会议的关键事件；以任何赛队成员所需信息的方式编写	缺少或缺乏读者理解赛队制作过程所需的细节，或者没有以外部人员能够理解的方式编写	

续表

标准	最优	一般	待提高	打分
资源合理利用	在整体项目时间表上能显示赛队有效利用时间；赛队使用检查的方式来帮助他们知道如何按计划进行，并根据需要重新调整计划；工程笔记能够显示赛队会根据他们的人员优势进行角色分配	记录赛队每天工作时是如何利用时间、规划和设定目标的；它能展现赛队是如何利用人力资源管理来进行任务分配的	没有记录如何进行时间分配和人员分配	
团队合作	记录表明所有成员参与，个别成员需要自我学习以完成需要完成的任务；所有成员始终共享想法，并尊重彼此的意见	表明所有成员都参与了这个过程；每个成员做了应该做的工作；并且整个赛队共享想法，并支持其他成员的想法	表明可能部分成员做了大多数或所有的工作；有一名或多名成员需要他人提醒；部分成员没有提出自己的想法或他们的想法没有被考虑	
设计比赛过程	描述设计比赛过程的得分目标以及如何应对挑战赛	提出设计比赛过程的可能目标，但没有清楚地确认赛队如何应对挑战	未提出设计过程的任务目标，也不能描述赛队如何应对挑战	
比赛策略	描述了多种比赛策略；解释了当前比赛策略的优缺点和采纳的原因	只描述他们目前的比赛策略；仅解释了如何或为什么选择当前比赛策略	未描述任何比赛策略；未解释为什么或如何选择当前的比赛策略	

　　通过学生的工程笔记，我们可以清晰看出学生学习的过程是如何发生的。从工程笔记中不难看出，学生有很多自主行为的发生：目标计划与设定、自我评价、组织和转化、信息搜索、坚持记笔记和自我监控、环境结构、练习和记忆、求助、回顾记录等。我们特别关注了这个班制作过程中出现的一个问题：学生完成车辆制作后，加上负载（乘车人）会严重影响车辆结构的稳定性。出现问题后，学生尝试寻找关键问题，收集了大量数据并开始进行分析和建构，开启了多轮讨论，不断就提出来的方案进行验证。这一过程都在工程笔记中找到了外显证据。而学生对知识的认识也由琐碎的知识点提升到了概念及策略，并迁移应用到具体场景中；学生的认知水平从识记到更高阶的发现问题、解决问题再到创造及批判性思维，且使用到了元认知策略。这些自主学习能力的表现性结果，有效联结了学习结果与核心素养。

　　这样的活动设计仍然有很多不足，如缺乏从实际问题到数学模型的建立，缺乏定量（科学的方法：逻辑化、定量化、实证化）分析，缺乏辅助工具或技术手段的验证性应用，缺乏反思与发散。如何改进呢？想让学生回答带数字的问题，我们就提问带数据的问题，并且通过总结分享并制作改进的模型给学生反思的机会。类似这样的活动有很多。我们希望通过活动设计的改进，真正有效培养学生的核心素养，达到科技活动的真正意义。

（李锐）

三、生态立人

"生态立人"课程强调从"个体我"到"社会我"，关注的是人与自我、人与自然、人与社会的和谐发展。在人与自我范畴，是拥有健康的心理，树立积极的人生观；在人与自然范畴，是正确处理与自然和环境和谐共生的关系，拥有自觉的环保观；在人与社会范畴，是处理好与他人和社会和平友好的关系，培养博大的人文观。

"生态立人"课程是对地方课程、学校开设的与生命教育、生涯教育、环保教育、环境教育、社会实践与服务等相关的几十门校本选修课程和系列活动进行的筛选、整合、补充和精练。在课程规划上，我们特别注重系统性、逻辑性、融合性和特色性，同时强调科学及自然资源、人文及社会资源的利用性，真正创设一个适合学生身心发展和情感培养，使学生担当精神与环保意识不断增强的教育生态。

（一）"生态立人"课程

"生态立人"课程由课程板块和课程栏目构成。首先将"生态"的范畴由己及人、由里及外地分为个人生态、自然生态和社会生态三大课程板块（图4-9）；通过从个人到自然，再到社会三个领域的递进式培养，培养学生可持续发展的意识和能力。其次在栏目设置上将学校一贯强调的教育主题融入其中。个人生态包含身体健康、心理健康、生涯规划和品质人生四个栏目；自然生态包含认知自然、探究自然和保护自然三个栏目；社会生态包含人文北京、人文中国和人文世界三个栏目。

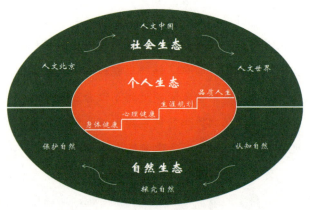

图4-9 "生态立人"特色课程结构

　　课程内容上可谓精雕细琢,确保学生学到有价值、有收获、精华的内容。比如,"探究自然"活动内容选择的角度是从特色游学走向科学实践。特色游学包括北京植物园之旅、上海东方绿舟之旅、科技之旅、现代农业之旅等;科学实践包括城市的远见、植物组织栽培技术、再生能源开发与生物多样性利用、微生物实验技术与生活等。比如,"人文中国"活动内容选择的角度是以古论今,包括书山有路、来自孔子的智慧、中华文化系列讲坛、故宫游学、博物馆之旅等,设置了满足初、高中学生深度学习的课程内容,从而使学生能够逐步形成有利于自我发展与完善的成长生态。表4-11为"生态立人"课程部分目录。

表4-11 "生态立人"课程部分目录

课程板块	课程栏目	初中	高中
铸精神	身体健康	玩转体能 北京顺鑫绿色度假村拓展活动	素质教育舞蹈 避险逃生与救护
	心理健康	做最好的自己 中学生人际交往团体心理辅导	心理学与生活
	生涯规划	规划引领成功人生（1）	规划引领成功人生（2）
	品质人生	透过电影看品质人生	你幸福吗？
铸视野	认知自然	影像生物、房山石花洞之旅 长白山之旅	宇宙与地球 生命科学导论
	探究自然	香山、西山、北京植物园之旅 上海东方绿舟之旅,科技之旅（中国航空博物馆、中国科学技术馆、天津科学技术馆）,现代农业之旅（锦绣大地、大兴青少年学生活动基地）	城市的远见 微生物实验技术与生活 再生能源开发与生物多样性利用 生物化学与分子生物学实验技术 植物组织培养技术
	保护自然	探访内蒙古"校友林" 世界气象日	世界水日 世界地球日
铸技能	人文北京	游北京胡同,颐和园之旅 北大、清华之旅,北京文学之旅（中国现代文学馆、曹雪芹纪念馆、国子监）,北京美学之旅（中国美术馆、北京艺术博物馆、798艺术区）	走进北京皇家园林 品国粹京剧,悟中华文化
	人文中国	弟子规,书山有路,故宫 博物馆之旅（国家、汽车、电影）	中华文化系列讲坛、古筝、来自孔子的智慧、古都寻根
	人文世界	中西方节日探究	国家与国际组织 世界文化遗产荟萃

在开发"生态立人"课程的同时，学校也将生态教育进课堂当作一项常态化工作来做，发动各个学科围绕生态话题进行教学设计。尤其借助科技节，集中一个时段面向全体学生，让学生通过学科学习去感受生态文明建设的意义与价值。表 4-12 为"生态立人"课程部分上课时间。

表 4-12 "生态立人"课程部分上课时间

学科	授课教师	上课时间	上课地点	备注
语文	赵老师	10 月 23 日第 4 节	高二年级（4）班	哈姆雷特
化学	金老师	10 月 22 日第 8 节	化学实验室	醇
生物	林老师	10 月 23 日第 8 节	生物实验室	食品营养
政治	王老师	10 月 23 日第 2 节	高二年级（10）班	在实践中追求和发展真理
历史	曹老师	10 月 20 日第 1 节	高二年级（10）班	从"师夷长技"到维新变法
地理	蒋老师	10 月 20 日第 5 节	高二年级（1）班	中国黄土高原水土流失的治理

比如，蒋老师的"中国黄土高原水土流失的治理"这节课，课程目标为：运用地图，说明黄土高原的地理位置和范围；读图表资料，说明黄土高原水土流失严重的自然原因和人文原因；阅读资料，说出黄土高原水土流失对区域地理环境的影响；利用黄土高原案例学习，形成分析区域环境与发展问题的一般方法；利用学习，树立可持续发展的观念，形成正确的人地观。教学重点是黄土高原水土流失原因及对区域地理环境的影响。表 4-13 为"中国黄土高原水土流失的治理"教学设计。

表 4-13 "中国黄土高原水土流失的治理"教学设计

教学环节	教师活动	学生活动	设计意图
环节一：导入	1. 展示：中国环境问题图片 2. 提问：读图概括中国环境问题的主要特征 3. 结论：中国环境问题较多，存在种类多、地域广、区域差异特点 4. 展示：本节课的课程标准要求——以某区域为例，分析该区域存在的环境与发展问题及其发生的原因，了解其危害和综合治理保护措施 看看教材中选择的是哪个区域 黄土高原地区的主要生态问题是什么 5. 板书：标题	学生观察、思考并做尝试性回答	吸引学生的注意力，进入主题

续表

教学环节	教师活动	学生活动	设计意图
环节二：认识黄土高原的位置，认识水土流失	1. 指导学生读图，说出黄土高原的地理位置 2. 指导学生读书，认识水土流失的概念 3. 强调：水土流失的结果是水的流失和土的流失 4. 提问： ①影响水流失量大小的直接因素是什么（径流量大、流速快） ②联系必修二知识，土壤流失过程中的主要外力作用是什么（流水侵蚀和搬运作用） ③影响侵蚀量大小的直接因素是什么（水的侵蚀力大小和土的抗侵蚀力大小）	学生读书，联系旧知，思考回答	培养读图能力、语言表述能力；树立新旧知识联系的意识
环节三：黄土高原水土流失的原因	1. 展示资料：黄土高原水土流失现状 2. 结论：黄土高原水土流失严重 3. 提问：为什么黄土高原是我国水土流失最严重的地区 与黄土高原的自然环境特征有密切关系，黄土高原怎样的环境特征导致其水土流失较为严重呢 4. 布置探究任务：运用地图册、教材中的图文资料，师生共同探究黄土高原地区水土流失严重的原因 气候：降水集中夏季，多暴雨，侵蚀力强 地形：地表破碎，沟谷纵横，谷坡陡峭，地表物质不稳定，容易被侵蚀；水流速度快，侵蚀力较强 植被：植被覆盖率低，涵养水源能力较差，对地表的保护作用弱，极易引起水土流失 土壤：黄土粉砂质，垂直节理发育，土质疏松，容易被侵蚀 水文：河流流速快，侵蚀力较强 人为原因：地表植被的破坏—涵养水源能力差、导致表土松动—加剧水土流失 过度开垦、过度放牧、过度樵采、无计划修建窑洞、开矿、修路等	学生读书和图表，完成探究任务	培养学生运用图表资料获取信息的能力和语言表述能力
环节四：黄土高原水土流失的根本原因及对区域地理环境的影响	1. 展示我国不同历史时期森林分布和农牧分界线 ①秦汉魏晋南北朝时期到明清时期再到现代，森林分布范围发生了怎样的变化 ②秦汉魏晋南北朝时期到明清时期农牧分界线的位置发生了怎样的变化 ③导致上述变化的根本原因是什么	学生通过观看图片回到问题，完成练习册	引导学生从时间尺度认识黄土高原水土流失具有阶段性特征
	2. 引导学生思考 ①关于黄土高原水土流失带来的影响，山西人和山东人有不同看法，为什么 ②分组活动，讨论黄土高原水土流失给山西省和山东省带来的影响 3. 辩证看待影响：从对自然环境和对人类社会两个角度来谈黄土高原水土流失量减少，黄河三角洲面积将发生怎样的变化	思考回答；小组讨论；学生汇报讨论结果	树立全流域整体分析问题的思想；学会辩证看待问题

续表

教学环节	教师活动	学生活动	设计意图
环节五： 本课小结	借板书，指导学生归纳总结本节所学内容	学生总结	培养学生的总结归纳能力
环节六： 迁移拓展	1. 出示中国的环境问题图片 2. 提问 ①北京突出的环境问题是什么 ②讨论分析近几天北京雾霾严重的主要原因及危害 ③为减轻北京的雾霾我们能做些什么	学生看图回答；学生读书后回答	引导学生运用一般法则分析其他区域的环境问题

生态课程受到学生的普遍欢迎主要有如下几个原因。一是视野广。在"行万里路"的过程中，学生看到了祖国的秀美山川，看到了发展的日新月异，看到了多元的世界文化。二是践行多。无论是植物种植还是护绿行动，无论是素质拓展还是文化讲坛，学生都在亲自参与和表达中历练了能力。三是感悟深。在从书本走向社会的过程中，所见所闻使学生不断深化学到的知识，转化为行动，积淀为底蕴。生态校本课程开发的过程中也逐渐形成了具有学校特色的生态项目，这些项目真正成为学校进行生态教育的基地。比如，垃圾分类管理、塑料瓶回收管理、中水回收、美化绿化净化校园建设等项目，体现了创建节约型学校的理念。可贵的是在教师传授与引导中，学生真正学习了生态理念，学会生态项目的原理、懂得技术、学会操作，并让自己的生活方式更加生态化。

（二）CAS 理念下的生态主题活动

生态主题活动是落实生态教育生动且较有成效的教育形式。在学校，"活动育人"已成为一种传统。正是因为通过亲身的实践，学生培养了参与意识和动手能力，真正获得心灵的涤荡，从而自觉地养成热爱环境、守护环境的责任意识，通过"生态"实现"立人"的目标。也因此，我把生态教育的本质看作培养学生担当品质和领导能力的最佳途径。

生态活动的开展不是随意的，应该有系统设计。在生态主题活动的分类上，首先，我参考了国际 IB 课程（国际预科证书课程）的建构思路。国际 IB 课程中专门开设了一门叫 CAS 的课程，就是社会实践课程。CAS 是 Creativity，Action，Service 首字母的缩写，中文意思分别是创造力、行动力与服务意识。CAS 课程鼓励学生进行创新和坚持不懈的历练，培养关心他人、与人合作的精神。为此，我把生态主题活动按照"创造、行动、服务"进行分类，试图让活动的育人导向更鲜明。

其次，我又增设了两个方向的主题活动。一个是讲座类，另一个是留白类。可以看到，讲座类是依托教师和专家，重点在让学生接受全面的生态知识，拥有科学的视角和理性的思维。而留白类顾名思义，完全留给学生去发挥，这是受托马斯·杰弗逊科技高中的启示。这所学校专门设置了"第8节课"，由学生自发形成，自己来选择主题、内容和形式。留白类活动主要以志愿服务与实践体验为主。学生可以到当地小学讲授科技内容，或者组织有意义的公益活动，除此之外还可以参与科技研究、文化活动等。其最终目的是培养学生的社会责任感。鉴于此，学校的生态主题活动在形式上分为讲座类、创造类、行动类、服务类和留白类。在这样的框架下，活动的主题才能带给学生不同的体验和成长。

除了讲座类活动是依靠来自校内外的教师、家长和专家外，大部分活动都要靠学生来完成。如何能够推动活动实施呢？我将视角放在了学校的社团建设上。学生社团是学校文化建设的重要载体。我们要让社团在活动中起到策划、组织、执行、管理等作用，从而确保主题活动取得应有的效果。我将目光锁定在了学校的"根与芽"社团、"志愿团""化学CC社"等。

"根与芽"社团成立于2004年，主要参与"根与芽环境教育"项目。该项目致力于培养青少年对待环境、动物和社区的态度，以自己的行动给环境带来改变。因此，"根与芽"社团活动围绕"关心环境、关爱动物、关心社区"三大主题，持续开展了"利乐枕包装回收""绿茵计划""小爪子计划""环保献爱心"等活动。"志愿团"是由志愿从事社会公益保障事业的学生组成的全校性社会团体组织，重点在敬老助残、服务学校发展、环境保护等方面提供全方位志愿服务。自成立以来，"志愿团"已持续地开展了阜平县老区帮扶活动、偏远地区支教活动、社会社区服务活动、环境保护宣传活动以及学校教师"久公益"活动等。

从学校2011年被授予国际生态学校称号以及确立"生态立人"的办学特色以来，生态主题活动开展得如火如荼。一方面，学校对国际生态学校项目主题进行进一步分解与深化。比如，学校围绕气候变化主题，选择了垃圾和废物与气候变化的子课题开展实践活动。另一方面，学校结合环保教育设置主题活动，如废物回收、节水节电、节约粮食、节约用纸、爱护树木等。很多活动已经形成了品牌。"利乐枕包装回收"活动是"根与芽"社团一直致力于在校园范围内开展的生态主题活动。在2012年参加"根与芽"中国峰会时,学生别出心裁地利用利乐包装这一环保材料剪贴拼出"八一学校根与芽",以及一棵大树和一丛林草,就是呼吁更多的人要加入回收行动,成就绿色天地。"根与芽"创始人珍妮·古道尔博士亲临现场,对学生为环保所做的努力表示赞赏。在颁奖环节,"根与芽"社团因表现出色,共获得"根与芽小组成就奖""项目成就奖——利乐回收""2012绿色阳光行动项目最佳小组奖"三个奖项。

生态兴则文明兴,生态衰则文明衰。中华文明积淀了丰富的生态智慧,孔子曾说:"子钓而不纲,弋不射宿。"人与自然本身就是相互依存、相互联系的整体,对自然界不能只讲索取不讲投入,只讲利用不讲建设。生态环境没有替代品,用之不觉,失之难存。因此,建设生态文明就是以资源环境承载能力为基础,以自然规律为准则,以可持续发展、人与自然和谐为目标,建设生产发展、生活富裕、生态良好的文明社会。国家对生态文明建设的总要求也促使我对生态教育进行了更为深刻的反思:一方面要让学生自觉地参与到生态文明的建设中,在探究、创造、实践和服务中,理解国家绿色发展、循环发展和低碳发展的主要举措,并在实际行动中获得可持续发展的意识;另一方面从"教育一个学生,带动一个家庭,影响整个社会"的价值追求出发,让每个学生能够主动地担当起家庭和社会生态观点、生态方式形成的责任,让每一个公民都有意识地保护好人类赖以生存的宝贵资源与环境。

第五节　四根发展支柱

我提出思政高度、文史厚度、艺术广度和身心强度 4 个支柱，是遵循一种生活逻辑而非学科逻辑。所谓生活逻辑是力求直面现实和满足学生的成长需要。比如，思政课在过去被认为是一门学科，和学校德育是并行的两条线，那么新时代的思政课已经远远不是那一张试卷所能承载的。习近平同志在学校考察时强调，要旗帜鲜明加强思想政治教育、品德教育，加强社会主义核心价值观教育，引导学生自尊自信自立自强。在学校，思政课与品德教育是融为一体的。品德教育因为有思政课的支撑而有了学科思想与根基，在促进自身生长的同时更有效地培养学生的道德品质。因此，4 个支柱是以核心素养为指向的。比如，文史课是培养人文素养，艺术课是涵育艺术素养，身心课是提高身心素质。那么素养和生活之间又存在什么关系呢？还以思政课为例，在我们的生活场景下，德育和思政课是割裂不开的。德育提出要热爱党，热爱社会主义，那怎样才能热爱？这就要知道党的章程是什么，社会主义的宪法和制度是什么，人民代表大会和政协的职责是什么，民族政策的内容是什么。那么思政课学习不就是热爱党、热爱社会主义的一个综合体现吗？如果把党的为人民服务的宗旨、社会主义制度的优越性等都放到德育里，所谓德育空泛化是不会出现的。所以，4 个支柱的提出是符合新时期教育改革的要求的，对于学生解决真实的、生活化的问题，形成正确的世界观、人生观和价值观能够发挥支柱性的作用。

一、建立文化自信，提升"思政高度"

习近平同志指出，思政课是落实立德树人根本任务的关键课程，思政课作用不可替代，思政课教师队伍责任重大。作为党和人民军队创建的学校，思政是学校最鲜明的政治本色，更需要在思政一体化建设上拿出切实可行的顶层设计和教育实践。学校早在 2011 年就确立了"培养具有中国精神的品质公民"的办学使命，中国精神就是学校思政之魂。为此，学校以"中国精神"为思政主线，以"三文五史"为思政载体，把十二年一贯的思政教育做出高度，让全体学生拥有坚定的政治觉悟，建立强大的文化自信。

（一）"中国精神"的思政主线

习近平同志指出："人无精神则不立，国无精神则不强"。精神是一个民族赖以长久生存的灵魂，也是一项事业不断创造辉煌的源泉。在党史学习这段时间，我对中国精神又有了新的理解，红船精神、延安精神、西柏坡精神、长征精神等这些中国精神都需要进行新时代下的重新诠释。中国精神不是一个空的概念，一定是有很多具体的、生动的、鲜活的、感人的故事去支撑它走过百年。中华优秀传统文化中的很多思想深刻影响着我的为人处世。比如，在学校管理上，我比较认可中庸思想，做任何事情不走极端，而是寻找一种平衡。在学生培养上，我比较欣赏"内圣外王"思想，努力让学生拥有内在精神修养和外在社会抱负的人生境界。在校长职责上，我崇尚"修齐治平"思想，喜欢顾炎武的"天下兴亡，匹夫有责"，既要为学校的品牌建设与发展做好服务，又要为地区的教育优质与均衡做出贡献。所以一旦中国精神渗透在五千多年的中华文脉中，我们很多的教育内容一下就丰富起来了。语文教师不再是讲几篇古诗古文；思政教师不再是讲几个热点话题，而是把蕴藏其中的中国精神提取出来，进行诠释，这才是思政教育的中心思想。中华优秀传统文化里有很多具有民族色彩的智慧和观点。它根植在每一个中国人的骨子里，是中国精神的重要组成部分。作为教育工作者，我们都需要有对优秀传统文化做创新性发展的责任担当。所以，学校的思政一体化建设就是紧紧围绕中国精神，对全体学生来一次中国精神的全面熔铸。比如，语文学科通过"中外人物传记选读"课程开展思政教育，借助精选专题，让学生在阅读、交流、宣讲中了解文本的精神内涵，提升自我的精神境界。

"中外人物传记选读"课程纲要（节选）

课程目标：阅读古今中外名人传记，了解在政治、文学、科学、艺术等不同领域有建树的人物生平事迹和杰出贡献，感知其高尚的人格品质。在丰富知识积累的同时，感受传记中所蕴含的中国精神，从而提升自身的精神品格。

一、忆往昔，峥嵘岁月稠——毛泽东

1.诗意人生，领袖气质——青年毛泽东

2. 诗意人生，领袖气质——中年、老年毛泽东

3. 阅读文本《忆往昔，峥嵘岁月稠》，交流"青年毛泽东给我的启示"

二、鲁迅：深刻与伟大的另一面是平和

1. 孤独的漂泊者——走近作者萧红

2. 学生阅读传记，梳理文本，完成学案

3. 学案交流：我眼中的鲁迅

三、沈从文——逆境也是生活的恩赐

1. 他从边城来——湘西歌者沈从文

2. 沈从文的如水人生——斯人如水、上善若水、淡泊如水

3. 沈从文的如水人生——自由似水、曲折胜水、平静如水

4. 湘西牧歌——《边城》

四、仰望大师的背影

1. 别样风情：旷世才女林徽因；张爱玲的传奇人生

2. 千古风流人物——苏东坡

五、"万方多难"中成就的"诗圣"

1. 心系黎元，胸忧天下——杜甫的磨难人生

2. 阅读文本《杜甫："万方多难"中成就的"诗圣"》，完成学案

3. 我眼中的杜甫

选课介绍：毛泽东、杜甫、鲁迅、沈从文、达尔文、贝多芬、马克思、林徽因、张爱玲……一个个名字是那么的熟悉和亲切。"中外人物传记选读"课程为我们提供一个了解伟人大师逸闻故事的窗口。在这里，我们可以追寻他们非同寻常的生活轨迹，了解他们从平凡到伟大的艰辛历程，触摸他们细腻丰富的内心世界，感知其令人"高山仰止，景行行止"的高尚品行，思索他们的人生经验和忠告。在当下，阅读优秀传记作品，遥望大师的背影，与伟人神游交往，可以丰富我们的阅读积累，充盈精神世界，让我们在迷惘中得到启示，在失意时获得鼓舞。青春是充满激情、纯真、理想、希望的时代，也是生命枝叶旺盛伸展、需要精神光照的时代。让我们仰望星空，在与伟人大师的对话中探寻未来之路，建构自己健全、充实、美好的精神家园。

我认为各个学科都承载着培养中国精神的不同作用，使学生通过品读、思辨、实践、体验等方式，在不同领域中接受不同的文化视角，获得对中国精神的多维度认识，体会中国精神的丰富内涵，理解家国情怀，逐步建立自己的精神家园；并且在理解学科知识的同时，引导学生对相关实际生活进行思考，使他们将自己的思维和认知放置于中华历史文明的长河之中，从中寻找到自我身份认同和归属感，形成终身记忆。知行结合、古今贯穿的思维方式，多角度认识真实世界的哲学思想，以及从文化历史中汲取实现中国梦的精神力量，这才是学科的最大价值。

（二）"三文五史"的思政载体

"三文"是指中华优秀传统文化、革命文化和社会主义先进文化这三个文化，"五史"是在党史、新中国史、改革开放史、社会主义发展史的基础上增加了八一学校的校史。

如何处理好中华优秀传统文化、革命文化、社会主义先进文化三个文化形态的关系呢？习近平同志有两段话阐明了这个问题。一段是他在庆祝中国共产党成立95周年大会上的讲话：在5000多年文明发展中孕育的中华优秀传统文化，在党和人民伟大斗争中孕育的革命文化和社会主义先进文化，积淀着中华民族最深层的精神追求，代表着中华民族独特的精神标识。另一段是他在党的十九大报告中的讲话："中国特色社会主义文化，源自于中华民族五千多年文明历史所孕育的中华优秀传统文化，熔铸于党领导人民在革命、建设、改革中创造的革命文化和社会主义先进文化，植根于中国特色社会主义伟大实践。"领会这两段讲话的主旨，我们可以找到解开这三种文化关系的钥匙。首先，三个文化体现了历史逻辑，全面展现了中华民族从古至今发展的文脉。中华优秀传统文化是"古"，革命文化与社会主义先进文化是"今"；中华优秀传统文化是来源，革命文化与社会主义先进文化是实现中华优秀传统文化的创造性转化和创新性发展。其次，三个文化体现了统一的内涵逻辑，具有共同点和相通处。这个相通处就是一脉相承而源远流长的中国精神。它积淀为中华民族的精神追求，彰显着中华民族的精神标识。中国精神在中华民族的世代延续中发展壮大，依靠的就是创造主体和创造基础。这个创造主体就是中国共产党和党所领导的中国人民；这个创造基础就是中国共产党领导中国人民所进行的百年伟大斗争。正是这个伟大斗争建立了现代中国，创造了中国的新政治、新文化和新经济，当然也让中国精神在薪火相传中成为时代的思想旗帜。

学校从建校之初就高度重视三个文化教育。在炮火硝烟中诞生的学校，与革命文化有着天然的关系。在开展革命文化教育上，既有老红军、老英雄、革命烈士后代来校做讲座、做专访，又有学生唱革命歌曲、读红色书籍、看革命题材电影等主题教育活动，更有学生通过戏剧的形式来再现伟大的革命精神。比如，《我的西南联大》《起死》等都是反映抗日战争背景下，在中国革命到了危难关头之时，中国人民奋勇抗争的斗争精神。比如，参加革命历史题材电视连续剧《聂荣臻》新闻发布会。30 多名学生聆听聂荣臻同志在土地革命、抗日战争、解放战争、建设新中国等各个时期具有影响力的历史事件和亲身经历，感受其戎马倥偬的传奇人生和为了国家和人民的利益，坚持不懈、勇于奋斗的崇高品质和卓越风范，接受了一次革命精神的洗礼。比如，"穿越时空的对话"活动中，学生提笔写信给为党和国家事业献出自己宝贵生命的英烈们："尊敬的王伟叔叔，您好！不知您现在如何？我们都十分想念您。""刘胡兰姐姐，您知道吗？在我很小的时候，姥姥就给我讲过您的故事。""尊敬的赵先有烈士，您好！我怀着对您的敬重之情，写下了这封信。"……这场跨越时空的对话，在学生心中种下了"爱党、爱国、理想、信念、责任、感恩"的种子。

在优秀传统文化教育上，我始终告诉学生，要怀揣敬畏之心，向优秀传统文化敬礼。我寄望于培养带有深刻优秀传统文化烙印的新一代继承者，他们会用道德的力量、正确的价值观引领社会风尚。学校有责任和义务为学生提供丰富的优秀传统文化营养。比如，学校的文化游学实践活动就是带着学生在行走中触摸古老文明与灿烂文化的脉动。学校每学期都有一周的"文化游学"活动。文化寻根探访已经形成系列：齐鲁文化行——探曲阜，登临泰山；西安文化行——忆长安，观兵马俑；江南文化行——望金陵，寻文化之根；中原文化行——访洛阳，探龙门石窟。每一处文化之旅活动中都要参观当地的博物馆、纪念馆、书院。游学中，学生通过对区域社会传统与文化的计划和调查、对区域社会传承的生活文化的保护和调查，探究人与自然共存的环境以及传承而来的与自然平衡协调的生活方式；通过实地调查，探究优秀传统文化与自然的关系，探讨优秀传统文化与未来生活方式的关系。学生在游学中体验合作分享，带着研究热点进行文化行走。教师傍身指导，让学生感受不同地域的文化差异，感受优秀传统文化对当地的浸染，形成包容性的文化理解能力。游学让学生触摸历史文化的脉搏，感受优秀传统文化的滋养和浸润。当代美国课程论专家多尔在《后现代课程观》中文版序中指出，世界上没有一个民族像中国人一样具有伟大的文化感。因重视自己伟大的精神传统——尤其是儒家与道家，中国人对精神或态度具有强烈的内在感受，这正是课程所必要的。优秀传统文化本身具有自省性、包容性、自涤性及自觉性等特质，因此能传播、影响更多的人。这就要求处在当今环境下的学生，必须拥有这些特质，才能秉持君子之道、礼仪之道，真正体现有理性判断力和选择力的独立人格，真正体现有责任担当的、积极主动的生活态度和人生价值。这必将是优秀传统文化教育的伟大意义！

"四史"教育从提出到完善，呈现出完整而清晰的逻辑理路。之所以不断丰实内容，是能够以历史的大视野来经略现实、谋划未来。学好党史，是学好新中国史、改革开放史的前提和基础，也是全面了解和把握社会主义发展史的必然要求。因此，党史在"四史"中起到了立场担当和价值归宿的作用。深入研究党的历史，认真学习党的历史，全面宣传党的历史，充分发挥党的历史以史鉴今、资政育人的作用，是一项重要工作。学校不仅在党员和教师中开展党史学习，也让全体学生学习党史，在普及党史知识中让学生读史爱党、知史信党、讲史敬党。学校采用喜闻乐见的讲故事方式。比如，开展"百年党史宣讲活动"，让学生聆听宣讲团讲述的中国共产党带领人民进行革命、建设、改革伟大实践的故事，重温党的百年历程中形成的"井冈山精神""长征精神""抗疫精神"。比如，开展"党史故事讲坛"活动，让学生从一件事、一个人、一个物品引入，在讲故事中渗透中国共产党的奋斗历程，感受党史当中那些催人奋进的精神和品质。比如，开展"百年党史红色故事展演"活动，让学生通过朗诵《红岩魂》，了解"做祖国的忠魂"是共产党人不灭的信仰；让学生通过历史性对话《赶考，从1949年的春天出发》，领会老一辈无产阶级革命家"宜将剩勇追穷寇，不可沽名学霸王"的将革命进行到底的精神。

在推进"四史"学习的过程中，我把校史作为重要的补充内容，因为学校的历史就是党史、国史、军史的一部分。校史学习的形式丰富多彩，有校史展览，有学校宣传片，有校史系列典籍，有"光芒照耀下的学校"校史系列讲座，有舞蹈《烽火摇篮》和话剧《前夜》，有校友访谈和讲座，有聂荣臻同志精神进校园，有阜平县寻根之旅，有寻聂荣臻同志足迹的东风行动，有重访井陉娘子关等。每年秋季开学的第一周，还有3月1日校庆日，都会开展系列校史活动。

学校要努力办好思政教育，守好学生意识形态的"责任田"，坚定学生永远听党话跟党走的信念，培养一代又一代拥护中国共产党领导和社会主义制度、立志为中国特色社会主义事业奋斗终身的有用人才。要建设思政教师队伍，"让有信仰的人讲信仰"，用习近平新时代中国特色社会主义思想铸魂育人，引导学生增强中国特色社会主义道路自信、理论自信、制度自信、文化自信。如果说"三文五史"是一幅波澜壮阔、跌宕起伏的画卷，那么其轴心就是熔铸在五千多年中华文脉中的"中国精神"。伟大的历史沉淀伟大的精神，伟大的精神激发磅礴的力量。我们的学生要不断提升思政高度，筑牢灵魂之柱，如此才能做一个顶天立地的中国人。

二、弘扬中华文明，积淀"文史厚度"

为什么提文史厚度？一是因为文学与历史是分不开的，文学以自己的方式参与历史建构和传承。所以我们现在看到的历史文字，夹杂着人的情感。它存在的意义是让人们总结过去的经验，指点未来的行事，充实未来的生活，以史为鉴，借古论今。二是因为要具有历史的大视野。如果说党史、新中国史、改革开放史和社会主义发展史这"四史"是中国共产党带领中国人民进行革命、建设、改革的理论创新史，那么还有很多人类社会史是需要学生去了解的，包括人类变化、社会兴替。人类社会史有中国历史，还有西方历史。中国历史是中华民族诞育和发展的历史。中华文明绵延五千多年，是世界上古老且具有影响的文明之一。这就需要学生去认真学习中国古代史和中国近现代史，在学习、研究中带给自己了解昨天、把握今天、开创明天的历史思维和智慧。图4-10为"语言与文化"课程系列。

说完历史，再来谈语言。语言的诞生开启了文明进程。文字的出现加速了人类文化和人类社会的进步发展，尤其是闪耀着民族智慧光芒的中华语言文字构筑着中

图 4-10 "语言与文化"课程系列

华民族的精神家园。从殷商甲骨文到现在的网络语言，汉字都在适应不同历史时期的时代要求，传承文化基因而又不断演进自身体系和形态，立足文化潮头又时刻反映时代新貌。正因如此，从未出现文化断层的中华文明，与汉语汉字及其表征的中华文化所具有的顽强文化品格之间有着密切的关系。

　　语文学科要紧紧围绕文化理解与传承、审美鉴赏与创造、语言建构与应用、思维发展与提升的学科素养，培养学生正确的国家观、民族观、文化观、历史观、审美观。如下以发展课程中文化论著系列的"先秦诸子选读"课程为例进行介绍。

<h3 style="text-align:center">"先秦诸子选读"课程纲要</h3>

　　课程说明：本课程为旨在介绍中国先秦诸子思想发展概况，梳理以儒家学派为代表的各家思想的内在关联，体会诸子思想在当代中国的文化意义和价值。

　　课程目标：解读先秦诸子选文，还原文本，掌握并积累文言文基本知识，提高经典文言文阅读能力；系统了解以孔孟为代表的儒家思想体系及其发展脉络，正确认识儒家学派内部各家之间的发展与传承的关系；提高学生对祖国文化传统的认识，加深学生对优良传统的热爱，增强对中华文化的认同感；能够结合当下实际，运用儒家思想中的经典观点理论解读当下某些社会现象与个人观点。

内容纲要

选课介绍：吕思勉先生说，先秦诸子创造了那时候百花齐放、百家争鸣的可喜局面，并且深刻影响了身后两三千年的中国历史，奠定了人们基本的行为方式、思维方式乃至情感方式，对世界其他国家如日本、韩国等也发挥了不可忽视的作用。可以说，先秦诸子是中华民族文化传统的根。先秦诸子尤其是其中的孔子、孟子、荀子等儒家学者，以修身、齐家、治国、平天下为人生追求，以道德为立身行事、自处处人的根本，是道德人格思考和培养方面的大师。所以，开设这门课程，有益于启发和引导学生陶冶身心、涵养德性，使其人格健全地发展。先秦诸子对社会人生各方面的问题，有异常敏锐、深刻的洞察。他们或者教人以种种智慧的、积极的方式因应社会人生问题，或者启发人们对种种社会人生问题进行反思。比如，孔子说："当仁，不让于师""不义而富且贵，于我如浮云""欲速则不达，见小利则大事不成""人无远虑，必有近忧"。孟子说："爱人者，人恒爱之；敬人者，人恒敬之。"老子说："千里之行，始于足下""胜人者有力，自胜者强"。这些睿智的思考现在看来仍然富有引导和启示意义。所以，开设这门课程，有益于培养和加强学生把握社会、人生问题的能力。

文化与历史最佳的学习方式就是研学旅行。学校设计了多条游学路线，在规划中做到与价值观培养相结合，促进学生的思想品格和行为习惯养成，让课程为学生的品质人生奠基；与学科教学和学习力提升相融合，以解决真实问题为目的，以项目式学习展开教学，整合多个学科知识，关注学生领导力、决策能力、语言表达能力、文献调研和搜集证据能力、多角度思维能力、协作沟通能力的培养。同时学校做好游学路线的深度开发和资源重组，处理好游学资格认定和评价与综合素质评价的关系。学校设计了多条文化之旅，有西安的"探寻历史之根，领悟古都新貌"活动；山东的"探寻儒学之根，感悟孔子智慧"活动；河南的"探寻民族之根，走访河洛文明"活动。西安、洛阳都是古代中原大地上赫赫有名的都城，孕育了中华灿烂悠久的文化，保留着中国几千年的文明。学生探寻魅力古都，可以见证中华文化的博大精深，激发民族自豪感与使命感。此外，英国伦敦文化游学及奥特利尔中学孔子课堂也是一条特别的文史之旅的途径。在游学期间，学生不仅感受英国文化与历史，也在积极传播儒家文化和华夏文明。在我看来，培养的学生未来将服务和贡献于世界，需要加深对自己国家和文化的理解，形成尊重文化和文明的态度，才能在经济全球化的社会中表达对其他文化的敬意，才能与来自其他文化的人们和谐共处。对文化的深刻理解不仅是人与人、人与社会的关系，还是加深自我理解、追求自我完善的重要途径。学生可以通过学习基础性、丰富性和综合性的课程，加深对中国文化的理解；通过参加社会实践活动，体验文化在地区间的差异，培养文化认同能力和包容能力；通过参与各种国际交流活动，传播传统文化内涵，形成文化创造和交流的能力，培养思考力、创造力和表达力。

习近平同志指出，系统梳理传统文化资源，让收藏在禁宫里的文物、陈列在广阔大地上的遗产、书写在古籍里的文字都活起来，丰富全社会历史文化滋养。玉泉中学坐落于"三山五园"的中心位置。"三山五园"是古都文化和京味文化培根固土、涵养文脉的重要承载地。如今，"三山五园"是海淀区着力打造的世界文化名片，而玉泉中学恰好坐落于此。这无疑使"三山五园"与学校特色建设自然而紧密地联系在一起。"三山五园"凝聚着优秀的中华文化理念与智慧、灿烂的中华文明记忆与精髓，承载着中华民族的精神与追求。我希望将这一独具特色的地域文化融入学校教育中，尤其要在校本课程建设上加以体现，发挥"三山五园"这一文化名片的教育价值。习近平同志还指出，历史文化是城市的灵魂，要像爱惜自己的生命一样保护好城市历史文化遗产。开发"三山五园"课程，也是学校承担起保护与弘扬历史文化的一种责任体现。这是一条功在当代、利在千秋的课程探索道路，会随着历史的进步和时代的发展不断演变和进化，将更浑厚的文化价值和更强劲的教育价值传递给一代代学子。

"三山五园"校本课程在规划中强调四个着力点。第一，注重多元体验，让学生通过走进体验馆、走进博物馆、走进园林等多种体验方式了解并热爱家乡文化。第二，开展项目研究，把"三山五园"的文化精髓变为带领学生研究的课题，让学生学会研究性学习。第三，开发精品课程，萃取、浓缩并固化"三山五园"的知识精华，让学生通过学习精品课程对某个学习领域产生浓厚的兴趣。第四，进入课堂教学，将"三山五园"作为各学科教学的一种素材。各学科教师将"三山五园"中与学科联系紧密的知识点挖掘出来，进行情景教学与知识迁移，渗透到课堂教学中，便于学生理解所学知识。表4-14"三山五园"精品校本课程总览。

表4-14　"三山五园"精品校本课程总览

课程群	课程目标	精品课程		
		年级	课程类型	课程名称
文化理解	文物保护意识 表达交流能力	七年级	多元体验课程	神奇的体验馆VR技术
		八年级	项目研究课程	红文化与兰文化
科学探究	思维分析意识 合作探究能力	七年级	多元体验课程	古代园林的建筑之美
		八年级	项目研究课程	主体建筑的三维模型制作
人文涵养	人文感知意识 审美鉴赏能力	七年级	多元体验课程	园林诗词的文化意蕴
		八年级	项目研究课程	摄影技术与后期处理
生命发展	运动健康意识 社会实践能力	七年级	多元体验课程	我当景区小导游
		八年级	项目研究课程	玉泉中学山下的农耕文化

2019年，故宫首开夜场迎"上元之夜"。这场视觉盛宴是中国文化自信在"大时代"下的一个"小缩影"。现在，诗词大会、地名大会、成语大会、汉字大会从国家电视台到各地中小学如火如荼地开展。青少年儿童由衷喜爱中华民族的文学和历史，令人欣喜和振奋。学习文史的目的在于让学生在博大精深的文学殿堂和历史博物馆中积淀人文底蕴，让厚重的文史支柱撑起一个有底气、有品位、有追求的人。

学校要深耕、发展文学和历史事业。只有不忘本来，面向未来，才能激发中华语言文化和历史文化的创新活力，才能促进文史学科焕发强大生命力、蓬勃创造力、深远影响力。

三、登临美育高地，拓展"艺术广度"

党的十八大以来，习近平同志高度重视学校美育，多次对做好美育工作做出重要指示。《中共中央办公厅 国务院办公厅关于全面加强和改进新时代学校美育工作的意见》，在顶层设计上具有战略高度，总体要求和发展目标十分明确，让学校美育工作的开展有了明确的改革方向和强有力的政策支持。可以说，党和国家对美育工作的重视程度之高、布局力度之大前所未有。美育被提到时代的一个新高度，这是美育发展的新机遇。

学校的美育工作起步早、起点高，从课程设计到校园规划、从教学实施到课外活动，无不强调弘扬中华美育精神，以美育人、以美化人、以美培元。多年来，学校将美育作为立德树人的重要载体，纳入学生培养的全过程。全校教职员工就美育达成了高度的共识——美育是审美的教育，是情感的教育，是丰富想象力和开发创造力的教育，是文化传承的教育，也是人文的教育。学校坚持强化美育的育人功能，不断深化美育教学改革，构建出符合新时代美育精神、具有学校特色的美育课程体系，开展丰富多彩的美育实践活动……希望能够为基础教育阶段的美育工作做出指导和引领。

（一）让音乐学科登临美育新高地

艺术教育的目的是让学生拥有艺术素养。学校以品质文化为先导，通过建立并实施符合审美教育要求和音乐课程标准的普通中小学生艺术素养标准，促使中学学段、小学学段不仅要全面落实国家艺术类课程计划，开齐开足各类艺术课程，还要关注学校艺术课程的教育教学质量与学生艺术素养水平。我们依据音乐学科各学段课程标准、美术学科各学段课程标准、各学段学生心理特点和认知发展规律及学习特点，构建起艺术素养标准。下面以学校九年级音乐素养标准（表4-15）为例进行介绍。

表 4-15　学校九年级音乐素养标准

年级	科目（项目）		达标标准	优秀标准
九年级	音乐	会欣赏	1. 加深对人声、乐器声的了解和体验；能够说出各类人声和常见乐器的音色特点 2. 能够在感知力度、速度、音色、节奏、节拍、旋律、调式、和声等音乐表现要素的过程中，根据自己的体验说出音乐要素的表现作用 3. 感知音乐的结构，能够简单表述所听音乐不同段落的对比与变化 4. 能够简单表述音乐对于情绪的影响，并能运用合适的音乐进行自我调节 5. 理解声音艺术与语言艺术的关系，能够恰当地用音乐烘托诗词、散文的意境 6. 加深对音乐作品的理解，说出中国西南少数民族、东北民歌、中国戏曲、传统曲艺和歌剧及交响乐等代表曲目及相关的风土人情 7. 聆听大合唱、组歌、交响曲、歌剧音乐、舞剧音乐、非洲音乐、流行音乐、中国东北及西南少数民族音乐、戏曲及曲艺等其他体裁的歌曲和乐曲，能够随着乐声哼唱音乐主题，并能运用适当的形式对所听音乐做出反应 8. 通过欣赏音乐分辨不同的体裁与形式；聆听音乐主题并说出曲名和作者 9. 结合所听音乐了解音乐体裁与形式在音乐表现中的作用 10. 聆听中国西南少数民族歌曲和东北民歌，简单描述其不同的地域特点或民族风格；能够说出曲艺的主要种类和代表人物 11. 聆听世界不同国家的优秀音乐作品，能够说出主要音乐流派的代表人物	1. 加深对人声、乐器声的了解和体验；能够说出各类人声和常见乐器的音色特点 2. 能够在感知力度、速度、音色、节奏、节拍、旋律、调式、和声等音乐表现要素的过程中，根据自己的体验较为准确地说出音乐要素的表现作用 3. 感知音乐的结构，能够较为准确地表述所听音乐不同段落的对比与变化 4. 能够表述音乐对于情绪的影响，并能运用合适的音乐进行自我调节 5. 理解声音艺术与语言艺术的关系，能够恰当地用音乐烘托诗词、散文的意境 6. 加深对音乐作品的理解，说出中国西南少数民族、东北民歌、中国戏曲、传统曲艺和歌剧及交响乐等代表曲目及相关的风土人情及相关文化（成因等） 7. 聆听大合唱、组歌、交响曲、歌剧音乐、舞剧音乐、非洲音乐、流行音乐、中国东北及西南少数民族音乐、戏曲及曲艺等其他体裁的歌曲和乐曲，能够随着乐声哼唱音乐主题，并能运用适当的形式对所听音乐做出反应 8. 通过欣赏音乐分辨不同的体裁与形式；聆听音乐主题并说出曲名和作者及乐曲的简单结构和音乐特点 9. 结合所听音乐了解音乐体裁与形式在音乐表现中的作用 10. 聆听中国西南少数民族歌曲和东北民歌，简单描述其不同的地域特点或民族风格；能够说出曲艺的主要种类和代表人物 11. 聆听世界不同国家的优秀音乐作品，能说出主要音乐流派代表人物及代表作品
		会识谱	1. 能够跟随琴声或录音视唱乐谱 2. 具备识谱能力，能够比较顺畅地识读简谱	1. 能够跟随琴声或录音视唱乐谱 2. 具备识谱能力，能够顺畅地识读五线谱和简谱

续表

年级	科目（项目）		达标标准	优秀标准
九年级	音乐	会唱歌	1. 能够主动地参与各种演唱活动，养成良好的唱歌习惯 2. 能够自信地、有感情地清唱歌曲；在合唱中积累清唱经验，进一步感受合唱的艺术魅力；学习基本的指挥图示，能对指挥的起、止、表情等做出正确的反应 3. 学习变声期嗓音保护的知识，懂得嗓音保护的方法 4. 能够简单分析歌曲的特点与风格，表现歌曲的音乐情绪与意境；能够对自己、他人或集体的演唱做简单评价 5. 每学年能背唱歌曲2～4首（其中中国民歌1首），学唱京剧或地方戏曲唱腔1段	1. 能够主动地参与各种演唱活动，养成良好的唱歌习惯 2. 能够自信地、有感情地清唱歌曲；在合唱中积累清唱经验，进一步感受合唱的艺术魅力；学习基本的指挥图示，能对指挥的起、止、表情等做出正确的反应 3. 学习变声期嗓音保护的知识，懂得嗓音保护的方法 4. 能够简单分析歌曲的特点与风格，表现歌曲的音乐情绪与意境；能够对自己、他人或集体的演唱做简单评价 5. 每学年能背唱歌曲2～4首（其中中国民歌1首），学唱京剧或地方戏曲唱腔1段
		会演奏	1. 能够主动地参与各种演奏活动，养成良好的演奏习惯 2. 能够选择某种乐器，运用适当的演奏方式表现乐曲的情绪，力求用优美的音色进行演奏 3. 能够对自己、他人或集体的演奏做简单评价 4. 每学年能够演奏乐曲2～3首	1. 能够主动地参与各种演奏活动，养成较好的演奏习惯 2. 能够选择某种乐器，运用适当的演奏方式表现乐曲的情绪，力求用优美的音色进行演奏 3. 能够对自己、他人或集体的演奏做简单评价 4. 每学年能够演奏乐曲4～6首
		会评论	1. 养成关注音乐的习惯，能够用实例说明音乐在社会生活中的作用 2. 喜欢并能够从传播媒体或现场演出中聆听音乐，能够搜集和积累音乐信息，愿与同学交换所搜集到的音乐材料，交流音乐感受 3. 乐于参加音乐实践活动，并能做出自己的评价 4. 通过艺术作品，能够简单比较听觉艺术与视觉艺术在表现材料和表现特点方面的相同与不同 5. 能够结合所熟悉的影视片，表述对某些背景音乐或主题音乐的认识 6. 能够运用综合艺术表现手段，与他人合作进行班级文艺活动的创意与设计	1. 养成关注音乐的习惯，能够用实例说明音乐在社会生活中的作用 2. 喜欢并能够从传播媒体或现场演出中聆听音乐，能够搜集和积累音乐信息，愿与同学交换所搜集到的音乐材料，交流音乐感受 3. 乐于参加音乐实践活动，并能做出自己的评价 4. 通过艺术作品，能够简单比较听觉艺术与视觉艺术在表现材料和表现特点方面的相同与不同 5. 能够结合所熟悉的影视片，表述对某些背景音乐或主题音乐的认识 6. 能够运用综合艺术表现手段，与他人合作进行班级文艺活动的创意与设计

续表

年级	科目（项目）		达标标准	优秀标准
九年级	音乐	会创作	1. 探索自然界和生活中的各种音响，能够用不同方式模仿不同的声音；能够运用人声、乐器声或其他声音材料表现一定的情景 2. 能够即兴编唱生活短语或诗词短句 3. 能够依据歌曲、乐曲的内容和情绪，进行即兴编创表演活动 4. 能够利用教师或教材提供的材料和方法，独立地或与他人合作编创4～8小节的旋律短句或短曲，并能用乐谱记录下来	1. 探索自然界和生活中的各种音响，能够用不同方式模仿不同的声音；能够运用人声、乐器声或其他声音材料表现一定的情景；能够对自己或他人的声音探索活动做出评价 2. 能够即兴编唱生活短语或诗词短句，并用乐谱记录下来 3. 能够依据歌曲、乐曲的内容和情绪，进行即兴编创表演活动 4. 能够利用教师或教材提供的材料和方法，独立地编创8～16小节的旋律短句或短曲，并能用乐谱记录下来

在高质高量地完成"规定动作"之外，学校构建了具有一定广度与深度，满足学生的共性、个性发展要求，考虑学生持续发展以及未来社会人才需求的音乐教育课程体系，充分体现美育价值。学校坚持"全员美育、面向全体、关注提高"的原则，将课堂教学、美育实践活动和校园文化环境有机融合。连续30多年举办的合唱节和艺术节活动已经成为学生一年两次的艺术节日。学校根据学生的兴趣和发展需求成立了多元的学生艺术社团和兴趣小组，充分给予学生进一步提升艺术素养和能力的空间。管乐团和合唱团两支学生金帆艺术团，在全校美育工作中起到了积极的引领辐射作用，带动了银帆京剧团、舞蹈团和戏剧团等社团的蓬勃发展。

民族文化是民族本性、民族尊严、民族意志的标志。音乐教学必须让学生了解和热爱祖国的音乐文化，增强民族意识。学校高度重视民族音乐的继承与发展。特级教师张亚红以"又见茉莉花"为题进行了一次教学尝试，以聆听不同题材、体裁、结构、风格、演唱形式的《茉莉花》为载体，以对比的形式引导学生对音乐作品进行情感体验，激发学生喜爱我国优秀民族民间音乐的情感，提高民族认同感，培养学生的民族情怀。音乐教师的责任不仅是要把握音乐的本质，培养学生的审美情趣，还要用音乐涵养学生的心灵，使学生拥有深厚的音乐素养和民族情怀，从音乐教学走向音乐教育。

艺术活动不应该仅仅是镁光灯下的绚丽展示和"阳春白雪"。艺术活动要走进百姓中去，将美的艺术传递给更多的人，丰富他们的精神世界。20 多年前，学校的金帆管乐团就开始走进部队、厂矿；近些年，管乐团、合唱团、舞蹈团和京剧社团坚持将高雅音乐送到基层社区和百姓家门口，以行动践行"艺术服务于社会"的理念。音乐教育的本质是审美，是引导学生发现美、感受美、体验美，最终能够通过自己掌握的音乐素养去创造美、传播美、弘扬美。

（二）让美术学科美出时代新高度

学校将"以美引善、以美启真、以美怡情"作为美术学科的育人思想，顺应改革形势，不断探索、完善美术教育教学方法，在校内外广泛开展美术教育活动，逐步形成特色鲜明的美术教育体系。即文化融合创新，重点打造非物质文化遗产类课程；教学内容创新，将当代艺术的创新内容引入课堂教学；教学形式创新，以项目式学习为主要教学形式。近些年，学校美术教育的发展态势非常好。金帆书画院成功获批，美术教育成为美育工作又一道亮丽的风景线。为确保育人全员化、普遍化、常态化，基于学生的个性化需求，学校在三级课程体系的基础上，结合美术学科的特点，建立了三级美术课程体系。

为了弘扬社会主义核心价值观，践行文化大融合的理念，学校开设了一系列非物质文化遗产课程，包括皮影、京剧脸谱设计、书法、篆刻等。特别是 2009 年开设的皮影课程"皮影艺术"是学校最具特色的非遗课程，历时 10 多年，不断发展完善，逐渐成为美术教育教学的特色。学生以皮影这种艺术形式为载体，策划、设计、创编了很多和校园生活有关的作品。学生在制作皮影和设计表演的过程中，让中华优秀传统文化在新时代焕发了新的生机和光芒。学校出版了校本教材《皮影的设计与制作》，分别在初中和高中两个学段使用。这些年学生独立设计制作的皮影作品屡次参加国家级皮影作品展并获奖。

学校把每年 12 月定为雅趣月，学生通过美术作品展现三级课程体系的美术教学成果。艺术节中不但有常规展品，如学生绘画、手工艺术品，还有传统文化展品，如皮影、书法篆刻、陶艺、扎染等。学校还不断创新艺术形式，如"立体地画""绘制井盖""手绘鞋"，增加中国传统建筑门环立体造型、团扇、雨燕等形式，为美丽的校园增添了许多趣味。在学校，我们可以在教室中、楼道里、实验楼中、橱窗中看到学生的美术作品；我们也可以在围墙上、井盖上看到学生那富有创意的涂鸦作品，装点了校园环境。

学校美术教育蓬勃发展的同时，不仅向兄弟校传递先进的美术教育理念，还将师资力量、美术课程体系、专业培训、美术活动等教育资源与之共享。特级教师张尊高多次远赴云南、广东、湖北、河北等地进行支教，点对点帮、扶、带，传递先进教育理念，将多年积累的教育教学经验与当地教师交流，充分发挥了辐射作用，深受当地教育主管部门及同人的好评。

目前，学校拥有3间音乐教室，2间特色音乐教室，8间各类美术专业教室，5个管乐、合唱、京剧、舞蹈、戏剧专业排练厅，13个管乐声部教室和比较完善的专业设施。此外，我们还创造性地将美术作品展览厅、影壁广场、书法大道等专业美术场馆及活动场巧妙融入校园建设中，打造富有文化韵味的校园环境。经过师生的共同努力，学校先后被评为"全国学校艺术教育先进单位""北京市金帆艺术奖"，艺术中心还被授予"北京市先进集体"等荣誉称号。在金帆书画院获批之后，学校成为北京为数不多的拥有三个金帆、两个银帆的艺术教育特色校。这既是对学校美育工作的一个评价，也是学校美育工作的一个新起点。学校有两位受人尊敬的艺术教育家——张亚红和张尊高。

当下，越来越多的人达成了这样的共识：不重视德育，影响的是一代人的思想道德面貌；不重视体育，影响的是一代人的体质健康水平；不重视美育，影响的是一代人乃至几代人的审美素养和人文精神，影响的是一个民族的文化自信和创新精神。现在，我们站在新的历史台阶上，对于学校美育有了一种更加高度的自觉、更加明确的使命、更加鲜明的态度与更加紧迫的责任。我们需要抓住学生价值观形成和确定的关键时期，引导他们扣好人生第一粒扣子，踩实人生第一级台阶。为此，我们将继续统筹好学校各级各类美育资源，探索艺术教育与其他相关学科相结合的途径与方式，结合五育并举，形成学校美育新特色。学校通过建立综合艺术素养多元评价制度，强化和完善美育保障机制，促进美育规范科学发展，最终形成美育新模式。

我与八一学校：让艺术之花在戏剧教育中绽放

时代在发展，传统的教学方式、育人方法在当代学生眼里略显单调、缺乏新意。

而戏剧教育却以灵动的形式和丰富的内涵深受学生喜爱。学校戏剧教育资源的开发与实施，正是以这种学生喜闻乐见的形式展开的。主要途径有三个：一是充分挖掘学科中有关戏剧的内容；二是开发与戏剧相关的选修课；三是组建戏剧社团或以戏剧的艺术形式开展主题活动。

学校是教育部京剧进课堂试点学校。初中学生在音乐常规课上就能学习演唱京剧，感受京剧背后的文化底蕴；高中语文必修模块中的戏剧单元含有《雷雨》《哈姆雷特》等经典作品，师生都非常重视经典折射出的哲理。2011年，学校"高中语文学科小说与戏剧模块教学策略研究"被海淀区立项为"十二五"重点课题，是从科研的角度深入挖掘戏剧的教育功能，成为对课堂戏剧教学的有效补充和完善。除此之外，我们还利用语文和英语课堂，引导学生通过编排课本剧和自编剧目来增强对戏剧的了解，提升学生的文本领悟和语言表达能力；更重要的是通过戏剧教育的创新形式，促进学生深度学习和自觉、自然地成长。戏剧教学的理念和方法除了被有效运用在语文和英语课上，还被广泛渗透在科学、历史、地理等诸多学科教学中。戏剧教育营造的这种较具弹性、活泼的教学氛围充分激发了学生的学习兴趣，使学生掌握知识变得更加容易，让学生在知识学习时常闪现出创新的灵感。

学校的戏剧类选修课程门类众多，有音乐特级教师张亚红开设的"音乐与戏剧表演"课程、王华蓓副校长牵头开设的校本选修课程"话剧欣赏与表演"、国家选修课程"中外戏剧名作欣赏"，另外还有"体验莎翁戏剧表演"和"皮影艺术"课程等。无论是环保科普短剧还是演绎皮影戏，学生都会洋溢出极大的热情、迸发出超强的想象创新能力，以惊人的演技使剧本呈现异彩纷呈。

社团是学生兴趣和能力生长的沃土，也承担着德育的责任。学校的戏剧社团非常活跃，如晨曦话剧社公演《我的西南联大》，星空文学社排演话剧《雷雨》，艺缘京剧社、莎翁剧社也都组织各类活动。科技中心在科技节上组织"环保科普短剧"展演等，让学生在感受戏剧魅力的同时也发挥戏剧的育人功能。学校蓬勃发展并有较大影响力的戏剧社团主要是"文以载道、戏以育人"的晨曦话剧社和"传承国粹、活动育人"的艺缘京剧社。

晨曦话剧社成立于2009年9月，由一位高中语文教师担任指导教师、两位热爱表演且有一定资质、组织能力较强的高中学生担任社长。办社宗旨是，传承经典文化、提升人文素养、丰富课余生活、完善综合素质。社团主要的任务是通过一系列灵动有趣的活动（如配音比赛、小品表演、场景模仿等）和规范正式的演出，帮助学生重新认识自己、挖掘自身潜能、重视团队合作、体验各异人生、助力自身成长。该话剧社组建之初，指导教师就对学生说："兴趣和尝试以及自我锻炼是你走入话剧社的第一步。接下来的日子里，我们要学习的不只是表演，还有守时、合作、平衡和互相体恤……"随着活动次数的增多，学生身上出现了点滴变化：从只关心自己的上场时间和台词、表演，到开始关注别人的表演，并真诚地给出中肯的意见；从只顾自己到为大家做海报、挑音乐、买水果、准备道具……学生收获着成长的喜悦，他们说："当与更多的人一同分享一段旅程，一同有所感受、有所收获之时，心灵会变得更加丰满！"学校还为话剧社的学生请来了北京人民艺术剧院的专业导演进行指导，让学生走近大家、聆听大家，领略艺术的真谛。

2012 年 5 月，由武樱老师指导、高二年级学生主演的晨曦话剧社年度大戏《我的西南联大》在学校礼堂隆重上演。高二年级全体教师、学生和家长以及初中部部分学生观看了首演。100 分钟的戏在沈谦之一家子以及同院子里的联大学生之间展开，讲述了抗日战争时期一群知识分子在"文化长征"途中留在昆明的一段故事。演出获得了巨大的成功，观众时而为沈谦之的大义凛然所感染，时而为彩云的悲恸而流下眼泪。北京人民艺术剧院著名剧目《甲子园》的导演唐烨女士在观看了学生表演后大赞话剧社的专业性并就一些细节问题进行了悉心指导。演出虽然告一段落，但由《我的西南联大》所引起的涟漪依然在校园中荡漾。学生说虽然筹备辛苦，但他们乐在其中，享受表演的快乐，体会艺术的魅力。观演后，很多学生都表示希望加入晨曦话剧社，能在舞台上绽放自己。正如王校长所说，晨曦话剧社会是一粒种子，在学校的沃土上生根发芽，茁壮成长；而《我的西南联大》这出剧也会在一届又一届社员的手中接力演出下去，成为学校校园文化中一抹亮丽的风景线。

2021 年 5 月，晨曦话剧社的新剧——《起死》在荣臻礼堂进行展演。《起死》选自鲁迅小说集《故事新编》，是鲁迅先生作品中唯一一部话剧剧本形式的小说。《起死》不仅是对优秀传统文化的继承和反思，也是对现实生活的一种侧面观察和表现。学生结合自己学习优秀传统文化的一些体验和对鲁迅先生作品的理解，用一个全新的视角来看待我们的优秀传统文化。在新时代的继承发展中，对优秀传统文化去粗取精、去伪存真、做出扬弃，符合我们的时代潮流。文化建设是国家软实力的建设。我们的学生能够从这个方面来排戏，是一个大胆的尝试，也是对社会主义核心价值观很好的弘扬。

晨曦话剧社自建立以来，已经有10多年的历史了。本着学生自主管理、自主学习的原则，晨曦话剧社旨在培养学生的能力和对话剧、对文学的喜爱之情。在学校的大力支持、教师的鼓励和学生的积极参与下，该话剧社取得了很好的成绩，培养了一届又一届的话剧爱好者，丰富了学校的文化生活，提高了学生的文学素养，也为学生未来的发展开拓了一条新的道路。从话剧社走出去的学生，许多人考入了北京外国语大学、中国传媒大学、北京电影学院等知名学校。话剧社2019届成员中，人人都热爱话剧，都有自己的特长，可以说是多才多艺。目前该话剧社已经排演了数出剧目。比如，学生演出的老舍先生的《茶馆》，就在学校活动中取得了非常好的反响。

艺缘京剧社自2008年9月成立以来，一直遵循"弘扬祖国优秀文化、传承国粹京剧、活动育人"的办社理念，特邀杨派老生李崇林作为指导专家。由学校艺术中心教师带领学生排练了《天女散花》《孙悟空斗罗汉》《霸王别姬》《贵妃醉酒》等经典剧目选段。2009年，艺缘京剧社举行专场汇报演出；2011年，该京剧社在北京市"国戏杯"学生戏曲大赛中荣获一等奖；2012年，该京剧社在北京市第十五届学生艺术节戏曲集体比赛中荣获一等奖。该京剧社还两次赴美进行交流演出。同时，该京剧社还组织聆听京剧讲座、观看京剧演出、进行"京剧知识知多少"板报展示等活动，以此来普及京剧、传承国粹。让我们感到欣喜的是，经过几年的精心打造，学生中有一群"小戏骨"迅速成长起来！

除此以外，我们鼓励并支持学生在社团文化周、艺术节、科技节、主题班会和新年联欢等主题活动中，选择以戏剧艺术的形式来丰富内容、活跃气氛，从而更好地实现润物无声和自我教育的德育效果。经过这几年切切实实的、鲜活而丰富的实践和探索，无论是课堂教学、主题节日，还是社团活动，正因贯穿了戏剧教育的诸多元素，师生在互动中实现了共同的成长。我们从中也提炼出几方面的思考：一是面对学生，如何更好地开展戏剧教育；二是如何以人格培养为目的，更多体现学生的自主性；三是如何开发戏剧教育资源，为中学戏剧教育的发展更好蓄力。我们深深体会到人与人之间存在天赋上的差异，但起决定性作用的是环境和教育。只要教育得法，遵循学生的认知规律和心理活动规律，方法上注重唤起学生的兴趣和热情，注重启发引导、因材施教和鼓励，从内心深处关爱学生，努力挖掘他们的潜力和创造力，不失时机地为他们打开艺术智慧的闸门，他们的潜能就会像泉水一样奔流不止，并由此迁移到他们的最佳发展方向上去。

（王华蓓）

四、关注生命健康，历练"身心强度"

习近平同志牵挂少年儿童的身心健康，强调身体是人生一切奋斗成功的本钱，少年儿童要注意加强体育锻炼。由于很长一段时间，一些学校重智育，而把体育工作边缘化，造成学生身体素质急剧下降，因此才有《中共中央办公厅 国务院办公厅关于全面加强和改进新时代学校体育工作的意见》的发布。该文件明确指出，体育是实现立德树人根本任务、提升学生综合素质的基础性工程，对于弘扬社会主义核心价值观，培养学生爱国主义、集体主义、社会主义精神和奋发向上、顽强拼搏的意志品质，实现以体育智、以体育心具有独特功能。

2018 年 8 月，习近平同志做出重要指示，我国学生近视呈现高发、低龄化趋势，严重影响孩子们的身心健康，这是一个关系国家和民族未来的大问题，必须高度重视，不能任其发展。2021 年 3 月，教育部等单位联合印发《义务教育质量评价指南》，特别要求学校加强作业、睡眠、手机、读物、体质五项管理。2021 年 5 月，教育部等单位联合印发《儿童青少年近视防控光明行动工作方案（2021—2025 年）》，将儿童青少年身心健康放在更加突出位置，服务教育强国、体育强国、健康中国建设，进一步明确近视防控路线图，形成有利于儿童青少年视力健康的生活学习方式，让每个学生都有一双明亮的眼睛和光明的未来。在"十四五"开局之年推出"五项管理"举措意义深远。这五项管理看上去似乎是小事，实际上不是小事，是以小切口推动大改革。做好"五项管理"，促进学生健康成长，是教育系统的重大责任，也是解决广大家长急难愁盼问题的有力举措。学校自"五项管理"举措推出以来，在作业质量、睡眠要求、手机管理、读物规范和体质达标五个方面强化标准，压实责任，继续保持手机不进课堂的优良传统，作业、校外培训、游戏都要为学生的睡眠让路，不断细化和补充中小学生课外读物的负面清单，加强作业科学管理，提高家庭作业质量，坚定不以任何理由挤占体育与健康课程和学生校园体育活动的理念，同时做好家校配合，力争在"五项管理"方面取得明显成效。

"无体育，不八一"，如果要列举学校的优势，体育无疑是位列前三位的。学校极负盛名的就是校园足球，无论是比赛成绩还是发展模式都是国内的引领者。1997年5月成立的翱翔足球俱乐部更是硕果累累，共获得北京市中学生联赛以及足球传统项目比赛冠军30余个；获全国冠军3个；获亚太地区冠军1个，实现了冲出国门，走向世界。该俱乐部为大学培养足球骨干200多名，为国安等俱乐部输送20余名运动员。其中万厚良入选国家队；张晓彬入选国家奥林匹克足球队。学校小学队和初中队有多名队员入选国家少年集训队。高中队、初中队连续夺得2017年、2018年两届北京市耐克杯双冠军。小学五年级队、六年级队夺得北京市首届京少俱乐部甲级联赛冠军；2019年暑假夺得全国城市少儿足球联赛冠军以及代表北京市夺得第二届全国青年运动会5人制足球比赛第三名。

学校有一支特别优秀的体育教师队伍，在体育学科建设上精心谋划，在开齐开足课时的同时兼顾原有特色教学，在保证所有年级正常完成体育教学的同时，抽出一节课时，开展足球体育教学。同时，兼顾学校原有的体育特色，包括北京市田径、足球、武术、健美操、定向越野等，在原有体育教学的基础上，坚持和发展体育特色，建设基础课程、必修课程、拓展课程、学术课程的四级课程，形成了体育与健康课程十二年一贯制框架。

学校有很多体育课程是和艺术相结合的，如形体艺术课和素质教育舞蹈课。形体课教学是一项很有教育意义的工作。中学时期正是学生个性品质形成的关键时期。形体课上脑、体、肢的综合训练，在塑造学生健美形体的同时，提高学生的柔韧性、协调性、灵敏性、节奏感和身体素质；加强学生与他人交往、沟通、协调的能力，全面提高学生的综合潜在素质；还可以加强学生进行自我形体锻炼的意识，让学生掌握一些科学必要的锻炼方法。它对学生世界观的形成、身体发育、心理发育也有重要的意义。在锻炼学生的身体、增强学生的体质的同时，它还把舞蹈、音乐、体操融为一体，具有陶冶学生的情操、培养学生的美感和节奏感、提高学生的欣赏美和动作表现力的作用；同时还能培养学生的高雅气质和良好的体态，集健身、健心、塑形、可观赏性的特点于一身。这种新型的体验课也让学生体验到了美的真谛，明白了运用肢体去感受舞动的内心，真正达到了寓教于乐的境界。我们只有运用得恰当、准确、客观、艺术，才可以活跃学生的思维，使学生逐渐形成良好的习惯和品格，让学生健康、快乐、全面地发展，体验着形体美带给的学习快乐。

形体艺术课增强了教师和学生行为的交互性，是教师从学生的身心特点出发，引导学生认识美的概念、寻找艺术美的生命力，挖掘学生个性的身体语汇，从而实现创造性学习。这一学习过程也是让学生感受美，体验身体的敏捷性，丰富积极、健康、乐观的思想情感，养成优美的举止和正确的体态习惯，增强辨别美的能力，陶冶性情，培养美好的情操，在获得美的享受中增强对美的感受力；在学习的同时还能增进团结友爱，有助于和谐社会的创建。对于教师而言，他们通过灵活运用多种教学方式，结合学生的心理特点与教材自身的功能和内涵，为课堂注入体验性学习的机制和方法，使教学内容开放且具有趣味和充满活力。

素质教育舞蹈课是一种与素质教育和新课程改革完全相吻合的课程模式。第一，面向全体学生。第二，创新是每节课堂的目标。这样的课堂是很受学生欢迎的。学生只要在课堂上能够"玩"起来，就一定会有能力和素质的收获。我们尝试在课堂上对运动要素、舞蹈元素和道德因素三者做完美结合。比如，学习膝关节颤动、体摇摆、踏步等动作时，我们让学生感悟各种节奏的音乐，在随乐起舞的氛围中寻找动作规律，根据音乐创编归纳组合动作，在律动中产生美感。舞蹈是学生在思想教育中的一种自律工具。游戏过程中不仅要求每个人的动作符合游戏内容，而且要求学生齐心协力才能把游戏做好。这就需要方方面面的协调配合，因此学生相互学习、相互监督、相互提醒，集体主义观念不断增强。素质教育舞蹈课的理念从注重独立型人格的养成、注重认识和改造自然的能力培养和注重基本心智的发展三方面，逐渐发展为注重个人的独立性和自由、注重人的理性与非理性的发展、追求人的和谐性、注重人的道德素养培养、注重不同民族和不同个体之间的差异性和多样性以及每个人生活方式和身心发展的丰富性等。这种新型的舞蹈课也让学生体验到了自我创新、敢于展示的自信，体验到了运用舞动的肢体去诉说内心感受的表达方式，真正达到了寓教于乐的境界。

第六节　五种学习方式

近几年来，我特别关注学习方式变革的命题。尤其在知识爆炸、技术突飞猛进的智能时代下，学校需要不断去寻找适合学生学习特点、符合科学用脑规律、强调学习活动的主动参与和亲身体验，关注学习经验的形成、积累和建构过程，培养学生掌握、运用知识的积极态度和自主性，强化学生高阶思维发展和提高学生创新实践能力的主动、深度、无边界的学习方式。我们按照学生学习场域的变化，提出了从课堂的深度学习、校内的项目式学习和沉浸式学习到校内外结合的混合式学习再到走出学校的体验式学习。学习方式其实还有很多，但无论使用何种方式，都是一改过去单纯的知识输入和单向的反馈，营造一个学习共同体，让师生之间、生生之间共同提出问题、共同探究本质、共同解决难点、共同生成资源、共同分享经验、共同评价得失。这一过程中培养了学生的包容意识、合作意识、领导能力、沟通能力等。

一、培养高阶思维的"深度学习"

所谓深度学习就是指在教师的引领下，学生围绕着具有挑战性的学习主题，全身心积极参与、体验成功、获得发展的有意义的学习过程。在这个过程中，学生掌握学科的核心知识，理解学习的过程，把握学科的本质及思想方法，提升自主学习、自我管理能力和元认知能力，形成积极的内在学习动机、高级的社会情感、积极的态度、正确的价值观，成为既具有独立性、批判性、创造性又具有合作精神、基础扎实的优秀的学习者，成为未来社会历史实践的主人。与机械地、被动地接受知识，孤立地存储信息的浅层学习相比，深度学习强调批判性学习、远迁移学习、综合性学习和创造性学习。

2014年，学校参与到"深度学习"教学改进项目探索中。其初衷是探索"深度学习"教学改进的有效教学模式，提高学生的综合学科能力；以学科建设为抓手，促进学科均衡发展，提高教师的专业水平；形成促进学生综合能力发展的系列课程资源；改变学校课程管理模式，提升学校的教学质量。因此，项目的切入点是基于教师，为教师提供一种教育教学的改进方案和实践策略；归宿点是指向学生，给学生提供高质量的学习体验，培养学生理解世界、解决问题的能力。

"深度学习"教学改进，顾名思义，就是全面提升教学品质和课堂品质，在深刻改变中产生高效能，进而提升学习品质。正因为"深度学习"教学改进直指教学系统中四个基本的问题：教什么、学会什么、怎样教、怎样评。这是一种基于深度学习理论，围绕单元教学设计，聚焦深度学习的四个要素，构建单元教学设计的基本程序，并体现动态设计特点的教学策略。因此，教学改进的核心就是通过建构一个模型，提出教师进行教学单元设计和实践的四个环节。

在我看来，"深度学习"教学改进项目（图4-11）旨在培养具有高阶思维的学习者。注重思维方式的培养、关注建立联系的能力以及重视知识的延伸与扩展，这才是深度学习的核心。让学生的学习状态发生了深刻的变化，主要体现在四个方面。一是"联想与结构"。学生能够调动和激活以往积累的知识和生活经验，饶有兴趣地以融会贯通的方式组织学习内容，建构起自己的知识结构。二是"活动与体验"。学生能够体验到挑战成功的成就感，在经历一个探索、发现和体验知识的过程中，深刻体会到学科的思想方法，体会到合作在学习中的价值与意义，体会到学科的价值，体会到个人在学习活动中的成长。三是"本质与变式"。学生能够更加清楚地把握学科知识的本质联系，并且做到举一反三，使思维发展变得更加灵活和变通。四是"迁移与应用"。学生能将所学内容迁移到新情境中，应用所学知识解决生活中的现实问题，逐步拥有理解中顿悟、迁移中发展、应用中创新的学科素养。例如，在初中语文"童年的朋友"一课中，教师在授课前做了学情调查，了解到以往我们认为应该讲的内容学生大部分都已掌握。基于此学情，教师让学生绘出外祖母的形象，因为这篇文章更多的是对外祖母的外形、神态的描写。学生从绘画中了解了文章的内容，理解了作者的情感，随后的写作训练

图4-11 "深度学习"教学改进项目

就水到渠成了。

2019 年，我提出"深度学习再出发"，继续进行新一轮"深度学习"教学改进项目。其目的是真正改变学生的学习方式，促进学生积极主动地解决问题，让学生经历思维深度参与的学习活动，培育学生的学科核心素养。教师在学生学习过程中，引导学生面对系统而有难度的学习内容，全身心投入学习过程，获得核心素养的发展，帮助学生从学习的新手成长为成熟的学习者。教师在团队研修中通过持续地"学习—研究—实践—改进"，实现快速而有质量的发展。所谓"深度学习再出发"的内涵有四个方面：一是精细，实现流程化、细目化；二是精准，结合学情、学科核心素养和育人目标精准设计；三是系统性，学科内部系统规划，形成本学科的结构图；四是全覆盖，让深度学习走向全学段、全学科。新一轮项目推进的目标是三年内建立基于单元主题教学设计的研训平台和校本资源库，系统化学科单元主题教学设计的覆盖率达 95% 以上，编制各学科深度学习校本评价手册和校本练习册。比如，初中数学团队基于深度学习与分层教学项目开展教学研究，共完成 14 个单元的单元设计；自编《魔力数学》系列教材，为不同课程不同层级的教学提供了更有力的支撑；对整个初中数学的内容进行重新整合，编写与之对应的课后练习册《书来数趣》。

"深度学习"是一种教学理念，可以让我们在"学习"中发现自己，感受变革的教学脉动；"深度学习"是一种教学行为，可以让我们在"实践"中改变自己，体验创新的教学愉悦；"深度学习"是一种教学理想，可以让我们在"追求"中超越自己，享受成功的教学人生。所以，"深度学习"教学改进项目，就是一个观照自我、追求积极的教学意义的过程。我把"深度学习"当作师生共同经历的一段智慧之旅。旅程的终点不是让学生获得一堆零散、呆板、无用的知识，而是让他们能够充分、灵活地运用这些知识，去理解世界、解决问题、学以致用。

我与八一学校：化学学科深度学习课程
"基于证据探索物质世界构成的奥秘"第 2 课时学案

素材 1："微粒"的故事

1803 年，英国化学家道尔顿在进一步总结前人经验的基础上，提出了具有近代意义的原子学说。这种原子学说的提出开创了化学的新时代，解释了很多物理、化学现象。1811 年，意大利科学家阿伏加德罗提出了分子假说，最终得到了化学家们的承认。

德国科学家凯库勒在 1855 年提出苯的分子结构。

瑞典科学家阿仑尼乌斯在前人研究的基础上提出了电离理论，荣获 1903 年诺贝尔化学奖。后来物理学家德拜对离子做了进一步研究并获得 1936 年诺贝尔化学奖。

1993 年，中国科学院运用纳米技术和超真空扫描隧道显微镜手段，通过操纵硅原子写出"中国"两字。

问题 1：构成物质的微粒有哪些？它们之间的关系是什么？

素材 2：一些微粒（图 4-12）

图 4-12　一些微粒

问题 2：通过图片你能获取哪些信息，为什么这么想？

问题 3：下面这些物质有什么共同点？

(1) CO_2, O_2, H_2O　　　　(2) NaCl, Na

素材 3：地壳中各元素的质量分数（图 4-13）

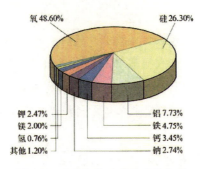

图 4-13 地壳中各元素的质量分数

问题 4：你认为微粒、元素、物质之间的关系是什么？将它们表示出来。

第 3 课时学案

活动 1：绘制水的变化微观图。

水的
变化

活动 2：尝试绘制过氧化氢溶液和氧气的微粒图（图 4-14）。

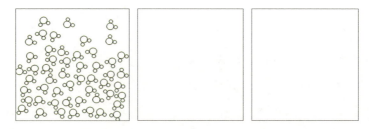

图 4-14 水、过氧化氢溶液和氧气的微粒图

表 4-16 混合物、纯净物、单质和化合物的概念

概念	宏观	微观
混合物	由两种或两种以上物质组成	
纯净物	由一种物质组成	
单质	由一种元素组成的纯净物	
化合物	由两种或两种以上元素组成的纯净物	

活动 3：关注实验，完成任务。

任务 1：观察实验，从微观角度解释为何过氧化氢溶液和水加入氯化铁后产生了不同的现象。

任务 2：设计实验，研究碘溶解在食用油和酒精中碘分子是否发生改变，说明你的设计依据。

活动 4：尝试从微观角度解释这个变化，你能得到什么结论？

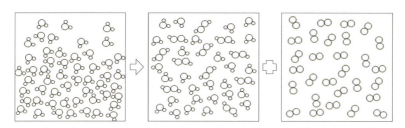

图 4-15 碘分子变化的微粒图

活动 5：你认为这两个分子变化（图 4-16）是如何发生的，尝试绘制微粒的变化过程。

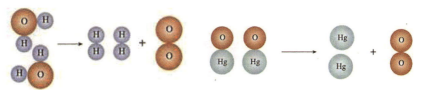

图 4-16 分子的变化

教学反思：本节课的课程设计关注学生的认识发展和能力培养，将评价与活动紧密结合，不断在课堂活动中评价学生在上一活动中的认识，有效将学生思维外显化，促进学生的认识发展。本节课关注分子、原子等微粒的核心功能和价值。教学策略不是定位在概念本身，而是定位在概念的功能价值。课堂中没有对原子概念（化

学变化中的最小微粒）和元素概念（质子数相同的同一类原子的总称）逐字解读，也没有着力于原子元素概念的辨析和分子、原子概念的比较，而是着力于让学生体会从原子、元素的概念层面，对物质组成、物质分类、物质变化的过程有什么新的认识，注重概念的关联而不是概念的差异，避免了让学生机械地背概念的状况。学生在分析关于物质组成分类的任务中而必须建立一个新的概念，否则将无法将任务阐释清晰。这样就在应用的过程中形成了对概念的认识。

本节课的具体收获有四个方面。

第一，知识是一个整体，不是一节课攻破一个概念。

第二，能力是一个整体，不是靠哪一节课形成的，而是反复螺旋形成的。

第三，使用的资源是一个整体，不受课本课时的限制。

第四，单元线索是一个整体，一个单元一脉相承。

本节课在课堂活动、节奏的把握上还有一定提升空间。活动、任务是学生形成认识思路的载体和途径。要引发学生对化学变化进行深入思考：一方面需要教师设计促进学生思考的问题，引导学生确定认识的角度；另一方面在活动实施的过程中，需要教师耐下心来，为学生提供足够的时间和空间，让他们能够充分思考、讨论和交流问题解决的过程。师生的互动、质疑、观点碰撞才能让学生真正达到自主建构的目的。此外还要关注学生的活动表现，其实也是其能力外显的表现。教师可以通过学生的活动表现做即时的判断，向学生提出有针对性的改进和指导建议，即在活动中进行教学评价和反馈。以上问题的产生提示教师自身还需在实践中不断探索、积累经验，提升课堂的掌控能力。

（宋晓萌）

二、解决真实问题的"项目式学习"

项目式学习是将学生的学习融入项目完成的过程中，让学生在实际问题解决的过程中，学习知识，体验过程，提炼应用学科思想方法，养成科学态度，学会合作，表达交流，体会科学研究对社会发展的意义和价值，激发积极的内在学习动机，形成积极的情感和正确的价值观。项目式学习能赋予学生以下特质：①好奇心和终身学习的习惯；②社会责任感，对自己的行为负责，有参与社会活动的能力、回报社会的意识；③持续创新的精神；④一定的领导力；⑤批判性思维能力；⑥内在的学术追求；⑦全球知识视野；⑧文化意识。

学校的项目式学习经历了一个从 STEM，STEAM，PBL（Probiem-Based-Learning 问题式学习）到 DBL（设计型学习）的演变过程。这些提法所涉及的学习方式是一样的，都是围绕一个真实项目开展学习。其不同点在于：STEM 是科学、技术、工程和数学的整合，强调的是跨学科的综合学习；STEAM 加入了艺术，实现人文科技的融合，强调不但需要科技创造，还需要艺术表现，使学习更加全面；PBL 是基于问题的学习，强调的是问题驱动下的真实性学习，围绕问题寻求解决方案，更好培养创新型思维，理解认知社会化过程，从而产生有效的学习；DBL 是基于设计的学习，强调的是一种有意义的、有使命感的学习，能保护和发展学生的好奇心、想象力和价值取向。DBL 不设标准答案，也不以学到多少知识为目的，带给学生的是遇到任何问题时都有一套高效解决问题的方法。"设计思维"始于同理心，将更多的同理心和创造性融入学习过程，与不断变化和需求日益提高的社会生活联系在一起，是人工智能无法取代的。

我非常崇尚"设计思维"，因为设计思维提供了创新之源、跨学科牵引框架和项目生成机制。在我看来，创客教育的特点是重成品，轻创新源头；也就是过分关注"做"出成品，却忽略了为什么做，没有对创新源头予以足够的探究。STEM 或 STEAM 的特点是缺少跨学科融合牵引框架，也就是以现有学科为牵引，难以跳出学科自身的局限性，不足以形成兼容并包的框架。PBL 的特点是缺少项目生成机制，也就是过分关注既有的项目，却忽略了如何发现和生成新的项目，更缺少长期的、稳定的系统的新项目生成机制。

因此，学校的项目式课程以 DBL 为源头驱动，以 PBL 为呈现方式，确立了素养类项目式课程和科技类项目式课程。素养类项目式课程包括辩论课程（语文、政治），思想力课程（政治），模拟政协课程（政治），模拟联合国课程（政治、语文、英语），数学建模课程（数学、物理、化学、生物学）和学术力课程（生物学、地理、化学、物理）。科技类项目式课程包括卫星天地通联课程（物理、信息技术），功能星载荷课程（生物学、信息技术），未来太空城市课程（物理、信息技术、化学、生物学、语文、政治），航天中的日用化学品，再造生态系统，航天中舌尖上的生物学，物理学经典规律探究，共享车位项目式课程（数学、物理、政治）和技术融入教学（全学段）。学校设立了 8 个 PBL 课程实践工作坊，让学生体验 PBL 的经过发现、讨论分析、设计原型、验证假设、反复修正、成果分享的全流程，掌握学术严谨、与真实情境相符、应用所学、积极探索、制定项目评量准则、与社会人士合作等项目式学习策略。

我始终认为，项目式学习需要做到如下。一是要有一个良好的开端，把项目介绍给学生，重要的是让学生对项目感到兴奋、幸福，而不是有一个"任务"要完成。二是要提出根本性问题。比如，提出什么是战争、和平，如何维护生态安全等长久的、持续性的问题。这些问题的存在是为了让学生提出更多的问题。三是头脑风暴，要鼓励学生提出尽可能多的观点和解决方案。四是批判性评价，让学生建立评价标准以评价彼此的工作，提出对他人有帮助的、有针对性的建设性评价。如果只说"我觉得真不错"，那就不是一个有效评价。五是反复修改，提出新的设计。学生要不断追问自己，以完善自己的设计。六是反思。每个项目学习结束时，学生都要回想在完成的过程中哪些做得比较好、哪些方法有效、哪些方法无效、如何在下一次继续改进。

我与八一学校：十二年一贯的火星项目式课程

本课程为航天主题项目式学习，突出火星探索情境、学科链接、任务驱动、自主探究、团队协作、家校共育。课程设计力求精细化，包括过程性产出明晰、评价量规详细、学习支架丰富、学习成果可视化。本课程以云演讲、云 +AI 展示、学校科技节、四大国内外展示平台展示研究成果，体现多样化、多层级。学习情景实施上也有强大支持，包括学段项目启动视频、线上课程资源、学生学习手册、家长操作指南（小学）和项目实施计划。本课程的立意思考源自四个活动。一是全国青少年科技创新大赛。该活动是由中国科学技术协会、教育部、科学技术部、生态环境部、国家体育总局、国家知识产权局、国家自然科学基金会、共青团中央、中华全国妇女联合会共同主办的，包括青少年科技创新成果、少年儿童科学幻想绘画等内容。每年都从大赛中选拔出优秀的科学研究项目参加国际科学与工程大奖赛、欧盟青少年科学家竞赛等国际青少年科技竞赛活动。二是"我的太空梦"太空画创作征集活动。该活动由中国宇航学会主办，以航天为题材，包括但不限于宇宙星空、航天科学、未来科幻畅想、太空剧情等。绘画的种类技法不限，如国画、油画、水彩、水粉、版画、漫画等。三是世界青少年创新发明展。该活动始于 2004 年，是以青少年发明创新为媒介的国际交流活动。作品包括发明制作和科学艺术绘画两大类别。四是未来太空学者大会。主办方为美国航天基金会、英国国家空间学院、中国航天基金会、中国宇航学会，美英中三国权威和有影响力的航天组织。形式上分别以海报、论文＋模型、论文＋太空城市设计方案为参赛作品。

火星项目式课程是十二年一贯制课程，分四个学段设置主题（表 4-17）。

表 4-17　火星项目式课程的不同学段主题

学段	主题
小学 1～3 年级	火星基地护苗行动
小学 4～5 年级	火星基地保温结构设计
初中 7～8 年级	火星基地太阳能集热装置设计
高中 1～2 年级	火星基地生态舱设计

火星项目式课程的主题成果如表 4-18 所示。

表 4-18　火星项目式课程的主题成果

主题	小学 1～3 年级 火星基地护苗行动	小学 4～5 年级 火星基地保温结构设计	初中 7～8 年级 火星基地太阳能集热装置设计	高中 1～2 年级 火星基地生态舱设计
关键成果	科学畅想画、科学海报、演讲视频	设计图、装置原型、实验报告、科学海报、演讲视频	设计图、装置原型、实验报告、科学海报、演讲视频	设计方案课件，工程设计图、学术海报、演讲视频
跨学科概念	物质与能量，结构与功能，尺度、比率和数量	系统与系统模型、物质与能量、结构与功能、尺度比率和数量	系统与系统模型，物质与能量，结构与功能，尺度、比率和数量	系统与系统模型，物质与能量，结构与功能，尺度、比率和数量，稳定与变化
学科核心概念	植物的生存需求，人类的营养需求、太阳系的结构、火星环培	热传递、材料的性质、太阳系的结构、火星环境	能量的转换、材料的性质、太阳系的结构、火星环境	人类的营养需求、食物中的营养物质、生态系统的结构和功能、生态系统的稳定性
能力素养	信息素养、科学精神、实践创新、自我管理、人文情怀；阅读与理解、演讲与表达、沟通与协作			
高阶认知策略	问题解决、创见	实验、问题解决、调研	系统分析、实验、调研	系统分析、问题解决、调研创见
学科链接	科学、艺术、数学	科学、信息技术、艺术	物理、地理、信息技术	生物学、地理、数学、信息技术

一、小学 1 ～ 3 年级 "火星基地护苗行动"

情境创设：2065年，火星基地将建成，并启动火星旅游。火星基地生态舱中有多种植物。而在火星上夏季一天的日夜温差能达到100℃以上，对植物的应激保温极为关键。现国际深空发展组织面向全球太空小学者征集火星救

图 4-17 小学 1 ～ 3 年级 "火星基地护苗行动"

援护苗行动计划畅想，启发科学家团队的设计灵感。评选出的优秀团队将优先获得火星旅游的机会。图 4-17 为小学 1 ～ 3 年级 "火星基地护苗行动"。

驱动性问题：植物苗儿们在火星上生活的图景是什么样的？我们怎样才能让它们在火星上健康成长呢？

二、小学 4 ～ 5 年级 "火星基地保温结构设计"

情境创设：2065年，国际深空发展组织将建造一座能供至少50名航天员长期生活的火星基地。现面向全球航天爱好者征集火星基地保温结构的设计方案，国际深空发展组织及其委员会专家团期待你们的团队作品。

图 4-18 小学 4 ～ 5 年级 "火星基地保温结构设计"

驱动性问题：我们该用什么材料和结构设计并制作一个保温效果很好的保温装置？并证明它的效果呢？图 4-18 为小学 4 ～ 5 年级 "火星基地保温结构设计"。

三、初中 7 ～ 8 年级 "火星基地太阳能集热装置设计"

情境创设：2065年，国际深空发展组织将火星基地前哨站改造为一座能供至少50名航天员长期生活的先进基地。火星上的温差极大，充分利用太阳能集热对于人类生存至关重要。在这项改造工程中，国际深空发展组织面向全球航天团队征集太阳能集热装置的设计方案，将组织专家评委会针对方案进行论证，优秀团队

将以合作者的身份参与到火星基地的开发建设和后续运营中。图 4-19 为初中 7～8 年级"火星基地太阳能集热装置设计"。

驱动性问题：我们该用什么材料和结构设计并制作火星基地中的集热装置，以更好地利用太阳能让水升温？

图 4-19　初中 7～8 年级"火星基地太阳能集热装置设计"

四、高中 1～2 年级"火星基地生态舱设计"

情境创设：2065 年，国际深空发展组织建成的火星基地能供 50 名航天员长期生活，实现全闭合生物可再生生命保障系统，闭合度达到 99%，基本实现资源循环和自给自足。火星基地由供人员生活、工作的综合舱，为基地人

图 4-20　高中 1～2 年级"火星基地生态舱设计"

员提供食物供应并负责部分空气、水循环的自动化生态种植、养殖单元（生态舱），以及通信站、能源站、交通设备等舱外配套设施组成。现国际深空发展组织面向全球航天少年征集生态舱设计方案，并针对方案进行论证。优秀的团队将有机会以合作者的身份参与到火星基地的开发建设和后续运营中。图 4-20 为高中 1～2 年级"火星基地生态舱设计"。

驱动性问题：该如何设计火星基地中的生态舱（外观结构、内部布局、自动化设施、选择种植或养殖的生物品种），帮助基地实现自给自足？

火星项目让学生拥有六大学习收获：一是实现航天体验与学科知识深度融合；二是达到深度的亲子互动与沟通；三是产生富有创意的作品；四是提高时间管理与远程团队协作能力；五是实现"互联网＋"云演讲与展示；六是获得全国和国际展示和机会。表 4-19 为学校项目式课程一览表（节选）。

表 4-19 学校项目式课程一览表（节选）

2017—2018 学年		2018—2019 学年		2019—2020 学年	
课程名称	容量（人）	课程名称	容量（人）	课程名称	容量（人）
AppInventor 编程	20	北斗基础课	40	数学思维选讲高一上 A	25
DI 头脑创新思维	14	基于 MINECRAFT 游戏的机器人 STEAM 课程	40	高中物理思想方法	25
八一学校创业营	30	基于传感器的物理学规律探究	36	物理学史	25
北斗卫星导航原理与应用	30	基于智能家居的 STEAM 课程	36	化学进阶	25
传感器的物理学探究	20	空中机器人	40	实验化学	20
创意结构设计与制作	34	舌尖上的生物学——传统发酵食品开发与营销	36	植物组织培养	22
创意视频制作	20	神奇的日用化学品——我为宇航员助力	36	漫步博物馆	30
地理与生活	30	太空城市探究与设计	40	DI 创新思维	27
电影中的物理	20	卫星测控与天地通联	40	数码摄影	20
短视频创制	20	CanSat 卫星设计与制作	40	数学竞赛（高一上 B）	25
高一物理力学竞赛辅导	30	话说数学之乐学	30	数学思维选讲（高一上 B）	25
高中生物实验技术与实验设计	25	混合现实项目课程	15	高中物理思想方法	20
跟随 BBC 纪录片探索世界	31	开放思维活动	30	植物组织培养	20
工业 4.0	20	科学思想和科学思维培养	30	漫步博物馆	25
固定翼与多旋翼无人机	34	科学思想方法	20	DI 创新思维	13
国际青年物理学家竞赛辅导	25	生物传感器的应用	20	数码摄影	20
化学合成与分析	16	生物实验探究与设计	20	自动化流水线电子控制系统设计	25
基于 3D 打印机的 STEAM 课程	40	生物学实验设计及探究	20	基于虚拟现实头戴的自动调节智能控制系统的研究	25
基于 Arduino 智能语音控制系统设计	34	数码摄影	20	卫星测控	30
基于排雷机器人的 STEAM 课程	40	数字化实验室在生物教学中的应用	20	CanSat 设计与制作	30

续表

2017—2018 学年		2018—2019 学年		2019—2020 学年	
课程名称	容量(人)	课程名称	容量(人)	课程名称	容量(人)
基于智能家居的STEAM 课程	40	微生物实验	20	未来太空学者	30
镜头下的地理世界	25	微视频创作（1）	20	北斗卫星导航基础课	30
社会热点中的生物学问题	20	真实问题解决的证据推理 2	35	基于 Minecraft 游戏的机器人STEAM 课程	34
基于 4D 打印机的STEAM 课程	20	植物组织培养技术	20	基于 Minecraft 游戏的激光加工 STEAM 课程	35
基于 Arduino 智能语音控制系统设计	16	创造性思维的培养	30	基于智能家居的 STEAM 课程	35
数学思维选讲	32	电子控制技术	20	从外星看地球——遥感科学探索解密	30
数字化建模与装配	20	分子生物学	25	RWDC 真实世界设计挑战	25
微视频创作	17	环境保护	45	机器人课程	25
卫星测控	30	混合现实	22	电子控制	25
卫星设计与应用	34	混合现实产品与技术	22	基于机器视觉的自动驾驶小车	20
物理思想方法	27	机器人设计与制作	20	航天类课程——生命保障系统之食物供给及循环利用设计	20
应用物理学之电子线路部分	15	人工智能	26	生态安全（垃圾分类与回收）	20
月球探测器设计	34	生物技术实践	25	真实问题解决中的证据推理	25
灾害紧急避险	25	稳态与环境	24	镜头下的地理世界	30
植物组织培养技术	20	走进人工智能	20	民航和军航飞行员考前培训课程（八一学校中国海军招飞培训课程）	20

（原牡丹）

三、现实与虚拟情境下的"沉浸式学习"

在学校四轮的发展规划中，永恒的主题就是校园环境建设。这其中以围绕学生发展的学习空间升级改造最为突出。我由衷希望利用最新理念和科技，创造出一个具有灵活性、面向未来的空间，支持和鼓励学生深度探索，给学生带来信息化、智能化的沉浸式学习体验。学习空间设计的本质就是教育理解到深处，用空间环境去规划教育的可能性，从学校文化出发、从育人目标出发、从办学特色出发，实现校园的情境资源与课程资源完美衔接、立体互动，从而实现因课程理念变革而促使物理空间的重组、因空间设计优化而促进教育高质量发展的目的。

学校的校园虽不是很大，但也可以大有作为。我倡导打造"最课程的环境"，围绕"学生""课程"和"学习"建构。不同学科群的课程内容和教学风格各有特点，对学习空间也有不同要求。学习空间要体现灵活、智慧、可重组的特点，能灵活适应不同的学习方式，如圆桌研讨、合作学习、一对一学习、独自练习、集体教学等。但某单一学习方式并非贯穿学习过程的始终，因此需要弹性的空间布置来适应不断变化的学习方式。

一是人文艺术类课程，以剧院式空间为主。语文、英语学科的学习对书籍有强烈的需求，这样的学科空间应该是和图书馆无缝连接的场所。因此，剧院在设计上强化与图书馆、与资源、与师生活动直接联系，采用图书馆教室化和教室图书馆化两种途径进行设计。它不仅是传统意义上的集成式阅读场馆，还是立体流动的生态课堂，开展各种各样的读书活动。学生通过阅读书籍、查阅资料，提升信息素养。剧院有大大小小的阅读区，包括社交学习区域和自主学习区域。社交学习区域以圆桌为重点元素，方便以研论、提问、辩论的方式进行教学。艺术学科除了设计传统的功能教室和排演厅外，也设立具有展馆风格的艺术空间，如美术作品展览厅、影壁广场、书法大道等专业美术场馆。

二是数理学科类课程，以创客式空间为主。创客式空间为学生提供一套物理空间和视觉空间相互链接的学习空间，包括 DIY 工坊、高端实验室、数字课堂，营造出充满活力的探索空间，让学生在其中发现、构建并创造，满足自适应的学习、个性化的学习、虚实结合的学习、移动化的学习需求。根据学习内容和对器材设备的需求不同，创客式空间又有三种形式：其一是基于日常的实践性学习需求的"原生态"DIY 工坊，为学生提供各种常见制作工具，如提供鲁班工坊、金工教室、技术设计工作室等所需的工具；其二是满足体验和学习前沿技术的需求，如提供人工智能、3D 打印、航模、生物培养等学习内容，配备各种学科实验设备的研学工作室；其三是配置支撑航天科技教育的功能性空间，如航天实验室、卫星教室、可满足立方体卫星装配的实验室和在轨卫星测控的地面站等，以满足学生卫星工程实践和卫星社团活动的需求。

三是身心、道法与综合实践类课程，以营地式空间为主。营地带有素质拓展与测评、职业探索与体验的特征。基于学科的特点，在物理空间的建设和规划上，营地式空间设置专门的团体性心理教室和多功能活动中心；结合生涯规划开设生命科学职业探索、测量分析职业探索、国防科技职业探索、工程设计职业探索等课程。

在学生进行项目体验和学习的过程中，专业团队提供指导，开展操作体验录像心理、行为分析评估及反馈等工作。营地式空间配以整合了学习工具和策略空间的设计思维实验室、FabLearn 创新实验室和社交情绪实验室。营地的范围不局限于校内，还包括校外的研学基地、生涯体验基地等。

四是社团类、俱乐部类课程，以孵化式空间为主。孵化式空间为社团课程的学习设置专门的活动中心，在场地设置和设备配置上更加精细化、更有针对性、更聚焦。比如，校园记者站、学生电视台、皮影、话剧、陶艺、服装、烹饪、咖啡、动漫、油画、摄影、排球、冰球、武术、羽毛球、乒乓球、搏击、舞社、机器人、模型、天文、DI、VR、CC 化学社、信息学、生物等社团，为充分挖掘学生的潜能与特长创造专业的学习环境和氛围。

学校的"天工苑"是以通用技术和劳动技术为主的一个下沉式创客空间，是开展劳动教育的一个重要支撑。另外，学校在校园北侧开辟了京西稻田，让学生于劳作中亲身体验中国农耕文化，促使他们将生活、学习与社会实践融合在一起，传承国家农业文化遗产，提升自己的劳动素养。还有以航天科技为特色的"开物苑"也在建设中。为什么要在校内建国防科技基地？因为，21 世纪是国际竞争十分激烈的一个世纪。为了应对日益严峻的挑战，中国必须坚持走自力更生、自主创新的道路。而中国航天目前取得的辉煌成就，正是中国坚持自力更生、自主创新的典型代表。另外，这些挑战归根结底都与国家的国民教育和科技发展密切相关。中小学生是国家的未来和希望。面对高科技时代激烈的国际竞争，他们能否适应这种前所未有的挑战是关系国家发展和民族复兴的大事。为进一步完善航天主题的科技课程体系，学校在此前已有航天实验室、卫星实验室、卫星地面站的基础上，增加火箭主题实验室。火箭主题实验室配备专业的学生工作台、火箭风洞实验室、火箭试车平台、空间发射系统等专业设备。同时整个实验室配备航天仓储系统、公里级火箭模型，为学生打造一个沉浸式学习环境。火箭主题实验室旨在以广袤宇宙为舞台，以系统工程思想为核心，以钱学森的大成智慧学为指导，以尖端航天科技知识为依托，以项目式教学为手段，将基础教育、高等教育与火箭工程相融合，组织学生走进火箭工程，学习火箭科学，激发学生讲科学、爱科学、学科学、用科学以及对未知之地永无止境的探索精神。

四、拓展教与学时空的"混合式学习"

《国家中长期教育改革和发展规划纲要（2010—2020 年）》指出，信息技术对教育发展具有革命性影响，必须予以高度重视。现代教育技术作为当代教育改革的制高点，带动教学内容、教学手段、教学方法和教学模式的深化改革，并最终引起教育思想、教学观念、教与学理论乃至整个教育体制的根本变革。这种变革能实现义务教育优质发展，显著提升教育教学质量。学校近些年积极开展技术革新未来教学的试验研究，以促进信息技术与各学科课程的深层次整合为目标，在先进的教与学理论指导下，尤其是"主导—主体"理论的指导下，运用以计算机为基础的信息技术所提供的学习资源和学习环境，结合各学科自身的特点，探索深层次整合的各种教学模式，彻底改变以教师为中心的传统教学结构，深化学科教学改革。学校以发展学生的综合素质为目的，培养学生的信息技术素养、高层次思维能力，使其具备较强的学习动力，在身心健康、品德行为等各方面表现优异。

学校中的项目采用的是课堂学习、网络学习与利用各种终端的移动探究学习混合形式，即混合式学习。而项目为学生提供学习所需的辅导课件和移动综合实践学习包、课堂所需的平台及资源，使学生在适当的时间，应用适当的学习技术与适当的学习风格，接受各种知识、培养各种能力、提高综合素养，进而取得最优的学习效果。

确立混合式学习范式后，各学科教师围绕翻转课堂开展了系列活动，包括案例学习、协同备课、教案设计、听评课、交流研讨、学生学习元手机应用技术培训等。应该说，借助混合式学习的推进，教师对翻转课堂的理念、模式等有了正确的理解，认识到翻转课堂的课前学习与传统的预习相比更加深入，更需要发挥学生的主观能动性。学生需要通过翻转课堂的课前学习环节对新知识点形成自己的理解，提出自已的问题，并完成对学习内容的基础检测。而要达成这一效果，教师需要向学生明确学习目标，让学生带着学习问题观看微视频，之后进行知识点的检测并提出自己的疑问。同时教师还要全面统筹翻转课堂实施需要的背景材料、技术设备等。下面是一节课的混合式学习教学设计。

"中国的交通运输"混合式学习教学设计（节选）

一、教学目标

学生通过对实际生活情境的分析，认识现代交通运输的五种方式：铁路、公路、航空、水路和管道。学生通过资料分析及课堂巩固练习，分析选择交通方式的影响因素，比较各类交通运输方式的特点，能够根据不同的情境选择恰当的交通方式。通过远程同步教学方式，不同地区学生在交流互动中共同开展合作探究活动，能够结合实际需要选择合适的交通运输方式、合理安排交通；不同地区学生相互补充生活经验，加深认识，感受我国交通运输事业的蓬勃发展及其对经济发展的促进作用，引发共鸣，培养民族自豪感、自信心及对家乡建设的责任感。

二、学习者分析

本节课的内容与生活联系非常紧密。学生在自己的日常生活中对部分交通工具已经比较熟悉，对交通运输已经有了较为直观的感性认识。这为本节的教学打下了一定的基础，同时也可以做出适当的拓展帮助学生更好生活。但因授课涉及不同地区的学生，学生对交通工具的认识可能存在较大的偏差，所以本节课在交通运输方式的特点及选择部分的讲解，采用与生活接近的情境分析，使不同层次的学生可以通过课堂练习达成学习目标。学生虽然对交通运输有一定的了解，但是对现代交通运输方式的认识模糊、笼统，并不能准确地根据需求选择合适的交通工具。并且学生对我国交通线的分布并不十分了解，缺乏系统的认识。所以本节课将学生置于相对真实的情境中，让学生通过信息技术手段进行交通路线的选择，增强对我国交通路网的认识。八年级学生的求知欲和好奇心强，处于形象思维向抽象思维过渡时期，但注意力集中时间较短。所以课堂中用信息化手段及小组合作的方式让学生参与进来，发挥学生学习的主动性，使学生学会合作学习。表4-20为"中国的交通运输"教学环节（节选）。

表4-20 "中国的交通运输"教学环节（节选）

教学环节	学生活动	媒体作用及分析
环节一： 欢迎来做客	与北京、西藏、云南地区的学生直接进行交流互动；学生小组讨论完成探究	利用远程课堂直接进行师生、生生间的交流
环节二： 揭秘交通，构建思维导图	学生完成闯关活动1 给出关键词（客运、货运），让每位学生都在手持智能终端上写出能想到的影响因素 学生分组讨论，完成最快的小组派代表到台上使用无限复制功能，拖曳星星至表格相应位置；四地学生共同评价交流 学生巩固练习	在智能终端上完成闯关活动1 利用拍照或者作业推送等展示学生的作品 使用电子白板的无线复制功能进行排序，完成闯关活动2 利用智能终端的课堂练习进行各队的比拼和学习效果的统计反馈
环节三： 交通连接你我他	学生5～6人组成小组，完成活动要求，制作汇报作品；其他地区学生根据评价表进行评价	使用讯飞超脑进行信息检索 利用手持智能终端制作课件等方式进行作品展示；学生在智能终端上进行评分，并通过远程互动进行交流反馈
环节四： 明天会更好	观看视频，感受变化，树立自豪感和自信心	播放视频

（赵火星）

　　在我看来，翻转课堂只是混合式学习的一条实践途径。我更希望未来的混合式学习是线上线下相结合的、可以随时随地开展的以信息化技术全面支持学生定制化、个性化、自主化的深度学习。这样的混合式学习使得基础知识的学习可以更多地放在线上进行，由学生合理把握进度；线下则为学校丰富课程设计、开展跨学科的项目式学习赢得了更多时间，为学生动手实践、小组合作探究提供了更多机会。在线学习是学生学习的主干部分，并提供辅导学生的线下活动。学生按照个性化的、灵活的课时表在不同的学习模式之间自由转换。目前，学校正在探索混合式学习的更多途径，打造基于个性化的无边界学习。在这样的学习样态下，每个学生都有清晰透明的学习目标和路径，学习的进度是个性化的而非集体性的。学生可以随时通过线上测试对学习效果进行检测。教师会根据学习痕迹和学习成果对学生的学习行为进行持续跟进的真实评价，并迅速反馈给学生，帮助学生改进学习。混合式学习可以有效利用技术手段，为学生在校期间应该掌握的能力提前确定一个连贯资源的清晰范围、建议顺序和相关资源列表。学生界面系统里应该有一条和日历同步的图示线，帮助学生看到他们在特定时间应该学习到哪一步，建立一个包含设立目标、计划、学习、展示、反思在内的学习循环。同时混合式学习并没有忽视教师的作用。教师可以利用个性化学习时间指导学生。学生在个性化学习计划系统内设定的目标和计划也能被教师看到和追踪，以便切实做到因材施教，保证学习进度。教师可以根据软件追踪所发现的问题主动向学生询问和解释，避免学生因为性格内向而减少主动寻求教师帮助的现象。

混合式学习立足智能时代，将人工智能技术和教育体系有效对接和深度融合，让学生为智能时代的到来做好生活、就业的准备；混合式学习以尊重学生为前提，让教育工作者读懂数字时代学生的学习习惯和思维方式。混合式学习将重新定义教与学的关系，教师不再是"知识的搬运工"。在结合线上学习的基础上，教师在线下的主要职责是组织与引导，是带领学生探索知识，培养学生的批判性思维，使学生具有知识传承与创新的意识和能力。

不管是"互联网＋教育"还是"人工智能＋教育"都将是一个发展趋势。信息技术、人工智能在教育中的深度广泛应用，将彻底改变教育的时空场景和供给水平，构建出一种新的灵活、开放、终身的个性化教育生态体系。联合国教科文组织在《教育中的人工智能：可持续发展的挑战与机遇》中指出，教育领域人工智能市场将快速发展；人工智能将对学习方式、学习机会、学习质量、学生能力、教师发展等产生直接影响，同时也为教育公平、教育决策、教育政策、隐私、伦理等提出新的挑战。因此，混合式学习方式在未来将有更大的用武之地，那么我所要做的就是让信息技术与教育教学相互赋能，在提高信息技术应用水平的同时，促进教育的高质量发展，让学生在互联网支持的大视野下，求同存异、相互信任、合作共赢，做好迎接新世界的准备。

五、在实践中成长的"体验式学习"

北京市教育委员会 2015 年 7 月出台了《北京市实施教育部〈义务教育课程设置实验方案〉的课程计划（修订）》，社会实践活动比例的大幅提升是其亮点之一。北京市教育委员会相关负责人介绍，此次课程计划的核心变化之一就是更加关注学生的学习体验、动手实践及创新意识的培养。为了让学生动起来，部分学科拿出10%的学时用于开设学科实践活动，共计453学时。此次课程计划的修订强调加强学科间的联系与整合，鼓励学校开展围绕主题的跨学科综合实践活动。

学校具有"活动育人"的光荣传统，1958年就开展"寓学于嬉"活动和劳动教育。那时候学校根据"充分照顾学生的健康，分配以适合学生体力和兴趣的轻微的、短时间的劳动"的需求，提出六项劳动内容：工厂劳动、校务劳动、农业劳动、公社劳动、公益劳动和友爱劳动。学生参加扫大街、拔草，到生产队拾麦穗、掰棒子、拔萝卜、抱白菜等劳动。学校还经常组织学生到郊区参加生产劳动。丰台区五里店养鸭场就有一条以"八一"命名的马路——八一路。这是学生用汗水在沼泽地里一车车推土、一步步填出来的荣誉之路。1964届初中校友，词作家、诗人陈晓光回忆，他的第一首诗就是在五里店养鸭场劳动时写的。据校友在撰写的《我在八一学校十五年》一文中回忆："每个学期都有劳动周。到校外去劳动时，整队齐步去，整队齐步回。嘹亮的队列歌曲，半个多小时不重样，使许多路上行人注目感慨。在劳动中，学生个个生龙活虎，从来没有叫苦叫累的。万泉庄大队领导曾说，到我们这里劳动过的单位有一百多个，最好的是中央党校和八一学校。"可见，学校社会实践活动的历史由来已久。2016年，教育部等11部门《关于推进中小学生研学旅行的意见》发布。而学校早在2013年，在初、高中就已经开展了社会实践游学课程的探索，实践内容业已成熟并固化成教材，实现了课程化。

高中游学分为文化之旅和红色之旅。学校结合科技高中的发展定位，又新开发了高校科技之旅和境外之旅。

如何培养学生的创新精神？一方面在平时的课程中强调深度学习，让学生在解决问题的过程中去培养；另一方面是走出去，让学生充分接触新技术，体会科技创新给生产生活带来的影响。在线路设计上，我们让学生参观深圳大学、厦门大学、湖南大学、南京大学等大学，了解科学前沿内容；带领学生参观深圳华大基因库，充分感受现代科技在生活中的应用；走进秦岭试验林区考察，调查植被分布情况，深度感受科研过程，培养学生的创新精神和创新意识。以秦岭考察为例，任务设计涵盖三个环节。环节一是博物馆学习。学生参观了西北农林科技大学的博物馆。在这里学生可以根据自己的喜好选择自己的参观线路。学生了解了秦岭当地特有的生态系统，了解黄土高原特有的土质特点。环节二是教授讲解和参观实验室。西北农林大学教授详尽叙述了秦岭当地的生态资源、动物资源以及目前的生态保护措施。学生参观了研究生物制药的实习车间，了解了未来可能会面临的工业实习流程。环节三是实地考察和实践。教师介绍如何制作动植物标本以及注意事项；带领学生到量水堰参观学习并了解秦岭的部分生态环境，引导学生进行标本制作。

我们对研学旅行进行了校本化实施，包括搭建小、初、高研学旅行课程体系、完善课程实施指导手册；探索研学旅行课程推进的有效路径，关注研学旅行课前、中、后的关键环节（在行前制订研学课题的研究计划并做好分工，在行中做到认真观察和做好记录，通过小组合作将课题的问题一一解决和突破，在行后做好整理总结汇报）；促进研究性学习与研学旅行深度融合，引入项目式跨学科学习；建立研学旅行校本资源库。整个研学课题的研究过程是一个真实问题的解决过程。学生在这个过程中提高了团队合作意识、文献调研和搜集证据的能力，在汇报过程中提高了表达能力、批判性思维能力。在学校举行的海淀区高中课程改革"致思·问行"系列论坛上，语文、历史、地理学科的教师联袂设计的"忆长安，游西安——量身制定我们的游学之旅"课程为多学科课程融合提供了新的研究视角。他们基于校本教材《高中综合实践游学课程》，依托高一年级西安游学情境，以项目式教学为研究方向，体现跨学科学习特点，涉及语文、历史、地理、政治、经济等多个学科领域的知识。教师通过项目式学习让学生将所学学科知识运用到游学实践过程中，解决游学过程中的实际问题。学生借助相关学科知识，通过资料查找、小组合作、同伴分享等形式，自主完成包括学习小组的设立、路线的设计、特定场所学习方案设计等多项任务，进行个性化游学方案设计，并能够最终应用到游学实践中。"读万卷书，行万里路。"课程学习和游学考察相结合，让学生真切、深入体会到中华文明的灿烂和新时期的古城新貌。在小组活动中，学生提升了合作交往能力；在走入社会中，学生增强了民族认同感和历史责任感。

我常说，教育是等待的艺术，是慢的艺术；要学会放慢讲学的脚步，给学生多一些体验的时间。我相信"瓜熟蒂落，水到渠成"的道理。面对一个个学生，就像面对一株株幼苗，我愿意看着它静静成长，经常去浇水、施肥、剪枝，倾听生命拔节的声音，拒绝各种农药、化肥、催熟剂。这就是我对"慢"教育的理解与坚持。

　　多彩的活动、丰富的体验，从短期来看并不能直接提高学生的学业成绩。但我相信这符合学生的成长规律，是学生成长过程中不应缺少的重要内容。尤其现在学校已成为涵盖小学、初中、高中，拥有基础教育完整链条的学校。学生 18 岁之前的受教育生涯将在这一所学校完成，我深感责任重大。因此，我特别重视对教育本质的再挖掘与再思考，不断地对学生成长规律进行再梳理与再认识。为此，我愿意等待，愿意将学生 18 岁之前的时光放在他们的整个人生中去考量。现在的体验对于学生而言是最为宝贵的财富。取得成绩，是为了将来收获更大的成绩；遇到挫折，或许对将来有着更长远的意义。这也是"为学生的品质人生奠基"这一办学理念的题中之义。教学生一个知识点，不如教他们学习知识的方法；教他们学习知识的方法，不如告诉他们学习的乐趣；告诉他们学习的乐趣，不如让他们亲身感受一次身临其境的体验快乐。

　　我们现在所处的时代，于教育而言，是一把双刃剑。一方面，在市场经济环境中，教育面临着来自各方面的诱惑，容易丢失其真善美的本性；另一方面，互联网时代给了更多教育形式以发展的契机，如学校教育与家庭教育的交融发展、传统教育与网络教育的交相辉映。面对这把双刃剑，教育人若想避其锋芒而又借其精锐，首要一点就是坚守我们的原则。这个原则就是教育不能跟着市场经济走，要有自己的立场；不能迷失价值判断，要有自己的良知；不能向世俗逢迎献媚，要有自己的风骨。

　　现实中，一些人误读了"创新"的含义，认为创新就是"瞪着眼睛朝前看，迈着大步往前走，搞更新的形式，玩更多的花样"，越来越偏离教育的原始目的和自身规律。教育创新需要教育者的文化自觉。以前，人们常说创新要有向前走的魄力；而现在，创新既要向前走，又要有往后退的勇气。退到哪里？退到教育教学规律那里，退到教师发展规律那里，根本的是要退到学生成长规律那里。模式，是创新之果，也是创新之因；规律，是创新之始，更是创新之根。因此，脚步走得太急，容易丢掉情怀；形式走得太快，请等一等规律。

第七节　六个组织空间

　　为什么会提组织空间？这个概念很重要。学生在班里，有的当班干部，有的当课代表，有的学习成绩很优秀。在班级这个亚文化群体中，领导力也罢，学习力也罢，都是在组织这样一个空间中呈现出来的。那么我们在做学生发展指导工作时，一定要关注学生在每一个组织中的表现和表现的形成过程。比如说有些学生在乐团里，所有人都敬服他的技艺。但他在班级里却不敢说话，因为除了乐器这种表达形式外，他不善于其他表达了。有些学生踢球的时候魅力无限，到学习的时候就垂头丧气。有些学生在项目式学习里能主导整个项目，做一个精神领袖，但一回到班里的学习小组就默默无声了。有些学生在线上侃侃而谈，但在面对面交流时则不善言谈。凡此种种，我觉得每一个学生在不同的组织里，精神状态、归属感、荣誉感、忠诚度和对自己发展的进取度都是不一样的。那么教育者不仅要关注学生在学科课堂中的一系列表现，还要关注他们在各种学习组织中的身份地位和表现成就。只有这样一种深刻的了解和多方位的观察以及多视角的评价，才能真正对一个学生做出客观的评价，才能对他的个性发展做出正确的指导。这样我们就可以在不同的组织里帮助他取得更大的成就，这才是一个真正以人为本的育人方向。

　　提出组织空间还有一个思考，就是让学生在每个组织空间内总能找到一种或多种学习方式，让组织空间成为学习方式实施的场域。比如，党团队组织可以开展体验式学习和项目式学习，让学生在"组织"中日进其德；班级可以开展深度学习和混合式学习，发挥"班级"不可限量的集体势能；社团可以开展项目式学习和沉浸式学习，让每个学生都能在"社团"中找到自信；项目团队可以开展项目式学习、沉浸式学习和混合式学习，为学生完成挑战性任务提供一方舞台；社区可以开展项目式学习和体验式学习，让服务"社区"成为一种习惯；学习社群可以开展混合式学习和项目式学习，让学生在互联、互通、互助下尊重和理解他人，在合作与共享中懂得担当与贡献。

　　学校的组织中有一个红十字会。它成立于1984年，在学校党支部的领导下，认真贯彻落实"救死扶伤、扶危济困、敬老助残、助人为乐"的方针和《学校红十字会工作规则》，坚持开展以"三定一包"为特色、内容丰富、形式多样的红十字青少年活动，着力提高学生的道德素质和参与社会公益活动的能力，培养了一大批具有"人道·博爱·奉献"精神的优秀会员。学校红十字急救队组建于1999年，于2016年正式更名为"萤火急救队"。其现有学生急救队员52名，分布在各个年级；有教师急救队员21名，包括体育教师、保安、各年级辅导员等。学校从建会之时起就形成共识：红十字事业是崇高的事业，是学校群团工作重要的组成部分，是校园中弘扬正气、凝聚正能量的中坚力量。"筑牢阵地，形成品牌"是红十字会的工作特色。红十字会一年四季的工作是由一个个主题活动串联起来的。红十字会在课程方面也做了有意义的探索。

学校的学生会长期开展组织管理工作，如举办歌舞青春、新年快递、助力高考活动，开展社团文化周、星级社团评选等活动，参与五四表彰会、校运动会等一系列校园事务活动。此外，学生会还提交很多建设性提案，如整改学校厕所设施的建议、垃圾回收实施建议、学生艺术作品展示的建议、加强初中生生涯规划教育指导的建议等，体现了学生敏锐的洞察力、高度的责任心和解决问题的能力。

在疫情期间，有班级发挥出了立德铸魂的力量，孙新乐老师就通过云端分享举行了"守持静气　家国情怀"的文明月主题班会，设置了"疫情当前爱不离""你言我语述假期""文明月提新期许""家国情怀师寄语"等活动环节，让学生了解钟南山和李兰娟两位院士的故事，了解"中国速度"背后的故事。第二次班会主题的确定来自班里一位同学写给坚守在工作岗位上的爸爸的一封信，孙新乐老师看后非常感动，于是将第二次班会主题确定为"身边的榜样岗位的坚守"，设置了"小记者的前线报道""身边榜样的力量""各行各业的那些事""公民的担当与坚守"等活动环节，发动班干部采访自己的爸爸妈妈，将采访内容形成2分钟的新闻报道。这次班会让家长们异常感动。可以说，在与学生一次次云端重聚的过程中，立德铸魂的思想就在一次次践行着，并走进了学生的心里。

学校对于社区的服务不止体现在"三定一包"的献爱心活动上。学校的艺术活动始终与红色、与民族、与服务紧紧联系在一起。2018年1月26日，清河街道花园楼社区中的一间毫不起眼的屋子里，传来了一阵阵经久不息的欢笑声。学校七年级16班的学生带着精心准备的节目，为社区的居民献上阵阵琴声和句句诗词。尽管是在寒风凛冽的严冬，屋里却是一片温馨。在这里，素昧平生的老人和学生因为一次志愿活动，因为一场文艺汇演，因为一个个温暖而用心的节目而感受到了人间的大爱。

在这里我特别提到的是学校的梦创家研习社项目，是一种在线上开展的项目学习，定位于学生发展的"梦创加速器"，借助名企联盟、小米探索实验室、微软车库和高校联盟的力量，突出"项目式学习＋创新创业＋创新孵化＋自主招生推荐"的特点。目前，在课题研究方面，学校有 80 多家知名企业联盟深入指导课题项目式研究。这些企业涉及人工智能、先进制造、移动互联、生命科学、新能源、新材料、新媒体、航空航天、新金融等领域。在课题增值方面，学校通过小米探索实验室实现从创意到创造的转化，通过微软车库实现从创造到创业的转化。在课题展示方面，学校举办每年一届的梦创家项目成果展示高峰论坛，邀请高校导师、企业导师、创投导师参加。在每学期，学校都会选择与时下热点密切关联的四个主题项目，供学生选择学习。表 4-21 为梦创家研习社 2018 年秋季项目结果统计。

表 4-21　梦创家研习社 2018 年秋季项目结果统计

2018 年秋季项目	选课人数	直播＋一周内回看人数	结业率	预估最终完成率	课程精华触达率
移动社交	210	189	90.00%	90% ～ 100%	100%
电影产业	113	94	83.19%	90% ～ 100%	100%
虚拟货币	84	60	71.43%	80% ～ 90%	100%
金融市场	79	56	70.89%	80% ～ 90%	100%

项目确立后，学校会设计课程框架，包括三节课的学习内容、三小时的学习时长、线上到线下的学习过程、听课到授课的学习方法。

还有一个是学生自己组织的梦创家研习社，比照自主创新的企业化运营模式，突出"真实项目、提升能力、饱满个性"的鲜明特点。该研习社的主要职责是负责生涯课程宣传及课程作品推优、学生作品线上售卖与运营相关事宜。同样采用线上方式，设置了很多丰富有趣的学习环节，有直播课程、网上互动、有奖问答、知识点整理、课程笔记分享、展示课程参观和模拟面试、获奖作品售卖展示、分享课程学习心得、商城作品推荐。学校会将所有课题作业合集出书，基本每学期设置 4～5 门课程，会有 4～5 本学生作品合集。

正是有了如此多元多样的组织空间，我欣喜地看到每个学生都在各自的组织中发现了自我，拥有了自信，释放了潜能，赢得了喝彩。在我看来，学校是给具有不同文化背景、生活经历、思维方式和情感体验方式的学生提供一个具有丰富的教育性和可能性的组织空间，使学生在这样一个空间里既能按照自己的方式去学习，又处在与教师和同学的相互交往和影响中。这个过程没有终点，没有固定标准，是一个持续、开放、生长的过程。项目式学习、生活探究、综合实践活动、跨学科探究、生命教育等都是沿着这个方向进行有益的尝试和探索。生长，是教育的终点和意义。

第八节　七类学习资源

学校教育需要使学生做好迎接新世界的准备。在这个新世界中，学生需要与具有不同文化背景的人进行合作，需要决定如何求同存异、相互信任、合作共赢；他们的生活将受到不同国家和地域观念的影响。因此，学校需要从传统知识在价值上快速衰微的旧世界，转向深度素养在能量上不断增长的新世界。这种转向应该基于传统知识和现代知识有意义的融合，以及这种融合与技能、性格品质、自我导向学习的相互渗透和引领。转向"新世界"是我的责任，需要有善于甄别、开发、整合和利用资源的能力。因此，我需要发挥集团优势，让学生丰富成长经历；需要依托联盟平台，为学生发展提供更多可能；需要让家庭教育在学生的人生中永不离场；需要从校友的成长轨迹中让学生找到自己的道路；需要让学生在优质的社会资源中丰富人生体验；需要延续和放大学生生成资源的价值；需要用好数字资源；让学生去学习世界上最好的课程。

我们的刘荣铁书记很好地诠释了如何做一个有担当的集团人。他从教 30 多年，从化学特级教师、全国模范教师到五一劳动奖章获得者，在师者路的漫漫求索中一直在追问自己：作为一名教育工作者，在这个伟大的时代里，我的担当是什么？在这样一个教育大区里，我应该有怎样的作为？刘荣铁书记用行动做出了最好的回答。2015 年 6 月，学校党组织派刘荣铁到承办的玉泉中学担任党总支书记，他便全心投入寻找适合校情的发展之路中。为了开发"三山五园"课程，用好教育资源，他在学校周边转了一圈又一圈。万安公墓中的李大钊烈士陵园、植物园内的曹雪芹故居、玉泉中学山下的京西稻，让他备感兴奋。如果能把课堂放到这里，那学生会有一种什么样的感受？刘荣铁书记真的把学生带到了颐和园的昆明湖畔让学生到玉带桥桥头读楹联、看书法。我们把园林当课堂的做法绝不仅仅是开发校本课程这么简单，更重要的是让学生用自主、合作、探究的方式去认识世界，滋养学生对家乡海淀悠久的历史、厚重的文化、怡人的景色和优美的环境的深厚情感。"三山五园"课程中有一个主题是"玉泉中学山下的农耕文化"，是让学生参与到种植、养护和收割京西稻的实践活动中。目前这门课程已经走进了小学，走进了总校，让全体学生共享课程经验。同时，刘荣铁书记还把总校传统的体育节、科技节、艺术节、革命老区寻根等特色活动覆盖到了玉泉中学。在对接总校国防科技教育上，刘荣铁书记在玉泉中学开设了航空国防班，用分校的力量去撑起集团的特色发展。可以说，刘荣铁书记具有"犁知识之海洋，耕博学之热土，强集团之教育，铸民族之未来"的时代担当。

2017年3月1日，重庆市江津中学、湖南省东山学校等来自革命老区、少数民族地区、偏远地区、经济欠发达地区的18所学校的学生代表，参加了由八一学校发起的八一学校教育协作体联盟的揭牌仪式。这是国内首个传承红色基因的教育联盟。一个弘扬聂荣臻同志精神、传承红色基因、着眼未来教育、共育品质人才的联盟就此诞生。该联盟将从校际的参观访问到文化项目交流，由浅入深，让学生从中拓宽视野、提升能力、增强文化自信。该联盟借助"互联网＋教育"模式，实现网上资源共享，开展同步课堂、网络直播等形式的网上教育教学交流活动。2017年4月23日，八一学校与中国航天科技国际交流中心、北京航空航天大学、北京理工大学、南京理工大学、中国人民大学附属中学、西安交通大学附属中学7家单位共同发起成立了中国航天科技教育联盟。联盟成员单位包括军工高校、航天科研院所、中小学等，旨在开发、整合航天科技教育资源，搭建航天科技教育共享服务平台，推动中小学科学素质教育发展，探索产教融合、校企合作的素质教育改革模式与途径，培养航天后备人才。这两个联盟就是为学生的发展提供一个更广阔的舞台，让学生成长在同伴身边、工程师身边和科学家身边。

　　学校值得骄傲的是奋战在各个行业不同岗位上的优秀校友，他们有着勇于担当的实干精神和甘于奉献的为民情怀。校园电视台的小记者总是捷足先登，在采访学校校友中一次次接受精神的洗礼，也把校友的爱校情结传递给全体学生。他们对话了我国第一代核物理专家罗瑞卿之子罗箭将军；走近了开国元勋杨成武上将之子空军副司令员杨东明中将，知道了是父亲精忠报国的情怀对他起到了耳濡目染的作用；倾听了时任中国人民解放军内蒙古军区阿拉善军分区司令员、阿拉善生态基金会会长李旦生向沙漠挺进的故事，了解了李司令员在北方风沙肆虐的时刻，带领官兵深入黄沙漫天的腾格里沙漠植树，艰辛与汗水播洒在这片戈壁荒漠。他的话是那样激励学生："为了国家、民族可以多做一些事，不要计较自己的得失，我甘愿献出自己的时间。只有这样我们的国家才能赶上别的国家。"我希望每个学子能够以校友为榜样，能像 1964 届初中校友陈晓光那样，为母校谱写校歌、接受访谈，激励一代代学子奋进不止；能像画家胡乐平、作家马国超校友那样，为母校挥毫运笔绘就丹青、留下墨宝，增添学校的文化艺术氛围；还能像就读清华大学的秦昊然校友那样，每到高考季总是组织、参加送考小分队，以各种方式把祝福和好运带给学弟学妹……"今天我以八一学校为骄傲，明天让八一学校为我而自豪。"这是他当年就读八一学校时的铮铮誓言。我期望它会成为我们共同的八一学校声音，激励自我、感恩母校、回馈社会、相伴一生！

我与八一学校：玉泉中学山下的农耕文明

　　"从皇家园林中的耕织图看中国古代农耕文明""探索园林之美——颐和园的造园艺术初探""析万物之理，复十二兽首之美"……这分别是玉泉中学的历史课、地理课、物理课。每一个科目都显得与众不同，充满一股"园林味儿"。玉泉中学以《完善中华优秀传统文化教育指导纲要》《中共中央办公厅 国务院办公厅关于实施中华优秀传统文化传承发展工程的意见》《基础教育课程改革纲要（试行）》等文件精神为指导，基于学生的学习和发展需求，结合学校的教学实际，积极挖掘"三山五园"的丰富历史文化内容，2016 年始就开发了"三山五园"系列校本课程，用文史理工的方式打开对"三山五园"的探索研究之门，从而为学生学习和了解"三山五园"搭建了良好的平台。该系列校本课程包括六个子课程：三山五园的园林、三山五园的楹联与诗文、玉泉中学山下的京西稻、黄叶村里读红楼、三山五园的历史足迹、三山五园的红色印记。"玉泉中学山下的京西稻"课程聚焦于"三山五园"具有特色的农产品——京西稻,将地域资源转化为学校的课程资源,以拓展学生的思维,提升学生的素养,引导学生通过京西稻了解我国的农业民俗文化。

习近平同志在2016年教师节回母校探望师生时,还提到当年他在学校上学时去种植和收割京西稻的情景。这是他对以往经历的回溯,但更多的还是对历史文化的传承以及对劳动教育的重视。"玉泉山下的京西稻"课程已经从玉泉中学走向小学部,走向总校,在学校的这片红色土地上扎下了根。据京西稻传承人介绍,京西稻是北京海淀特有的米种。经康熙年间栽培选育,人们称为"御稻米",具有早熟、米色微红、气香味腴的特点。

为深入体验"三山五园"文化,培养学生吃苦耐劳的精神,玉泉中学分别在2019年10月11日和2020年10月12日组织八年级全体学生前往玉东公园参加京西稻收割社会实践活动。活动开始后,京西稻文化研究会杜振东会长介绍京西稻文化,让学生对京西稻有了更加深入和全面的了解;六郎庄村党支部书记高喜斌向学生介绍收割的各种注意事项,强调安全事项和收割技术要领,由负责教师和工作人员进行京西稻收割的技术指导。学生来到当年的御田参与收割活动,感到十分激动。学生由农务教师带领来到自己班级的一块田里,相继拿起镰刀,学着农务教师的姿势试着割稻子。有的学生在田中拿着镰刀割,有的学生弯着腰拾起地上被遗漏的稻穗,有的学生站在田埂上给新收割的稻谷打捆,有的学生按一定顺序细心地排好稻子……学生兴致勃勃地参与到水稻收割和扎捆的劳动中。扎捆时,学习能力强的学生会指导不会的同学,亲自示范,彰显了互帮互助的风采。学生的热情好似熊熊燃烧的火焰,两大片京西稻在刹那间就已经被码成了整整齐齐的三大摞稻堆。看到了田埂上已然叠得十分高的稻堆,学生难免会觉得一阵欣喜与得意——自己动手,丰衣足食。之后,学生吃到了稻米粥,教师也摇身一变成了大厨为学生服务。学生辛勤地进行了收尾工作。通过本次活动,大家都理解了什么是粒粒皆辛苦,更加珍惜每一粒粮食,也感受了老北京城的传统文化。京西稻是"三山五园"传统文化的一部分。这次田间体验活动让学生体验到劳动的辛苦、收获的喜悦。一个下午的时光是极为短暂的,但是京西稻的传承不曾停止。一颗颗稻米承载了历史与未来。情系御田,耕耘不止!

(刘荣铁)

第五章

推动品质、名校担当的理想召唤

2017 年 3 月，我发起并启动八一学校教育协作体联盟。搭建这个平台就是弘扬聂荣臻同志的精神，传承红色基因，共享教育资源，实现教育均衡。

学校不能关起门来做自娱自乐的事，而是要发挥启明星作用，带动更多学校。2017 年 4 月，学校牵头发起成立了中国航天科技教育联盟。搭建航天科技教育平台，就是探索产教融合、校企合作的科技教育改革模式与途径，普及航天知识、宣传航天文化、弘扬航天精神，激发全国青少年崇尚科学、探索未知、敢于创新的热情，提升青少年的科学素质，培养航天后备人才。

我始终认为，八一学校占有优质教育地域和资源，理应以教育帮扶和教育振兴为己任，以实现教育均衡和优质为目标，有辐射资源、推广经验的责任担当。因此我把"品质担当"作为教育思想，将"品质担当"视为事业所需、使命所系、职责所在。正所谓"一代人有一代人的历史责任，一代人有一代人的使命担当"。作为新时代的干部，我就必须有新担当和新作为，永远保持"有多大担当就能干多大事业，尽多大责任就会有多大成就"的豪迈激情，以新担当、新作为的精神风貌，当好新时代基础教育改革发展的答卷人。

第一节　来自教育家的榜样力量

事业心、责任心是校长所必须具备的基本政治素质。正是在事业心和责任心的驱使下，除了以联盟方式实现教育均衡和优质外，我还做了很多对口帮扶的工作，加大援疆援藏的力度，由最初的每期一年到现在的每期两年，把优质教育送到千里之外的山区。学校支教多个薄弱地区，与多所学校手拉手。我有这种境界和情怀，其实与榜样的力量是分不开的。我心中的这些榜样存在于历史与当下，存在于咫尺与天涯。他们是一群真正把工作当事业的人，只问耕耘不问收获，将事业与自己的人生目的、人生价值、人生幸福融为一体；有对教育事业的炽热之心，有对立德树人的坚定推行，有对育人方式的独到见解，有对教育思想的不懈追求；在推动教育改革中率先垂范，始终把责任举过头顶、把服务装在心中、把奉献落于脚下，成为敢于担当的一面旗帜、一个标杆和一面镜子，彰显担当作为的教育家气度。他们以一种强烈的责任感和使命感，心无旁骛投身其中，以此为生并乐此不疲。

一、以爱国为魂的中国教育大家

自古以来，教育就同国家的前途命运紧紧联系在一起。从儒家思想的"修身、齐家、治国、平天下"，到东林书院的"家事、国事、天下事，事事关心"；从蔡元培校长的"读书不忘救国，救国不忘读书"，到张伯苓校长的"培养建国人才，以雪国耻，以图自强"；从工程专家詹天佑的"各出所学，各尽所知，使国家富强不受外侮，足以自立于地球之上"，到地质学家李四光的"理所当然地要把学到的知识全部奉献给我亲爱的祖国"，我国知识分子秉承教育与国家共荣辱、共进退、共始终的信念，在民族生死攸关之际毅然选择教育救国道路的壮举。这其中典型的代表就是北京大学校长蔡元培和南开大学校长张伯苓。

当甲午海战中方惨败，中华民族危机四伏之时，蔡元培毅然放弃翰林院编修一职，回乡兴办新学，启迪民智、教育救国。而蔡元培教育救国轰轰烈烈的舞台，当数北京大学。蔡先生急国家所急，挺膺扛起北大校长重担，在其"爱国之心，实为一国之命脉"的理念驱使下，让北京大学成为新文化运动发祥地、五四运动策源地、马克思主义早期传播主阵地、中国共产党孕育地和中共北京第一个党组织诞生地，赋予"中国第一学府"以爱国之灵魂。美国教育家杜威曾赞叹道，以一个校长身份，能领导一所大学，对一个民族和一个时代起到转折作用的，除蔡元培外，全世界恐怕找不出第二个。蔡元培一生不忘救国，他支持新文化运动，警示青年学子救国需增长本领，理性积淀爱国力量。毛泽东同志尊称蔡元培为"学界泰斗，人世楷模"。

甲午战争惨败也让在北洋水师服役四年的张伯苓深感"军事强国"无望。他发出呐喊："要在现代世界中求生存，必须有强健地国民。欲培养健全地国民，必须创办新式学校，造就一代新人，我乃决定献身于教育救国事业。"他选择回到故乡天津创办南开系列学校，从此踏上了"教育救国执守一生"的道路。张伯苓把教育救国作为毕生信念，时时处处以爱祖国、爱人民教育学生，让爱国主义精神熔铸于"南开精神"之中。在开学典礼上，张伯苓的"爱国三问"直击灵魂——"你是中国人吗？你爱中国吗？你愿意中国好吗？"这三问，一问民族血脉，二问家国情怀，三问责任担当。习近平同志称张伯苓的"爱国三问"既是历史之问，也是时代之问、未来之问。

我敬仰这两位伟大的教育家。他们呕心沥血，终其一生只做了"教育救国"这一件事。如果说蔡元培是完成了中国传统教育近代化的转换，张伯苓则是开创了中国近代教育现代化的先河；蔡元培使中国近代教育超越了传统政治文化，张伯苓则为中国现代教育探索了实业化道路。从这个意义上说，他们的担当不仅体现为救国，还体现为治学，是以"筚路蓝缕，以启山林"的豪迈姿态和"人不辞路，虎不辞山"的强大魄力，大刀阔斧地改革旧制度，发展新教育，用新思想、新文化、新模式、新青年来拯救我们的国家和民族。

二、敢为人先的海淀教育家群体

海淀区能够成为首都教育金名片，其背后有一个强大的教育家群体：刘彭芝、李金初、石彦伦、郭涵、王殿军……我很敬重他们。比如，刘彭芝校长有崇高的情怀，又有朴实的作风。我们永远能感受到她对学生深深的爱与尊重，以及对事业火一般的激情和热爱。我对一位好校长的理解是，其根本初心是以学生的发展和未来为奋斗的目标。如果是评价一位教育家，我认为，他应该有政治家的觉悟，坚定为党育人、为国育才的使命；应该有战略家的思维，站在制高点思考问题、统筹全局；应该有历史家的视野，能以史为鉴，继往开来，身上有"时代年轮"；应该有公益家的情怀，克己奉公，无私奉献；应该有企业家的精神，不畏艰难，开拓无前；应该有实干家的作风，脚踏实地，善作善成。

三、无私奉献的时代楷模

陈立群、张桂梅、张玉滚、黄大年、李德威、卢永根、李保国……他们是值得尊敬的时代楷模，他们以无私奉献的崇高精神和至诚至真的执着行动，忠实履行了教育工作者为党育人、为国育才的初心使命，是中国知识分子的优秀代表，是践行习近平同志"四有"好老师和"四个引路人"要求的杰出榜样。在这些教书育人楷模中，让我触动最深的是陈立群校长。我有幸在华东师范大学校长高研班学习期间聆听了他的一场报告。

2016 年 8 月，从教近 40 年、已 60 岁的陈立群，从全国一流的杭州学军中学的校长岗位上退休。但他退而不休，远赴黔东南山区，担任台江县民族中学校长一职，开启了他的支教生涯，用爱与责任呵护困难学子的求学梦。上任后，陈立群制定了 16 项管理制度，整顿校风教风，创新教学方法。短短 2 个月里，学校面貌就焕然一新。在支教期间，他翻山越岭、走寨访户，家访并资助 100 多户苗族困难家庭，足迹遍布台江县所有乡镇，用义举带动更多人开展支教助学。他把所获得的国务院政府特殊津贴和杭州市杰出人才奖的 20 多万元钱拿出来，设立了台江县民族中学陈立群奖教金，奖励优秀教师。2018 年，陈立群借助全省名校长领航工作室，积极探索校长培养机制，义务做报告、开讲座 60 多场，培训校长、教师超过万人，为山区培养了一支留得下、靠得住、教得好的师资队伍。3 年间，这所地处山区的学校悄然蜕变。

我特别感动的地方在于，陈立群校长凭借一种信念和激情，使整个县的教育水平大幅提高，这才是真本事。对于奋战在第一线的教育工作者，我是由衷钦佩。像张桂梅校长，她扎根边疆教育一线 40 余年，用知识改变山区孩子的命运。她身患骨瘤、风湿、肺纤维化等多种疾病，仍坚持每天清晨来到教学楼为学生开灯。像张玉滚校长，他 17 年如一日坚守大山深处，只为改变山村学生的命运，照亮他们的人生道路。他用一条扁担将课本挑进大山，用自己的肩膀托起大山的希望。他们这种默默无闻、无私奉献的精神，让我时常去鼓舞自己，一定要把八一学校教育帮扶之路走得更扎实、更坚实。

第二节　从教育帮扶走向教育振兴的三重境界

学校始终有着"吃水不忘挖井人"的家乡情结，在 20 世纪 90 年代初开启了寻根之旅。寻根之旅是八一学校帮扶工作的第一步。八一学校的发源地有两个地方：一个是河北省阜平县的城南庄乡，另一个是城南庄乡的向阳庄生产队。所以我们帮扶的是城南庄八一希望小学和向阳庄八一小学。寻根活动一直延续至今，已 30 多年，其间不断丰富内容和形式。之后，八一学校扩大帮扶地域，推出"五地六校的东风行动"。五地六校都跟聂荣臻同志曾经学习、战斗、工作和生活的地方有关。而随着国家对红色革命文化教育的大力倡导，以及习近平同志对八一学校教育帮扶的高度赞许，我们在"足迹活动"基础上成立了红色联盟，搭建了教育服务协作平台，探索适合中国素质教育改革的模式与途径。八一学校进入教育帮扶的第二步。那么第三步则聚焦在航天科技上。2016 年年底，八一学校卫星成功发射后，国内有很多高中，对卫星发射既羡慕又质疑；认为一名中学生怎么会去弄卫星，也不了解中学如何开展航天科技教育。为此，我们希望揭开中学航天科技教育的"神秘"面纱，让更多的学校走进航天科技的领地，发挥启明星作用，带动全国青少年讲科学、爱科学、学科学、用科学，为培养航天后备人才尽自己的一份力量。2020 年 9 月，国务院新闻办公室举行了发布会，强调乡村振兴中的教育政策，是提高思维的深度和广度，让教育"反哺"农村，最终实现共同富裕。此时，教育作用由基础性向决定性方向转变。可见教育振兴将是下一阶段的核心目标，以实现从"输血"到"造血"的大跨越。鉴于此，八一学校实现教育帮扶的升级。红色联盟不仅围绕传承红色基因开展活动，而且引入航天科技教育，提高联盟的学术含量。航天科技联盟也借助航天科技集团成立的科普专家委员会的力量，在学生生涯规划和职业选择、学校育人方向和特色办学等一系列层面创造了出一些实质性的成果，发挥专家指导的作用。

一、老区寻根：回馈与感恩

1992 年年初，正值徐顺意担任校长期间，出于回馈老区和感恩故里的初心，学校决定把校址所在地河北省阜平县作为德育基地，沿着学校建校、转移、进京途经两省五县市的路线，开展"寻根活动"，把历史变成活教材，对师生进行革命传统教育和国情教育。1992 年 1 月 21 日，我带着部分教师、学生和在革命根据地工作和学习过的老教师、老校友，开启了"寻访学校旧址，拜访老区人民"的首次"寻根之旅"。我们 7 天里前往河北省阜平县、平山县、井陉县及山西省平定县，考察了阜平县沟槽村、易家庄，平山县古贤村，以及地处河北、山西两省交界的地都村、娘子关；走访了沿途的老区人民，瞻仰了西柏坡党中央旧址、晋察冀军区司令部旧址和华北烈士陵园；参观了阜平县城南庄革命纪念馆等地与老区师生"同吃、同住、同劳动"。1995 年 7 月 26 日和 1997 年 12 月 7 日，学校捐建的城南庄八一希望小学和向阳庄八一小学相继落成。"寻根"活动促进了学校与老区的联系，加深了师生与老区人民的鱼水情谊，增强了师生不忘革命传统以及肩负的责任感和使命感。概括起来，老区寻根活动有三种方式。一是把那里的部分学生（含平山县西柏坡乡）免费送到北京上学。这些学生都先后考上大学。二是以捐款捐物（衣物、桌椅、电脑、图书、文具、实验设备）和设置奖学金的形式解决学生的学习与生活问题，帮助学校建设与发展。三是组织一些游学活动，把京冀两地学生互送到对方学校，让他们各自体验家庭生活和学校生活。

后来我强烈意识到，学校占有全国较好的地理位置和教育资源，应该在输出中让老区的学生也能享受北京的优质教育资源。后来我们把帮扶内容做了一些调整，从经济意义上的帮扶逐渐转向到教育教学改革和学校管理方面的帮扶。学校与多个区县的教育局签订协议，开展支教帮扶工作，通过蹲点调研、挂职培训、师徒结队、送课下校、活动观摩等，承担起教育帮扶的社会责任。比如，学校小学部到狼牙山五壮士红军小学开展送课交流活动。学校教师在示范课上引入小组合作学习方式，让学生成为课堂主角；与红军小学教师交流经验，从教材分析、文本解读、预设与生成到教学设计，分享自己的备课思路与心得。尤其有了线上教学之后，通过视频的方式让学生共上一节课，让教师共同开展教研活动。此外，学校也把寻根活动课程化，以"凸显爱国教育，培养人文情怀；注重实践体验，提升综合素养；形成研学成果，实现自我发展"为课程目标，将晋察冀边区革命纪念馆、西柏坡、八一学校老校址、向阳庄八一小学作为研学旅行目的地。我们在教育内容上突出爱国主义教育，我们注重弘扬民族精神和共产党人精神，指导学生课题研究方法，力求与学科知识相结合。我们注重行前、行中、行后课程设计，采取项目课题推进、学习任务单设计、跨学科课程指导等形式，形成"走进老区阜平县，重温荣光校史"研学旅行课程。"老区寻根"研学旅行课程（表 5-1）后来成为学校的特色课程。

表 5-1 "老区寻根"研学旅行课程

学科	主题	目标	形式	资源
综合	升起一面旗帜	红旗精神	从道德与法治、语文、历史学科视角讲好国旗故事	国歌、国旗、国旗法、国旗礼仪
历史	一个国家和一段历史	爱国情怀	讲故事	阜平县八一学校旧址校史、八一学校向阳小学
政治	一个伟人和一段故事	聂荣臻同志精神	谈感受	晋察冀边区革命纪念馆、西柏坡
研究性学习	一份研究和一份收获	确定研究方向	小组合作、讨论	研究性学习手册

　　未来教育是什么？打破的围墙、跨界的资源、平等的师生……但天涯共此时的共享与均衡一定是基本的模样。学校已经走在了路上。20 多年的寻根教育在一届届学生心里种下红色基因。王楠是学校 1997 届高中毕业生，当时被分配到国务院国家机关事务管理局工作。他主动要求 2007—2008 年在阜平县挂职帮扶，任中共阜平县委办公室副主任。在此期间，他推出了"冬暖 2007"工程，实施了"千亩核桃林"工程，协助申请国家地质遗迹保护项目为延续性预算项目，用于天生桥景区的环境保护。寻根教育真正让学生将责任担当的意识和能力应用到工作中，去造福人民和社会。对于我们所寻的"根"，从小范围讲，阜平县诞生地是学校的根；从大范围讲，整个革命老区是学校的根。我认为这也是新中国建立的根，是红色文化延续的根，是中华民族复兴的根。

二、东风行动：辐射和带动

"五地六校"东风行动是红色协作体联盟的前身。五地六校涉及聂荣臻同志的老家重庆市江津区、战斗过的太行山一带、指挥过"两弹一星"工程的酒泉卫星发射基地。这样我们把江津中学、城南庄八一希望小学、张家口第六中学、酒泉东风中学和小学，加上八一学校一共 6 所与聂荣臻同志足迹有关的学校组织在一起。从 1997 年 3 月开始，我开展了"学聂荣臻事迹、走聂荣臻道路、创聂荣臻业绩、做聂荣臻传人"为主题的"五地六校"系列教育活动。2002 年，重庆大学加入，改名为"六地七校"。每年由一所学校承办，走轮值方式。这样就把我们仅对阜平县发源地的感恩回馈活动，变成了以宣传聂荣臻同志刻苦学习精神、革命斗争精神、人道主义精神、航天伟大精神为主题思想的一种教育形式，这也是我第一次接触到航天科技这样一个概念。那年酒泉东风中学承办活动时，我还是政教主任，带着 60 多个学生坐专机直飞嘉峪关机场，第一次接触到卫星发射这一新生事物。2016 年习近平同志的母校之行，从内部而言激发了教师的事业心，使教育高质量发展的热情高涨。从外部而言，学校品牌的知名度迅速提高，与八一学校交流合作的学校日益增多。为此我决定成立"八一学校"教育协作体联盟，深化教育帮扶的内涵，实现校际优质资源的互补。联盟校中有很多红色学校、部队背景学校和经济不发达地区的学校，如毛泽东同志的母校湘潭中学、荣臻小学所在地古贤村的鹿泉区第一中学、总参三部建设的新疆疏勒县八一爱民学校、盐田高级中学等。最初成员有 20 所学校，采用的主要方式是研学旅行。比如，我们到盐田高级中学，通过分享交流活动让学生了解当地学生的学习与生活；通过走进盐田港、集装箱码头、国家基因库、大亚湾核电站等，了解深圳海洋文化和高科技。从老区寻根到均衡发展，红色联盟从单个的地区、单向的目标、单一的形式逐渐转向多个地区、多重目标、多种方式。2019 年，学校积极贯彻全国教育大会"互联网＋教育"理念，与中国移动云视讯—双师课堂平台开展合作，打造新型教育平台，创新融合课堂的自动场景录播、视频直播等功能，让革命老区、偏远山区的学生可以接受北京乃至全国更好的教育资源服务。

《中国"八一学校"教育协作体联盟章程》体现出三层含义。一是根的认同。参与的每一所学校都有自己独特的文化和办学优势，如深圳盐田的海洋文化、新疆的南疆文化、张家口的冰雪文化等。如果把每所学校的特色文化融合在一起，必将是一个很好的校本课程。从参观访问到文化项目交流，由浅入深，互通区域文化，让学生从中拓宽视野，提升能力，增强文化自信。二是区域文化的互通。除了文化交流外，各所联盟学校应该加强教师间的交流与学习，走出去、请进来，通过提高教师的水平，实现学校整体教学水平的提升。此外，各校还可以在学校基础建设、课堂建设、信息化建设等多方面进行深入交流，真正实现教育协作及优质资源互补。三是教育协作。参与"八一学校"教育协作体联盟的每所学校都有相同的红色基因：一代伟人毛泽东的母校东山学校，沙漠里成长起来的航天人子弟学校酒泉东风中学，聂荣臻同志亲手创办的重庆市江津中学，不同的学校，同一条血脉，让大家结成联盟，寻求共同发展。

2021年5月，我去了新疆乌鲁木齐八一学校、南昌八一学校、西双版纳八一学校、成都八一学校等。目前我们联络到了全国各地十几所叫八一学校的。这些学校都有一个共同的愿望，就是要擦亮八一学校的品牌。通过讲座和座谈，这些学校对于航天科技教育是非常认可的。所以，从新的联盟角度看，我认为要进行资源整合，通过三个举措让红色联盟更具有生命力和影响力。一是红色联盟学校都有红色基因，都有部队背景，那么就把国防科技作为载体，让它们参与国防科技活动，对航天课程、与技术的融合，包括项目式学习有一个初步体验。二是基于体验开展航天科普教育活动。三是创新学生、教师间的交流活动。不能总讲我们的历史、我们的部队，要一起玩玩航天，一起做做培训，这样做思路就拓宽了。总之，最大限度地发挥八一学校在科普领域、航天领域作为启明星的作用，达成辐射资源和经验的作用，给这些学校找到正确发展的方向，走出只注重形式而忽视内涵的误区，让这些学校真正达成对于部队文化和红色文化在新时期的一种新理解和新实践。我觉得这是联盟的价值所在。经此次扩员，成员校将达30多所。八一学校不光是把自己的事情做好，还应该形成"八一学校模式"，让更多同类学校受益，让"八一学校品牌"熠熠生辉。

三、打造贯通式科技人才培养模式

学校做的第三件教育帮扶的事，就是成立航天科技教育联盟。对于航天领域的研究，其实全国有部分名高中都有探索，如中国人民大学附属中学、北京市第十二中学等。学校做航天科技教育帮扶的初衷有三个方面。首先，"八一学校·少年行"01 星是中国首颗中学生科普卫星，是由航天专家指导、学校 40 余名中学生全程参与研制并主导载荷设计的一颗低轨道科普卫星，开启了校企联合组织天地协同教育的新模式，影响深远。其次，搭建联盟这个平台，探讨中小学航天科技教育实践、贯通式人才培养、高校衔接课程、未来学校等主题，作用巨大。于是，学校牵头发起成立了中国航天科技教育联盟。该联盟成立以来，石家庄市鹿泉区第一中学、太原市进山中学、安徽省庐江第二中学、北京市平谷中学、北京市通州区运河中学、北京市第六十五中学等学校相继成立了航天特色实验班。该联盟还协助鹿泉区第一中学建设了航天主题展室、"西柏坡"号中学生科普卫星联合实验室以及卫星地面测控站，成为鹿泉区及石家庄学生实践基地。郑州市第八十八中学建设了航天主题创客实验室，成为郑州航天科技教育的先行者。学校开发的"卫星课程群"也在上述学校及首都师范大学附属中学、石家庄市鹿泉区第二中学得到推广与应用。课程包括航天基础知识、火箭基础知识、北斗导航应用、CanSat 卫星应用、卫星遥感应用、卫星测控通信、未来太空城市等。最后，经过学习航天课程与参与活动，学生激发了科技热情，培育了科学素养，增强了自信，激发了学习动力，学科成绩明显提高，真正让科学兴趣的开启、科学精神的培养成为学习的"永动机"。

这个联盟最初成立时有 100 多所学校加入，到目前为止已发展到近 500 所学校，遍布湖南、山东、黑龙江、湖北、新疆、宁夏和青海等地区。学校的发展态势，与当地政府对这所学校的鼎力支持、对航天科技发展的有力支撑是有密切关系的。比如，在八一学校 03 星"太原号"启动仪式上，中国航天工业总公司原总经理兼国家航天局局长、国际宇航科学院副主席刘纪原，中国人民解放军第二炮兵原副司令员、中将张瑞，中国工程院院士、中国运载火箭技术研究院运载火箭系列总设计师、中国探月工程副总设计师龙乐豪，以及国家国防科工局、中国科学技术协会、中国航天科技集团有限公司等相关领导及专家参加。太原市副市长车建华出席活动。启动仪式前，山西省委常委、太原市委书记罗清宇，山西省政协副主席、太原市委副书记、太原市市长李晓波会见了出席启动仪式的各位嘉宾，并就太原市航天科普与创新教育工程对太原教育发展和经济建设的推动作用及深远影响进行了交流。所以，航天科技教育要在学校开花结果，离不开政府的支持。

该联盟以组织开展"中国航天日""世界空间周""全国科技活动周"等系列航

天科普活动为主要工作。在每年航天日，该联盟都会召开理事会，举办校长论坛，举行中学生科普卫星工程授旗仪式等。该联盟每年还开展学术交流工作，强化联盟成员之间的联系。以 2018 年为例，全年开展校际互访 18 次，组织联盟挂牌仪式 3 次，组织航天科普专家进校园活动 16 次，协助联盟成员开展航天科技节、招生宣传等活动共 11 次，组织大学进校园、授予优秀生源基地 1 次。在该联盟的推动下，2018 年 8 月，中国航天科技国际交流中心与太原市教育局签订《太原市航天科普与创新教育工程合作框架协议》；2018 年 9 月 14 日，中国航天科技国际交流中心与济南市长清区教育体育局签订《长清区航天科普与创新教育工程战略合作协议》；2019 年 11 月 15 日，中国航天科技国际交流中心与哈尔滨市教育局签订《"哈尔滨市航天科普与创新教育工程"框架合作协议》。此外，该联盟每年都会制订具体的行动计划。比如，2019 年的行动计划中就提出了太空探索实验方案征集系列活动，包括"太空探索实验"青少年教育项目方案征集活动、地外星球微型生态系统设计方案征集活动、青少年太空梦想返回式搭载公益活动等。以中国空间站青少年教育实验方案征集活动为例，该活动以"探索浩瀚宇宙，开启智慧之光"为主题，面向全国在校中、小学生征集太空实验项目。该活动共收到 192 份方案，涉及 21 所学校，其中 30 个项目实验方案经评审入围，10 个项目方案进入最终答辩环节。在决赛环节，与会专家评委根据设计方案的空间实验必要性、科学性、新颖性、可行性、科普性等方面以及学生临场发挥能力进行审查和评估，评出了一等奖一项、二等奖两项、三等奖六项。该活动已经成为联盟实施航天科普教育的重要资源平台。

目前航天科技教育联盟凝聚政府、教育界、产业界、学术界以及社会各界的共识与合力，广泛开展国内外航天科技教育领域的资源交流、技术交流、学术交流及教育培训。航天科研院所发挥航天产业优势，带领中小学生参与卫星、火箭、深空探测等科普与创新活动；高等学校发挥人才培养优势，与中小学开展卫星研制与应用合作，联合各成员单位共同探讨贯通式人才培养模式；各级教育主管部门发挥管理部门作用，总结航天科技教育管理和实践经验，组织课题申报，开展航天科技教育相关研究，探索产教融合的素质教育改革模式与途径。各类教育服务机构发挥市场优势，开发系列航天科教课程，组织航天科技竞赛，开展航天科普师资培训，建设航天科教云平台、专家资源库及教育师资库。各中小学的任务是积极发动全体师生爱航天、学航天、探索航天，依托各类联盟平台组织丰富的航天科技教育活动，建设航天主题实验室和体验中心，为联盟推荐优质生源。我希望该联盟能够让航天科技教育在全国"遍地开花"，成为培养服务科技强国的"全才通才、创新人才、杰出人才"的孵化器。

第三节　教育事业与民族大业的时代担当

　　一个人对社会的服务并不是要做出什么惊天动地的大事业，而是随时随地、点点滴滴地把自己知道的、想到的告诉别人。这无形中就是替国家播种和垦植。每次我在做一些教育改革探索时，都会去问自己：这种改革能够辐射的范围有多大？能够影响的学校有多少？现在我们听到的很多声音都来自国内名校，它们的声音是最大的，但是基础教育其他学校的声音又在哪里？我希望成为这些学校的代言人，在新时代中国教育改革的主旋律中发出强音。

一、发展公平而有质量的教育

　　孔子曰："用之则行，舍之则藏。"孟子曰："穷则独善其身，达则兼济天下。"二人本意是一致的，都表明了儒家入世与出世的政治选择与人生态度。学校前些年一直在"内练功夫"，在"修身齐家"。自从习近平同志考察学校以来，我在办学的境界上有了极大提高，"外输能量"并不影响"内练功夫"，"治国平天下"也不影响"修身齐家"。尤其是习近平同志在学校教师节座谈会上的发言，让我去深刻反思输入与输出的辩证关系。他指出，教育公平是社会公平的重要基础，要不断促进教育发展成果更公平惠及全体人民，以教育公平促进社会公平正义。在我看来，教育公平是社会公平在教育领域的集中体现，教育是人民获得自身发展、奉献社会的机会和能力的重要前提，追求教育上的公平就是在推进社会的公平正义。目前教育不平衡不充分的问题依然存在，教育在区域、城乡、学校之间的发展差距还较大。正因如此，学校积极投身教育公平，牵头发起成立红色联盟，就是要实现精准资助、精准支教、精准培训、精准改造等，注重山区下一代的成长，把补齐基础教育发展短板视为"硬任务"，让这些学生都能接受公平而有质量的教育。

学校近几年围绕新时代教育所聚焦的核心议题，承办了多场全国、北京市以及海淀区学术论坛和会议。一方面将学校的实践经验和成果与同行共享；另一方面将国内军事专家、航天人士、研究学者、企业人才等邀请到学校，共商共建教育均衡发展和高质量发展的道路。这些论坛有"教育：让生命和使命同行"全国优秀中学校长教育思想研讨会，"培养今日关键能力　担当未来责任使命"全国学生发展指导论坛，"读圣贤之书　成厚德之人"全国中小学传统文化教育系列活动，第一届全国批判性思维教育研讨会，"促进核心素养发展的学习方式变革"全国首届课堂教学研讨会，《中国 STEAM 教育发展报告》发布会，中国首颗中学生科普小卫星研制、应用及相关课程开发活动启动仪式，2016 年"全国青少年校园足球新长征"系列活动启动仪式及新闻发布会，中国青少年校园足球发展项目新闻发布会，2018 年北京市校园足球特色校（传统校）联赛暨耐克校园足球联赛，海淀区高中课改"致思·问行"系列论坛，海淀区"深度学习"教学改进项目推进会，2015 年度感动海淀十大文明人物颁奖典礼等。每次承办这些大型会议和活动，我们希望通过自身的努力，把教育的"蛋糕"做大分好，给更多学校送出实实在在的教育"红包"，让同在蓝天下的学生更公平地共享优质教育。

"志之所趋，无远弗届，穷山距海，不能限也。"对于基础事业的担当，一方面我要将学校建成习近平同志关于教育的重要论述深度落地的试验田和先锋校，如思政教育、劳动教育、美育等；另一方面我要把学校具有传统和优势的育人理念和方式进行推广，辐射更多学校，如红色教育、航天科技教育、校园足球发展等。我们在 2019 年 12 月组织了一堂"共上红色精品课　纪念国家公祭日"京、冀、新三地五校联动"祖国故事会"主题思政课。河北省阜平县向阳庄八一小学、城南庄八一希望小学，新疆疏勒县八一爱民学校、乌鲁木齐市第三十六中学和北京市八一学校的中小学生在各自的课堂上，通过网络互动教学，共同上了一堂爱国主义教育的思政教育课。向阳庄八一小学、城南庄八一希望小学的学生讲述了抗日战争时期革命先烈刘耀梅的故事；疏勒县八一爱民学校和乌鲁木齐市第三十六中学的学生讲述了新中国成立后布茹玛汗·毛勒朵奶奶守护祖国疆土，解放军战士修建连接南北疆的生命线——独库公路的故事；八一学校的学生则声情并茂地分享了他们 10 月 1 日参加国庆 70 周年群众游行的故事。在这场互动和共情的课堂上，学生收获了满满的爱国情。因此，对于教育事业的担当，在做好学校教育的同时，我们也有责任在国家关注的重要领域和学校拥有的特色领域做好引领。

二、培养党和国家急需之人才

我一直主张要做一种慢的教育，但现在的一些学校和家长却迫不及待地要按照以前的经历来培养未来的学生。杜威认为，如果我们仍然以昨天的方式教育今天的学生，无疑就是掠夺了他们的明天。教育来不得半点功利心，教育人永远需要有静待花开的心态。要深知，教育具有实施的先导性、基础性和全局性特点，又具有回报的滞后性特点。虽然我们的教育成就要在若干年后才能显现出来，但是根据我们对教育规律的科学认识、对学生成长规律的深入理解、对全面发展意义的精准把握、对未来发展的正确考量，我们坚信我们所做的一切是为学生考虑，是为未来考虑，是为国家和民族考虑。

有些学校在"培养什么人""怎样培养人"方面有许多想法和做法，而对"为谁培养人"则知之甚少。"为谁培养人"就是坚定"四为服务"——为人民服务、为中国共产党治国理政服务、为巩固和发展中国特色社会主义制度服务、为改革开放和社会主义现代化建设服务。习近平同志在全国教育大会上强调坚持把服务中华民族伟大复兴作为教育的重要使命。他把对教育事业历史使命的认识提升到新高度，这是对新时代教育地位和使命的最新理论定位和重大思想创新。

因此，我们要增强教育服务中华民族伟大复兴的使命感。面对新形势、新任务、新要求，我们要始终坚持为党育人、为国育才，增强围绕中心、服务大局的意识，以更高的境界、更强的本领、更优的作风、更好的精神状态，不断推动教育同党和国家事业发展要求相适应，同人民群众期待相契合，同我国综合国力和国际地位相匹配。那么党和国家事业有哪些发展要求呢？那就是夺取中国特色社会主义伟大胜利；日益走近世界舞台中央，不断为人类做出更大贡献；实现社会主义现代化，建成富强、民主、文明、和谐、美丽的社会主义现代化国家；建成文化强国、教育强国、人才强国、体育强国、健康中国；实现国防和军队现代化……那么，学校就必须培养出有中国底色、有家国情怀、有大国风范的时代新人。对于国家急需人才，习近平同志做出过重要论述。对于科技人才，他提出要培养造就一大批具有国际水平的战略科技人才、科技领军人才、青年科技人才和高水平创新团队；对于军事人才，他强调要培养新型军事人才；对网络人才，他指出要培养网络科技领军人才；等等。

学校结合自身的优势和特点，把培养国防科技人才、航空航天后备人才视为核心任务，发起成立航天科技教育联盟，开发航天科技教育课程体系，成立小卫星研制团队，开设航空国防班，实施中国海军招飞培训课程，建设卫星教室和在轨卫星测控地面站，建设航天科普教育基地和航天科技职业探索实验室等，同时邀请一大批国防科技资深专家和校友到校开设讲座。比如，欧阳自远院士做"中国的探月梦"航天科普讲座；中国人民解放军国防大学王洪福教授做"国防力量是捍卫国家利益的利器"报告；北京理工大学宇航学院于剑桥博士做"导弹与现代科技"讲座；北京理工大学光电学院张忠廉教授做"科技创新冬令营"开营报告；空军指挥学院王明亮教授做"人民空军故事"报告；陈洪教授做"中国飞机的历史"讲座；等等。总之，学校要为建成文化强国、教育强国、人才强国、体育强国提供人才支撑；要为国家各行各业培养有组织力和领导力的中流砥柱和中坚人才；要为建设科技强国、实现科技实力大幅跃升输送优秀科技人才；要培养能够满足现代产业体系建设急需的创新型、应用型人才；要让学校学子成为有中国精神的品质公民，有家国意识的现代公民，有大国责任的全球公民。

从上任学校校长的那天起，我始终以"功成不必在我，功成必定有我"的境界和胸怀，接好历史接力棒，一张蓝图绘到底，强化守土有责、守土负责、守土尽责的责任担当。我经常提醒自己，事业越发展，改革越深入，新情况、新问题就会越多，面临的风险和挑战就会越大。如果没有困难，要我们校长干什么？"行非常之事，乃有非常之功"。选择了当校长，就选择了一份责任、一份使命，也就选择了为民族复兴大业"时不我待，只争朝夕"的政治担当和时代担当。习近平同志指出，中国这么多人，教育上去了，将来人才就会像井喷一样涌现出来。"盖有非常之功，必待非常之人"，我愿成为"这么多人"中的那个"非常之人"。

/后 记/

因为担当，所以品质

搁笔之时，我感慨万千。这是一本记录我 30 多年教育生涯的传记，也是一本揭示我 10 多年思想变迁的论著，更是一本凝结着集体智慧结晶的作品。我很欣慰有一群笃行担当的良师益友陪在我左右：他们起早贪黑，废寝忘食；他们慧眼如炬，文思泉涌；他们寄情翰墨，笔耕不辍；他们精雕细琢，臻于至善，只为心中那无缺无憾、无愧无悔的"品质"。

首先，我要感谢海淀区教育工作委员会、海淀区教委"成长中的教育家平台"以及海淀区教育党校陈岩校长和李继英副书记，他们赋予这本书以生命的起始。

其次，我要感谢我的管理团队和学校的全体教师，他们赋予这本书以生命的丰实。

最后，我要感谢一直以来给予我思想指导的华东师范大学中学校长培训中心代蕊华主任和刘丽丽导师，他们赋予这本书以生命的品性。在书稿写作的前、中、后期，他们都提供了很多有价值的建议，让这本书日臻完善。

由于自身的思想水平有限，加之成书时间又过于仓促，这本书一定有不少不足之处，敬请各位同人不吝赐教。

在即将合上本书之前，我想引用两句名言来表达我对品质与担当的价值体认。教育家陶行知先生说过，思想决定行动，行动养成习惯，习惯形成品质，品质决定命运。品质的达成源自卓越的思想、良善的行动和优秀的习惯。而品质所带来的"回报"极其丰厚，它让我们的命运不同以往、不同凡响。因此追求一生品质就是在成就品质一生。致力非凡之事业，定有非凡之精神、非凡之担当。这是送给我自己，作为我"踢好中国基础教育改革下半场"的人生铭文；是送给所有为这本书呕心沥血的同道者，作为成就一番功业的价值坐标；更是送给千千万万个中国教育工作者，作为书写新时代奋斗者荣光的精神支柱。

党之所向，吾辈之责！国之所需，吾辈之责！民之所盼，吾辈之责！我将以"为党育人、为国育才"为己任，做好品质教育的担当、品质八一学校的担当、品质人才的担当和品质事业的担当，为"官"一任自当造福一方！

沈军

2021 年 6 月 16 日